1951년 라디오에서 울려 퍼진 창조의 메시지

네빌 고다드 라디오 강의

서른세개의 계단

펴낸곳
서른세개의 계단

　　사색에만 빠진 철학은 삶과의 괴리를 만들고, 현실의 이익에만 눈을 돌린 자기계발은 삶의 의미를 잃고 방황하게 만듭니다. 그래서 실천적인 형이상학, 즉 현실에 도움이 되면서 삶의 의미를 명확하게 할 수 있는 책을 발간하고자 하는 것이 서른세개의 계단 출판사 목표입니다. 계속 좋은 책을 발간하도록 노력하겠습니다.

https://33steps.kr

번역
이상민(리그파)

　　한양대 법학과 졸업. 2007년 '서른세개의 계단 출판사'를 설립하고, 네빌 고다드의 저작을 비롯해, 실천적 형이상학 관련 도서를 번역하여 출간하고 있다. 주요 역서로는 『네빌 고다드 5일간의 강의』, 『세상은 당신의 명령을 기다리고 있습니다』, 『믿음으로 걸어라』, 『웨이 아웃』 등이 있다.

이메일 pathtolight@naver.com

그는 자신이 죽기 전 강의에서 이렇게 말했다. "제게 주어진 시간이 짧다는 것을 전 압니다. 전 이 땅에서 제게 주어진 일들을 다 마쳤기 때문에 이곳을 떠나기를 열렬히 바라고 있습니다. 약속은 이미 제게서 이루어졌기에 전 이 3차원의 세상으로 다시 돌아오지는 않을 것입니다. 하지만 제가 어디에 있든, 저는 지금 이곳에서 여러분들을 알아보는 것처럼 그곳에서도 여러분들을 알아볼 것입니다. 왜냐하면 우리는 사랑이란 무한한 끈 안에 묶여 있는, 하나의 형제이기 때문입니다."

네빌은 1972년 10월 1일에 67세의 나이로 이 땅의 삶을 마쳤다.

압둘라의 또 다른 제자였던 조셉머피는 네빌에 대해 이렇게 말했다.

" 결국 세상 사람들은 네빌을 가장 위대한 신비가로 기억할 것이다

역자 서문

"라디오에서 울려 퍼진 진리의 음성"
피리를 부는 크리슈나

 표지에는 20세기 초중반 신비주의 화가이자 명상가였던 니콜라스 로에리히의 작품, 피리 부는 크리슈나가 담겨 있습니다. 크리슈나의 피리 소리는 환상을 걷어내고 진실을 드러내는 도구로 묘사되곤 합니다. 1951년, 네빌 고다드의 라디오 강연은 마치 크리슈나의 피리 소리처럼 많은 이들에게 깊은 울림을 주었습니다.

 저는 이런 장면을 상상해 봅니다. 절망에 빠진 한 사람이 우연히 라디오에서 흘러나오는 네빌 고다드의 강연에 귀를 기울입니다. 그는 점차 강연에 몰입하고, 강연이 끝날 즈음에는 잃어버렸던 자신감과 삶에 대한 의지를 되찾습니다. 슬픔으로 가득 찬 현실이라는 환영이 걷히고, 그 속에 숨겨진 기쁨과 성공의 가능성을 발견하게 되는 것입니다. 이러한 변화는 진리의 피리를 부는 크리슈나를 그린 표지의 의미와 완벽하게 조화를 이룬다고 생각합니다.

우리는 계속 환영에 시달리고 있는 중입니다

 정말 그렇습니다. 우리가 분명히 보고 있다고 믿는 많은 것들이, 실은 허상에 불과합니다. 그리고 그 허상을 쫓아내 줄 피리 소리가 지금 우리에게는 절실합니다.

네빌 고다드

/

우리에게 주어진 유일한 과업은
우리의 관념을 위대한 것으로 채우는 것뿐이다

네빌 고다드의 삶과 가르침

요약

네빌 고다드(Neville Goddard, 1905~1972)는 바베이도스 출신의 형이상학자이자 강연자로, 오늘날 '끌어당김의 법칙'으로 알려진 개념을 1930년대부터 강연해왔다.

생애

네빌 고다드는 서인도제도의 바베이도스에서 9남 1녀 중 넷째로 1905년에 태어났다. 17세가 되던 해, 드라마를 배우기 위해 미국으로 건너갔다. 댄서로 활동하던 중 친구가 소개해 준 책을 통해 형이상학에 처음 눈을 떴다. 형이상학에 대한 관심이 깊어지던 시기에, 카발라와 성경의 비의적 해석, 히브리어, 상상의 법칙 등에 대해 강연하던 에티오피아 출신의 랍비 압둘라를 만나게 된다. 그의 강의에 매료된 네빌 고다드는 7년 동안 매일 그에게서 '법칙'에 관한 가르침을 받았다. 이후 자신이 깨달은 바와 경험을 바탕으로 로스앤젤레스, 뉴욕, 샌프란시스코를 중심으로 미국 전역에서 강연을 펼쳤다. 처음에는 생소했던 그의 강연은 점차 대중의 관심을 끌며, 매회 만원 사례를 이루게 되었다.

법칙

그의 초반 강의의 핵심은 '상상이 현실을 창조한다'는 것이다. 이것을 법칙이라고 말한다.

압둘라는 네빌에게 두 번의 죽음이 찾아올 것이라고 예언했다. 여기서 '죽음'이란, 과거의 시야에서 벗어나 완전히 새로운 시야를 갖게 되는 내적 변화를 상징적으로 표현한 것이다.

첫 번째 죽음은 그가 뉴욕에 머물던 중 바베이도스로 돌아가고 싶다는 강한 소망을 품었을 때 찾아왔다. 그는 상상력을 활용해 그 소망을 실현시키는 첫 경험을 하게 되었고, 이를 통해 '상상이 현실을 창조한다'는 확신을 얻게 된다. 이 경험은 그가 기존에 지니고 있던 미신적 사고방식에서 벗어나는 계기가 되었다.

그 후 네빌은 압둘라에게 배운 '법칙'을 바탕으로 미국 전역에서 강연을 펼쳤다. 그러던 중 그는 압둘라가 예언했던 두 번째 상징적 죽음을 맞이하게 된다. 그것은 곧 '약속'이었다.

약속

네빌은 1959년부터 1260일에 걸쳐 일정한 내면의 경험을 하게 된다. 그것은 자기 안에서 또 하나의 자아가 깨어나는, 신비롭고 상징적인 체험이었다. 그는 다음과 같이 말한다.

"나는 이 경험을 하기 전까지 그 누구에게서도 들어본 적이 없었습니다. 이 체험은 그해 여름에 시작되어 3년 반 동안 계속되었습니다."

이 경험 이후, 그는 1960년대와 1970년대의 강연에서 '법칙'보다 '약속'을 더 강조하게 된다.

네빌 고다드의 삶과 가르침

"당신은 상상의 힘을 이용해서 자신의 환경을 바꿀 수 있습니다. 하지만 그것은 영원하지 않습니다. 당신은 상상력을 이용해서, 큰 부를 얻거나, 유명해지거나, 이런 일들을 할 수 있습니다. 하지만 당신이란 존재의 진짜 목적은 단지 이것만이 아닙니다. 바로 약속을 성취하는 것입니다."

그는 죽음에 대해 이렇게 말했다.

"당신은 문을 열고 새로운 곳으로 가게 됩니다. 우린 그 문을 죽음이라고 말합니다. 죽음은 단지 그뿐입니다. 우리가 죽은 즉시, 다시 이 세상처럼 회복됩니다. 지금 이 땅에서 가졌던 것과 같은 문제를 지니면서 그 세상에서도 우리의 정체성을 이어가게 됩니다. 그곳에서도 성장하고, 결혼하고, 이곳에서 지녔던 죽음에 대한 공포도 똑같이 지닌 채 죽습니다. 만약 약속을 경험하지 못한 채 죽음을 겪게 된다면 자신의 과업을 가장 잘 성취할 수 있는 장소를 골라, 그곳에서 태어나 죽고, 태어나 죽고를 반복합니다. 그러다가 결국 당신 안에 그리스도가 태어나면 그때 당신은 부활의 아들이 되어 더 이상은 이 죽음의 세상에 돌아오지 않습니다."

부끄러운 이야기지만 제 경험을 말씀드리겠습니다. 몇 년 전, 저는 재산의 절반 가까이를 잃는 큰 손실을 겪었습니다. 끊임없이 들려오는 내면의 목소리는 "이제 큰일 났어! 어떻게 감당할 거야?"라는 절망적인 외침이었고, 주변 상황 또한 비관적인 생각들을 더욱 부추겼습니다. 심지어 가슴 통증까지 느껴질 정도였습니다.

그러던 중 다시 네빌 고다드의 강연을 통해 현실을 이겨낼 용기를 되찾게 되었고, 저는 이 모든 혼란이 허상에 사로잡힌 마음 때문이라는 것을 깨달았습니다. 그리고 그 허상으로부터 마음을 자유롭게 하기 위해 노력했습니다. 결국, 상황에 휘둘리지 않고 무심해지는 평온한 마음을 유지할 수 있게 되었고, 시간이 흐르면서 그 부정적인 현실도 기억속에서 점차 희미해져 갔습니다. 놀랍게도 얼마 지나지 않아 손실을 만회하고도 남을 만큼의 재산을 다시 얻게 되었습니다.

지금은 이렇게 간단하게 이야기할 수 있지만, 그 과정은 치열한 내면의 싸움이었습니다. 진이 빠질 정도로 힘겨운 날들이 이어졌고, 그 고통은 결코 가볍지 않았습니다. 하지만 결국 이겨냈습니다.

의식은 생명을 준다

우리의 의식은 마치 생명을 주는 젖줄과 같습니다. 무엇이든 살아 숨 쉬게 만드는 강력한 힘을 지니고 있습니다. 따라서 부정적인 것에 계속 집중하면, 우리 삶에도 부정적인 현실이 나타날 수밖에 없습니다. 만약 제가 당시 문제에만 매몰되어 끊임없이 되뇌었다면, 상황은 더욱 악화되었을 것입니다. 하지만 다행히 저는 진리를 기억했고, 부정적인 생각에서 의식을 돌릴 수 있었습니다. 그 "손실"이라는 환영을 떨쳐버리게 해준 것은 다름 아닌 네빌 고다드의 피리 소리였습니다.

설정

우리의 마음은 안타깝게도 기본 설정이 부정적인 것에 초점을 맞추도록 되어 있습니다. 그래서 우리는 이 설정을 새롭게 바꿔야 합니다. 바로 이 마음의 재설정이야말로, 네빌 고다드가 말한 법칙의 핵심일지도 모릅니다.

요즘 저는 '설정', '세팅', '루틴' 같은 단어에 유독 마음이 갑니다. 왜냐하면 결국 법칙을 실현한다는 것은, 기존의 이성과 감각에 따라 반응하는 오래된 습관을 넘어서 새로운 생각과 반응의 습관을 형성하는 일이기 때문입니다. 그리고 그 변화는 일상의 반복을 통해서만 가능하다는 걸 느끼고 있습니다.

그래서 저는 다음과 같은 루틴을 만들었습니다. 먼저, 내가 어떤 방식으로 부정적인 반응을 하고 있는지를 관찰합니다. 그리고 그러한 반응은 단지 과거에 반복되었던 습관일 뿐이며, 더 이상 나 자신과 동일시할 필요가 없다는 것을 인식합니다. 그 다음으로는, 마음속에서 올바른 반응을 선택하고 그것을 상상해봅니다.

이 세 단계를 중심으로 루틴을 구성해 하루에도 여러 번 반복하고 있습니다. 이 루틴을 계속 실천하다 보면, 새로운 생각 습관이 점차 자리를 잡아, 어떤 위기 상황에서도 굳이 애쓰지 않아도 자연스럽게 "손실"과 "두려움"이라는 환영이 아니라, "안전"과 "풍요"라는 진리를 바라보게 되리라 기대해 봅니다.

늦게 찾아온 깨달음

　이성과 감각에 쉽게 끌리는 습관적인 마음을 이겨내기 위해, 삶 속에 이러한 루틴을 세우는 일이 얼마나 소중한지를 저는 이제서야 깨닫게 되었습니다. 18년이라는 시간은 누군가에게는 어떤 지혜를 전수할 수 있을 만큼 충분히 긴 시간일지 모릅니다. 하지만 저에게 있어 그 오랜 시간 동안 확실히 얻었다고 말할 수 있는 것은 단 하나였습니다.

　그것은 네빌 고다드의 라디오 강의 13장에서 말한 "변화를 위한 세 가지 기초"가 얼마나 핵심적인 가르침인지, 그리고 그 기초를 바탕으로 일상의 루틴으로 실천하는 "교정용 가지치기 가위"가 얼마나 결정적인 도구인지를 체감하게 되었다는 점입니다.

　비록 이 깨달음이 너무 늦게 찾아온 듯 보이지만, 늦게 얻은 만큼 더 소중히 간직하며, 앞으로는 잊지 않고 살아가리라 다짐합니다.

아는 것과 실천하는 것

 네빌 고다드의 말씀을 이곳저곳에서 전하며 마치 제가 무언가를 아는 것처럼 이야기했지만, 앞서 말한 위기 상황에서의 제 첫 반응은 솔직히 이랬습니다. 다리가 풀리고, 입맛이 사라지고, 심지어 가슴에 통증까지 왔습니다. 아직 한 참 부족함을 느꼈습니다.
 그 후 매일 교정의 루틴을 꾸준히 실천하면서, 제 안에서 조금씩 변화가 일어나고 있음을 느낍니다. 이제는 부정성이라는 것도 결국 삶의 현실에 반응하던 오랜 습관들이 만들어낸 결과일 뿐이라는 것을 이해합니다.
 그래서 저는 매 순간 주어지는 현실을 의식적으로 바라보고, 그때그때 교정하며 살아가고 있습니다. 그렇게 새롭게 쌓여가는 '교정된 기억'들은 앞으로 제가 하게 될 반응을 바꾸고, 그 반응들이 다시 제 삶의 방향을 이끌게 될 것입니다.

출판을 통한 만남

 이 책을 읽고 우리 모두는 '어떻게 마음을 바꾸고', '어떻게 습관적 반응에서 벗어날 것인가'를 끊임없이 고민하게 될 것입니다. 그 고민이야말로 삶을 조금씩, 그러나 분명하게 더 나은 쪽으로 이끌어 줄 것이라 믿습니다. 이 책이 그 고민에 작은 등불이 되기를 기원합니다.

2025년 5월 서른세개의 계단 이상민

홈페이지
https://33steps.kr

블로그
https://blog.naver.com/pathtolight

유튜브
https://www.youtube.com/@33steps

교정용 가위 카페
https://cafe.naver.com/33neville

목차

라디오 강의 _Radio Lectures

Chapter 1	나는 내가 원하는 모습이라 주장하라	16
Chapter 2	상상의 힘	28
Chapter 3	응답받는 기도	40
Chapter 4	명상	54
Chapter 5	기정사실화의 법칙	66
Chapter 6	진리	78
Chapter 7	돌, 물, 포도주	90
Chapter 8	느낌이 열쇠다	102
Chapter 9	의식, 유일한 실체	114
Chapter 10	성금요일	124
Chapter 11	영적인 원인	144
Chapter 12	하나님 계획의 성취	174

법칙에서 약속으로 _From Law to Promise

Chapter 13	변화를 이끄는 세 가지 기초	208
Chapter 14	당신은 죄를 용서할 수 있습니다	218
Chapter 15	나의 것으로 취하라	242
Chapter 16	법칙이라 불리는 힘	258
Chapter 17	비전의 상태	278
Chapter 18	자유인인가? 노예인가?	296
Chapter 19	내 안에 숨겨진 분위기를 찾아내라	318
Chapter 20	그때가 기억나네	352
Chapter 21	직접 실험하라	372
Chapter 22	마음 안에서의 움직임	392
Chapter 23	경험의 잔	410

Be What You Wish;
Be What You Believe
―
|
나는 내가 원하는 모습이라
주장하라

1934년 2월, 바베이도스에 갔다온 날부터, 보다 풍성하게 삶을 살기 시작했습니다. 솔직히 말해 항상 성공만 했다고 말씀드리지는 못하겠습니다. 제가 의식의 움직임을 완벽하게 통제해서, 현현하고자 하는 생각들에 항상 믿음을 유지할 수 있다고 여러분에게 말한다면, 세상에서 제가 저지른 많은 실수와 실패가 그 말이 틀렸음을 보여줄 것입니다.

하지만 고대의 스승들처럼, 비록 과거에 실패한 듯 보일지라도, 저는 매일매일 이 세상에서 제가 되고자 하는 존재가 되기 위해 앞으로 나아가고 있습니다. 판단하는 것을 멈추십시오. 그리고 이성과 감각들이 말하고 있는 것들을 받아들이지 마십시오. 그런 후에 새로운 식단에 믿음을 가진다면 여러분이 믿음을 주고 있는 이상을 세상에 나타낼 수 있을 것입니다.

-네빌 고다드 5일 간의 강의

Chapter 1 BE WHAT YOU WISH; BE WHAT YOU BELIEVE
나는 내가 원하는 모습이라 주장하라

진실하게 생각하라.
그러면 그대의 생각이 세상의 기근에 먹을 것을 가져다줄 것이다.
진실하게 말하라.
그러면 그대의 말 하나하나가 풍작을 가져오는 씨앗이 되어줄 것이다.
진실하게 살아라.
그러면 그대의 생이 위대하고 고귀한 신조가 되어줄 것이다.

-호라티우스 보나르

한 신문기자가 이 시대의 위대한 과학자 로버트 밀리컨이 했던 말을 제게 들려주었습니다. 그는 현재 뛰어난 저작들과 업적들로 유명하지만, 가난했던 어린 시절부터 이미 자신의 목표를 세웠다고 합니다.

그는 위대함과 안정이라는 목표를 하나의 간단한 문장으로 압축했습니다. 이는 위대함과 경제적 풍요가 이미 현실이 되었다는 의미를 담고 있는 문장이었습니다. 그는 위대함과 경제적 안정이라는 생각이 마음을 완전히 채우고 다른 생각들을 몰아낼 때까지 이 문장을 끊임없이 반복했습니다. 물론 그 문장은 밀리컨 박사가 직접 제게 전해준 말은 아니지만, 신문기자가 들었다는 그대로입니다. 제가 인용해보겠습니다.

> 정직하면서 공동의 이익에도 부합하는,
> 고정적이고 믿을 수 있는, 아주 많은 수입이 있다.

그가 이것을 반복했을 때 주변 모든 상황들은 자신의 관념에 맞춰 변화되었습니다. 우리가 우리 자신의 모습이라고 확언하지 않은 것은 우리의 삶에서 펼쳐지지 않습니다.

밀리컨 박사는 위대함과 경제적 안정이라는 자신의 꿈을 1인칭에 현재형으로 표현했습니다. 그는 "나는 위대한 일을 할 것이다. 혹은 나는 경제적 안정을 얻을 것이다"라고 말하지 않았습니다. 만약 이렇게 했다면 자신은 위대하지 않고 경제적 안정도 없다는 것을 인정하는 꼴이었을 것입니다. 대신에, 미래의 꿈을 현재의 것으로 만들었습니다.

"나는 정직하면서 공동의 이익에도 부합하는, 고정적이고 믿을 수 있는, 아주 많은 수입이 있다"라고 말입니다.

꿈을 현실에서 실현하고자 하는 사람이라면 마음속에서 미래의 꿈을 현실의 것으로 만들어야만 합니다. 다시 말해, 현실에서 경험하고자 하는 일이라면, 그것이 이미 이루어진 것을 상상 속에서 먼저 경험해야 합니다. 왜냐하면 한 영혼이 자신이 어떤 상황에 있다고 상상한다면 그 결과의 옷을 입게 되기 때문입니다. 반면에 자신이 어떤 상황에 있다고 상상하지 않는다면, 모든 결과는 예측할 수 없는 상태에 놓이게 됩니다.

　이 가르침의 목적은 우리를 더 높은 의식 상태로 끌어올리고, 우리 안에 있는 가장 고귀한 것을 확신과 자기 선언으로 일깨우는 데 있습니다. 그리고 그 고귀한 것을 일깨우는 것이야말로 우리의 스승이자 치유자입니다.

　성경에서 교정의 관점에서 가장 먼저 제시되는 단어는 "일어나라(Arise)"입니다. 이 말이 성경에서 반복되는 이유를 이해하려면, 우리 우주가 내면적으로 무한한 의식의 단계들로 구성되어 있으며, 인간은 그 안에서 자신이 머무는 의식의 수준에 따라 존재하게 된다는 사실을 알아야 합니다.

　우리가 의식 안에서 고양된다면 외부 세상은 정신적으로 들려진 그곳에 맞춰서 다시 재건됩니다. 그래서 기도를 통해 정신적으로 고양된다면 지금의 상태를 벗어난, 보다 개선된 모습이 됩니다. 우리는 이러한 변화를 두고 기도가 이루어졌다고 말합니다. 만약 지금의 상태를 바꾸고 싶다면, 밀리컨 박사처럼 현재의 자아를 넘어 더 높은 의식의 단계로 올라서야 합니다. 우리는 우리가 원하는 모습이 이미 되었다고 주장하고 소망이 이루어졌다는 느낌을 사실로 받아들임으로써 이런 높은 의식의 단계로 올라서는 일을 할 수 있습니다.

　우리 인생의 드라마를 보세요. 이 인생이란 드라마는 사실, 우리의 외부적인 행동에 의해서 펼쳐지는 드라마가 아닌 우리의 정신적인 마음 태도로 인해 펼쳐지는 "마음에 관한 드라마"입니다.

그래서 현재 곤란한 상황에 처해 있다면, 벗어날 수 있는 길은 마음속에서 근본적인 변화를 일으키는 것입니다. 모든 상황들은 우리의 마음 태도에 의해 영향을 받습니다. 아니, 전적으로 의존한다는 표현이 더 적절합니다. 그래서 우리가 원하는 모습을 자신의 모습이라 주장하지 않는다면, 그 모습은 삶에 드러나지 않고 우리는 계속 현재의 모습에 머물게 됩니다.

우리는 종종 온유한 사람 혹은 순종적 사람에 대해 들어왔습니다. 하지만 '온유한 사람'으로 번역된 미크맨(meek man)이란 정확히 무엇일까요? 그것은 일반적으로 알려진 것처럼 가난하고 비굴하며 학대를 묵묵히 참는 사람이 아닙니다. 자신을 하찮고 무가치한 존재로 여긴다면, 그는 생명의 고귀한 목적을 잃어버린 채, 스스로를 그런 존재로 만들어가고 있는 것입니다.

영혼의 진정한 목적이 무엇일까요? 그것은 바로 이 보잘것없는 생명을 변화시키는 것입니다. 인간은 눈에 보이는 외형만으로 자신을 판단해서는 안 되며, 밀리컨 박사처럼 자신의 이상적인 모습으로 자신을 바라보아야 합니다. 다시 말해 아직은 현실로 이루어지지 않았더라도 담대히 주장하는 것입니다.

> 나는 정직하면서 공동의 이익에 부합하는,
> 고정적이고 신뢰할 수 있는 많은 수입이 있다.

이렇게 주장하는 사람이 바로 복음서에서 말하는, 이 땅을 물려받게 될 온유한 사람입니다. 그리고 그 관념은 계속 더 커져야만 합니다. 왜냐하면 어떤 관념이라도 그것이 최상의 것이 아니라면 우리는 이 땅의 상속권을 완전히 받은 것이 아니기 때문입니다.

성경에서 주어진 약속은 "온유한 자는 복이 있나니, 그들은 이 땅을 물려받을 것이다"입니다. 이 '온유'라는 단어는 원어에서 '분노하고 성내는 것'의 반대말이며, 야생 동물이 조련되는 것처럼 '길들여진 상태'를 의미합니다.

이 포도나무를 보라.
그것은 제멋대로 뻗어나가는 힘으로 뒤엉킨 야생의 나무였다.
내가 그것을 가지치기 하자,
쓸모없는 잎사귀들의 희생을 통해 나무는 온순하게 자라났고,
지혜롭게 상처를 입힌 내 손에 감사하듯,
엉켜 있던 가지는 탐스럽고 알찬 포도송이로 변화했다.

온유한 사람, 다시 말해 미크맨은 자신을 훈련한 사람입니다. 마음을 훈련시켰기에 보이는 그대로 보는 것이 아니라 가장 좋은 것만을 보고, 가장 최상의 것만을 생각합니다. 그런 사람은 바로 다음의 명령을 완수한 사람입니다.

형제들이여,
무엇이든 진실하다면, 무엇이든 정직하다면,

> 무엇이든 정의롭고, 무엇이든 순수하며,
> 무엇이든 사랑스럽고 평판이 좋다면,
> 어떤 덕이 있고, 칭찬할 만한 것이 있다면
> 이러한 것들만을 생각하라!
>
> –빌립보서 4장 8절

우리의 열정을 억눌렀을 때 의식의 높은 단계로 올라가는 것이 아닙니다. 우리의 미덕을 길렀을 때에야 의식의 높은 단계로 나아갈 수 있습니다. 그래서 온유한 사람이란 자신의 감정을 완벽하게 통제하는 사람, 아니 가장 고양된 상태에 두는 사람입니다. 온유한 사람은 고양된 것들과 함께 걸어가기를 원한다면 고양된 감정 상태를 유지해야 한다는 것을 알기 때문입니다.

우리 모두는 밀리컨 박사처럼 자신들의 인생의 행보를 바꿀 수 있다는 것이 저의 믿음입니다. 밀리컨 박사가 사용한, 자신의 미래의 꿈을 현재의 사실로 만드는 기법은 '진리'를 찾는 구도자들에게 매우 중요하다고 생각합니다.

밀리컨 박사의 높은 목표는 '공동의 이익'에 기여하는 것이었습니다. 이는 결국 우리 모두가 추구해야 할 피할 수 없는 목적이기도 합니다. 사실, 모두의 선을 상상하는 것이 오직 자기만을 위한 상상보다 훨씬 쉽습니다. 우리는 상상과 자기 선언을 통해 세상과 미래를 바꿀 수 있습니다. 특히 높은 목적을 지닌 훈련된 사람에게는 매우 자연스러운 일입니다. 그러므로 우리 모두 그런 훈련된 사람이 되어야 합니다.

　다음 주 일요일인 7월 15일 오전 10시 30분, 라시에네가 인근 윌셔 볼레바드의 폭스-윌셔 극장에서 베일스 박사의 초청으로 강연할 예정입니다. 주제는 "미래를 바꾸기"이며, 모두에게 친숙한 주제라고 생각합니다. 일요일에 많은 분들이 오셔서, 어떻게 하면 훈련된 사람, 곧 '미크맨'이 되어 인류 전체의 유익을 위해 자신의 미래를 바꿀 수 있는지를 배워가시기 바랍니다.

　이 메시지를 주의 깊게 읽는다면, 여러분은 자신의 감정에 대한 신속한 반응과 메아리를 발견하게 될 것이며, 그것이 일상 속 환경들과 어떻게 맞물리는지를 알 수 있게 될 것입니다. 감정과 환경 사이의 관계를 확신하게 되면, 우리는 삶에 일어나는 모든 일을 기꺼이 받아들이게 됩니다. 우리가 만나는 모든 상황이 우리 자신과 연결되어 있다는 사실을 알게 되기 때문입니다.
　새로운 삶을 창조하고자 한다면, 우리는 감정의 변화부터 시작해야 합니다. 인간의 모든 고양된 감정은 더 높은 의식 수준으로 향하는 문을 여는 열쇠입니다. 그러므로 우리의 삶을 고양된 감정 또는 그러한 감정들이 모인 공동체를 중심으로 형성해야 합니다.
　개인과 공동체 모두, 더 높은 이상을 향해 나아갈수록 영적으로 성장하게 됩니다. 이상이 낮아지면 바닥까지 가라앉고, 이상이 높아지면 상상조차 할 수 없는 곳까지 상승합니다. 여러분이 가장 고귀한 것들과 함께하고자 한다면, 그에 걸맞은 고양된 감정 상태를 유지해야 합니다. 그 높은 곳은 그런 사람들을 위해 마련되어 있기 때문입니다.

모든 창조적 상상에는 반드시 감정이 수반됩니다. 감정은 창조를 가능하게 하는 일종의 촉매제로, 이것 없이는 어떤 창조도 일어날 수 없습니다.

현재의 한계를 벗어나고자 하는 욕망은 잘못된 것이 아닙니다. 인간이 만약 자신에 대해 불만족을 느끼지 못한다면 이 세상에서 진보란 있을 수 없을 것입니다. 그러므로 더 아름다운 삶을 원하고, 더 큰 이해, 더 나은 건강, 더 안정된 재정을 바라는 것은 지극히 자연스럽고 당연한 일입니다.

요한복음 16장에서는 이렇게 말했습니다.

> 지금까지는 너희가 내 이름으로 아무것도 구하지 아니하였으나 구하라. 그러면 받을 것이니, 너희 기쁨이 충만하게 하려 함이라.

인류는 반드시 영적인 부활을 경험해야만 합니다. 여기서 제가 말하는 영적인 부활은 밀리컨 박사처럼 개개인이 새롭고 더 높은 자아 관념에 대한 욕구를 받아들이는 태도를 뜻합니다.

한 국가가 집단적으로 발휘할 수 있는 지혜는 그 구성원 개인들이 가진 지혜를 넘을 수 없습니다. 이런 이유로 저는 항상 자기계발을 강조해 왔습니다. 우리가 자신에 대한 새롭고 더 높은 개념을 구현하려는 열정을 품고 노력한다면, 그 외의 모든 도움은 자연스럽게 따라올 것입니다.

우리가 실현하고자 하는 이상은 이미 새로운 모습을 갖추고 준비되어 있습니다. 하지만 우리가 그것에 '인간의 부모'를 안겨주지 못한다면 그것은 이 땅에 태어날 수 없습니다. 우리는 자신이 바라는 모습이 이미 실현된 것처럼 확신하고, 그러한 삶을 실제로 살아야 합니다. 밀리컨 박사처럼, 그 확언이 겉보기에는 거짓처럼 보여도 끈질기게 지속한다면 결국 그것은 현실로 굳어질 것입니다.

가장 이상적인 인간은 외형을 쫓아 판단하지 않고 이상을 쫓아 판단합니다. 이것이 바로 올바른 판단이라고 말하는 것입니다. 그는 자신이나 다른 사람들을 자신이 원하는 모습으로서 바라봅니다. 그는 자신이 듣기 원하는 것을 듣습니다. 그는 오직 좋은 것만을 보고 듣습니다. 그는 진리를 압니다. 그러면 그 진리는 그를 자유롭게 만들고 선한 방향으로 이끕니다. 더 나아가 진리는 모든 인류를 자유롭게 만들 것입니다. 이것이 바로 우리가 말하는 영적인 부활입니다.

우리가 의식적으로 어디에 주의를 집중하며 사느냐에 따라, "나"라는 인격이 형성됩니다.

진실하게 생각하라.
그러면 그대의 생각이 세상의 기근에 먹을 것을 가져다줄 것이다.

진실하게 말하라.
그러면 그대의 말 하나하나가 풍작을 가져오는 씨앗이 되어줄 것이다.

진실하게 살아라.
그러면 그대의 생이 위대하고 고귀한 신조가 되어줄 것이다.

-호라티우스 보나르

침묵 속으로 들어가겠습니다.

By Imagination We Become

상상의 힘

소망하는 것을 성공적으로 실현시키는 방법은 사자 굴에 갇힌 다니엘의 이야기에도 잘 나타나 있습니다. 이 이야기에서 다니엘은 사자 굴에 있는 동안, 사자들에게 등을 돌리고 위에서 비치는 빛만을 보았습니다. 사자들은 다니엘을 해하지 않았고 다니엘의 신에 대한 믿음은 그를 구원했습니다.

 이 이야기 또한 여러분의 이야기이고 여러분은 다니엘이 했던 것처럼 해야만 합니다. 만약 여러분이 사자 굴에 갇히게 된다면, 다른 것에는 신경이 안 쓰이고 오로지 사자들만 신경을 쓸 것입니다. 마찬가지로 여러분은 오로지 사자로 표현된, 여러분의 문제만 생각하고 있습니다. 하지만 다니엘은 등을 돌려 자신의 하나님인 빛에만 시선을 두었다고 말합니다.

 여러분도 다니엘처럼, 병이라는 동굴, 가난이라는 동굴 속에 갇혀 있다면 그것들이 보여주는 문제에서 시선을 돌리고 우리가 구하고자 하는 것에 머무십시오.

 우리도 만약 의식 안에서 문제들을 뒤돌아보지 않고 믿음을 유지해 우리가 소망하는 것과 하나 되었다고 믿는다면, 우리를 가두고 있던 감옥의 문은 열리고 우리가 구하고 있던 것들은 그것이 무엇이든지 모습을 드러낼 것입니다.

-세상은 당신의 명령을 기다리고 있습니다

Chapter 2 BY IMAGINATION WE BECOME
상상의 힘

상상의 대화라는 씨앗을 뿌려 행위라는 결실을 얻고
행위란 씨앗을 뿌려 습관이란 결실을 얻고
습관이란 씨앗을 뿌려 인격이라는 결실을 얻고
인격이란 씨앗을 뿌려 운명이란 결실을 얻는다.

우리는 얼마나 자주 "오, 그건 그 사람 상상일 뿐이지!"라는 식의 말을 듣습니까? 단지 상상일 뿐이라고요? 절대 그렇지 않습니다. 인간의 상상력은 인간 그 자체입니다.

세상 누구도 보잘것없는 상상력을 지닌 사람은 없습니다. 하지만 정작, 그 위대한 상상력을 훈련하는 사람은 극소수입니다. 상상력, 그것은 정말 불멸하는 거대한 힘입니다. 그래서 그것을 잘못 사용했을 때는 끔찍한 결과를 맞이하기도 합니다.

우리는 길을 걸으면서 혼자 투덜거리는 사람을 흔히 볼 수 있습니다. 그들은 마치 누군가와 대화하고 있는 듯 보이지만 상상 속에서 그런 언쟁을 벌이고 있을 뿐입니다. 그들은 자신이 지금 하고 있는 상상 속 행동이, 미래에 마주하게 될 불쾌한 사건들의 원인이 된다는 사실을 생각하지도 못한 채, 상상 속에서 격렬하게 논쟁을 하거나 아니면 두려움이나 증오를 갖고 상상 속의 대화를 나눕니다. 하지만 우리가 상상 속에서 보는 세상이 진정한 세상입니다. 우리의 하루하루를 만들어가는 것은 이 단단해 보이는 현실이 아니라, 상상 속에서 건설된 세상입니다.

그런데 우리가 사는 모습을 보면, 이 상상의 세상 안에서 상상력이 없는 사람이 살고 있는 것과 같습니다. 우리를 에덴이라는 낙원으로부터 추방한 것은 바로 이 현실이란 것이고, 그곳을 다시 회복할 유일한 방법은 상상력을 통해서입니다. 상상력은 우리가 저 높은 세계를 인식하게 해주는 감각이며, 비전을 실체로 바꾸는 힘입니다. 인간의 모든 진보는 상상력을 발휘함으로써 이루어졌습니다.

어떤 결과들은 언제나 완벽할 것처럼 보여도 때때로 예상을 빗나갈 때가 있는데, 그 이유는 우리 인간의 상상력 통제의 미숙함, 그리고 믿음의 결여 때문입니다. 흔들리지 않는 상상은 모든 성공의 초석입니다. 상상력만이 뜻을 이루는 유일한 방법입니다. 상상력의 도움으로 언제든 자신이 원하는 이미지를 불러낼 수 있는 사람은 마음의 변덕이란 함정에서 벗어날 수 있습니다.

저 멀리 홀로 은둔하고 있는 자나 아니면 어떤 곳에 감금된 자 역시도 상상과 느낌을 강력하게 만든다면 비록 외딴 곳에 있을지라도 세상에 거대한 영향력을 행사할 수 있습니다. 그들은 많은 사람들을 통해 행동할 수 있고, 많은 사람들의 목소리를 통해 말할 수 있습니다.

월리엄 버틀러 예이츠는 그의 저서 『선과 악의 생각』에서 이렇게 말합니다.

사람들의 마음 안에서 미묘한 변화를 일으킨 것이
포도를 밟고 있는 저 여인들이 아닐 것이라고 확신하지 못하며,
그 걱정이, 잠시 눈을 깜박이는 동안의 어린 목동의 마음에서
시작된 것이 아니라고 우리는 확신하지 못한다.

저랑 친한 여성분이 뉴욕의 뮤직홀에서 의상 디자이너로 일할 때의 이야기를 들려드리도록 하겠습니다. 그 여성분은 자신이 하는 일마다 비판하고 내놓는 작업마다 퇴짜를 놓는 한 연출가 때문에 힘들다고 제게 털어놨습니다. 게다가 그녀는 그 연출가가 일부러 자신을 힘들게 하는 것 같다고 생각했습니다.
그 이야기를 듣자 저는 그분에게 이렇게 물었습니다.

다른 사람들은 우리가 속으로 속삭인 것만을
메아리로 돌려줄 수 있다는 사실을 아세요?

그런데 여러분도 이 사실을 기억해줬으면 합니다. 제가 확신할 수 있는 단 한 가지는, 제 친구가 겉으로는 모르겠지만 분명히 속으로는 그 연출가와 논쟁을 벌였을 거라는 점입니다.
그래서 제가 이것을 친구에게 말하자 그녀 역시도 매일 아침 출근길에 마음속 언쟁을 하면서 걷는다고 고백했습니다. 그래서

저는 친구에게 그 남자에 대한 마음 태도를 한번 바꿔보자고 제안했습니다. 연출가가 친구의 디자인 작업에 찬사를 보내고, 친구가 칭찬과 호의에 감사를 표하는 모습을 상상해 보는 것이었습니다.

이 젊은 디자이너는 제 충고를 받아들여 매일 아침 극장으로 출근하는 길에 연출가와 자신의 새로운 관계를 상상하며 걸었습니다. 그 상상 속에서 연출가는 친구의 작업을 칭찬하면 친구는 그 호의에 대해 감사를 표했습니다. 그렇게 매일 아침 상상을 반복한 끝에, 그녀는 자신의 태도가 자기 삶의 무대를 결정한다는 사실을 스스로 깨닫게 되었습니다. 연출가의 태도가 완전히 바뀐 것입니다. 심지어 그 연출가는 그녀가 이제껏 만났던 어떤 상사보다도 만족스러운 상사가 되었습니다. 그의 행동은 단지 그녀가 마음속에서 속삭인 변화의 메아리였을 뿐입니다.

그녀가 했던 모든 일은 상상력의 힘으로 이루어진 것입니다. 그녀의 상상이 그 남자의 행동을 이끌었습니다. 겉보기에 혼자 걷고 있었던 그 시간 동안, 그녀는 결국 실제로 하게 될 대화를 스스로 창조하고 있었습니다.

바로 지금 이 순간부터 우리의 상상력을 조절하고 훈련하는 연습을 해야겠습니다. 친구를 위해 우리가 아는 최고의 모습보다 더 나은 모습을 상상하는 것보다 좋은 출발점은 없습니다.

어떤 숯도 다 타버려 더 이상 빛을 낼 불꽃조차 없는 경우는 없다.
조금만 돌려보아라. 비난하지 말고 그저 변화시켜라.

우리 삶은 음악처럼, 조율만 다시 한다면 인생의 불협화음이 조화로운 천상의 음악으로 바뀔 수 있습니다. 친구의 모습을 떠올려서, 그가 원하는 모습이 이미 되어 있는 것을 상상하십시오. 우리가 꼭 기억해야 할 것은, 우리가 상대방을 대하는 마음 태도는 상대방이 우리를 대하는 태도가 될 거라는 사실입니다.

우리는 어떻게 이 일을 할 수 있습니까? 제 친구가 했던 것처럼 하십시오. 친밀한 관계를 만들기 위해 여러분의 친구를 마음속에서 불러내십시오. 그리고 여러분의 의식을 친구에게 둔 뒤, 마치 길거리에서 친구를 보고 부르듯, 그의 이름을 부르십시오.

그가 대답하는 것을 상상하고, 상상 속에서 그의 목소리를 들으십시오. 그는 당신이 그를 위해 바라던 좋은 일이 이루어졌다고 말하고 있고, 당신은 그가 그렇게 잘 된 것을 직접 보게 되어 기쁘다고 말합니다. 듣고 싶었던 말을 상상 속에서 듣고 그 소식에 전율했다면, 이제 일상으로 돌아가십시오.

여러분의 상상 속 대화는 반드시 그것이 담고 있는 현실을 일깨울 것입니다. 목표를 받아들인다면 그것이 스스로 실현시킬 방법을 고안합니다. 세상의 어떤 지혜로운 방법도 결과를 받아들인 것보다 더 효과적인 방법을 고안할 수 없습니다.

하지만 친구와의 상상 속 대화는, 여러분이 듣고 말한다고 상상하는 것이 진실임을 조금도 의심해서는 안 됩니다. 상상력을 통제하지 못한다면 여러분은 그 통제되지 않은 상상 속에서 듣고 말한 모든 것을 현실에서 마주하게 될 것입니다.

우리는 습관이 만들어낸 존재입니다. 습관 자체는 법칙은 아니지만 세상에서 가장 강력한 영향력을 행사하는 법칙처럼 작용합니다. 상상력의 힘을 이해하고 "훈련된 자(disciplined man)"가 되도록 하십시오. 그래서 오직 사랑스럽고 좋은 소식만을 상상하고 느껴서 여러분의 세상을 변화시키십시오. 여러분이 자신 안에서 불러낸 아름다운 생각은 그것과 비슷한 속성의 것을 타인 안에서도 반드시 일깨울 것입니다.

추수를 위해 넉 달을 기다리지 마십시오.
바로 오늘이 여러분의 상상력을 통제하고 훈련할 날입니다.

인간이 한계에 둘러싸여 있는 유일한 이유는 집중력의 부족과 상상력의 결핍 때문입니다. 위대한 비밀은 다름 아닌 통제된 상상력과 이루고자 하는 목표에 확고하고 지속적으로 의식의 초점을 맞추는 것입니다.

바로 지금이
보잘것없는 것들에게 아름다움을,
통곡하는 마음에 기쁨을, 무거운 영에게 찬양을 주어
주가 심으신 올바름의 나무로 불리게 하여
주께서 영광을 받게 할 때라.
-이사야 61장 3절

바로 지금이 우리의 상상력과 주의력을 통제할 때입니다. 하지만 여기서 말하는 통제란 의지를 통해 억제하는 것이 아니라, 사랑과 자비를 기르는 것을 뜻합니다. 지금처럼 세상이 불협화음으로 가득할수록, 우리는 상상 속 사랑의 힘을 강조하지 않을 수 없습니다.

'상상 속의 사랑' 이것이 제가 다음 주 일요일 아침, 베일스 박사님의 휴가를 대신해 강의할 주제입니다. 강의는 늘 그렇듯 윌셔 볼레바드의 폭스 윌셔 극장에서 오전 10시 30분에 열릴 예정입니다.

"세상이 그러하니 개인도 그러하다"라는 말은 "개인이 그러하니 세상도 그러하다"로 바뀌어야만 합니다.
여러분 모두가 스가랴서의 다음 말씀을 깊이 새기시기 바랍니다.

모든 사람들이여, 그의 이웃들에게 진리를 말하고,
그 누구도 자신의 이웃을 향해 마음 안에 악을 품지 말도록 하라.

이것은 여러분과 제게 주어진 참으로 멋진 도전 과제입니다!

깊은 마음속에서 생각하는 모습이 당신의 모습이다.

인간은 상상한 대로 그렇게 됩니다. 여러분의 상상력 안에서 사랑을 꽉 잡으십시오. 마음의 세계 안에 이상적인 이미지를 세움으로써, 여러분은 점점 그 이상적인 이미지와 하나가 되어, 마침내 그것으로 변하게 됩니다. 다시 말해, 그것의 특성을 여러분 존재의 중추 속으로 흡수하게 되는 것입니다.

여러분 안에 있는 "권능"의 시야를 결코 잃지 마십시오. 상상 속의 사랑은 보이지 않는 것을 보게 만들고, 사막 한가운데에 있는 우리에게 마실 물을 건네주고, 영혼이 머물 수 있는 안식처를 제공해줍니다. 아름다움, 사랑, 그리고 좋은 소식은 하나님의 정원입니다. 하지만 그 정원에 이르는 길은 상상의 사랑입니다.

상상의 대화라는 씨앗을 뿌려 행위란 결실을 얻고
행위란 씨앗을 뿌려 습관이란 결실을 얻고
습관이란 씨앗을 뿌려 인격이라는 결실을 얻고
인격이란 씨앗을 뿌려 운명이란 결실을 얻는다.

우리는 상상력이란 씨앗을 통해 운명이란 열매를 수확하고 있습니다. 그것이 좋은 운명인지, 나쁜 운명인지, 아니면 그저 그런 운명인지는, 여러분 마음속에 어떤 상상을 간직하고 있느냐에 달려 있습니다. 상상력은 객관적인 소망을 실현할 수 있는 충만한 힘을 갖고 있기에 인간이 진보의 길을 걷든 퇴행의 길을 걷든, 그 걸음들은 모두 상상력의 힘에 의해 결정됩니다.

윌리엄 블레이크는 이렇게 말했습니다.

무엇이 그렇게 보인다면,
그것은 바로 그 사람에게 실제로 그렇게 존재하는 것이며,
그렇게 보이는 그들에게는 가장 무시무시한 결과들까지도
초래하게 된다. 고통, 절망, 심지어 영원한 죽음조차도 말이다.

저도 블레이크와 같은 생각입니다.
상상력과 소망을 통해 우리는 우리가 바라는 존재가 될 수 있습니다. 그러기 위해서 우리는 우리가 상상하는 존재라고 스스로에게 선언해야만 합니다. 우리가 소망하는 모습이 이미 되었다는 가정을 계속 고집한다면 우리가 상상했던 모습으로 변화될 것입니다.

우리는 사랑이라는 자연스러운 기적을 통해 태어났습니다. 그리고 한동안 우리가 필요로 하는 것들 모두는 다른 이의 돌봄 속에서 주어졌습니다. 이 단순한 진리 속에 생명의 비밀이 숨어 있습니다. 사랑이 아니고서는 우리는 온전히 살아갈 수 없습니다. 부모가 각각 따로 존재해서는 생명을 태어나게 할 수 없습니다. 결국 생명은 사랑의 결실이라는 본질적인 진리로 돌아오게 됩니다. 그러므로 "하나님은 사랑이시다"라는 말은 참으로 이성적인 선언입니다.

사랑은 우리의 타고난 권리이며, 우리 삶의 근본적인 필수 요

소입니다.

> 지금 현재의 모습인 것을 구하려 하지 말라.
> 사랑을 구하는 자는 오히려 자신 안의 사랑 없음을 나타낼 뿐이고,
> 사랑이 없는 자는 결코 사랑을 찾지 못하게 된다.
> 사랑을 하고 있는 자만이 오직 사랑을 발견하고,
> 사랑을 하고 있는 자들은 사랑을 구하려 하지 않는다.

이제, 침묵 속으로 들어가겠습니다.

Answered Prayer

응답받는 기도

충만하고 행복한 삶을 만들기 위해서는 느낌을 조절하는 것이 가장 절실합니다.
 바라지 않는 느낌은 품지 말고, 잘못된 형태나 모습에 동조하지 않으며, 자신이나 타인의 불완전함에 집중하지 마십시오. 그렇게 하지 못한다면, 당신의 잠재의식에 이런 한계들이 각인될 것입니다.
 당신에게 일어나길 원하지 않는 것은 당신뿐만 아니라 다른 이에게도 이루어진다고 느끼지 마십시오. 이것이 충만하고 행복한 삶을 다루는 법칙 전부입니다. 이외의 것들은 이것에 대한 부연 설명밖에 안됩니다.

-네빌 고다드의 부활

Chapter 3 ANSWERED PRAYER
응답받는 기도

인생은 투쟁이 아니라 내맡김입니다.
우리의 기도는 우리가 불러낸 힘으로 이루어지는 것이지,
억지로 힘을 행사해 성취하는 것이 아닙니다.
외부의 눈에 의지하는 한 영혼의 눈은 아무것도 볼 수 없습니다.
우리를 움직이게 하는 세상은 우리가 상상한 세상이지
지금 우리를 둘러싼 세상이 아닙니다.

기도가 응답받은 경험이 있으신가요? 사람들이 기도할 때 확실히 어떤 일이 일어난다는 확신이 생긴다면, 무엇이든 기꺼이 바칠 것입니다. 이런 이유로, 지금부터 왜 어떤 기도는 응답을 받는 반면 또 어떤 기도는 공허한 메아리로 끝나는가에 대해 이야기해 드리겠습니다.

그대가 기도할 때 이미 받았다고 믿어라.
그러면 받게 될 것이니.

다음이 바로 기도가 응답받기를 바라는 사람들에게 부여된 조건입니다.

"이미 받았다고 믿어라."

우리가 받았다는 사실을 믿지 못하는 한, 우리의 기도는 응답받지 못할 것입니다. 응답받은 기도란, 기도하지 않았다면 이루어지지 못했을 일을 기도로 이룬 것을 의미합니다. 따라서 기도하는 자는 사건을 만들어낸 근본 원인, 즉 배의 방향키를 쥐고 있는 선장이자, 더 나아가 기도를 승낙하는 자이기도 합니다. 하지만 우리 인류는 기도의 승낙 여부가 자신에게 있다는 책임을 떠맡으려 하지 않습니다. 왜냐하면 책임이란 인류의 보이지 않는 악몽과도 같기 때문입니다.

법칙의 토대 위에 이 세상 모든 것이 놓여 있고, 기도도 예외가 아닙니다. 하지만 우리는 기도와 기도의 응답이라는 두 사건 사이의 관계를 보지 못합니다. 우리는 단순히 하나님이 우리의 목표를 이루어주고자 한다면 응답해주고, 그렇지 않으면 우리의 기도를 무시한다고 생각합니다. 우리의 좁은 인간적 마음은 하나님 자신조차 하나님의 법칙 아래에 두었다는 것을 인정하지 않으려 합니다. 기도와 그 응답 사이의 인과관계를 보는 사람의 수는 얼마나 될까요?

누가복음 17장에는 열 명의 나병 환자를 고치는 이야기가 있습니다. 우리가 주의 깊게 살펴보야 할 것은 치유가 일어날 수 있게 나병환자들의 믿음을 고양시켰던 방식입니다. 열 명의 나병환자들이 예수를 찾아와 "자비를 베풀어 달라"고 말합니다. 다시 말해 자신들을 치료해줄 것을 간청한 것입니다. 예수 그리스도는 그들에게, "가서 대제사장에게 네 자신을 보여주라"고 말씀하시자 그들은 즉시 떠났습니다. 그러자 "그들이 가는 중에 그들은 깨끗해졌다"라고 합니다.

모세의 율법은 나병환자가 병에서 회복되었을 때 병의 회복을 인정받기 위해 대제사장에게 자신을 보여 주어야만 한다고 말합니다. 예수 그리스도는 나병환자들의 믿음을 시험하셨고, 그들의 믿음을 완전히 고양시킬 수 있는 방법을 제시하셨습니다. 만약에 나병환자들이 예수 그리스도의 말을 따르지 않고 가지 않았다면 어땠을까요? 그랬다면 그들은 믿음이 없는 것이고 당연히 치유되지 못했을 것입니다. 하지만 그들은 예수의 말을 따랐습니다. 그리고 그들이 길을 떠나자 이 여정이 담고 있던 의미를 완벽히 깨닫게 되었고 이 역동적인 생각이 그들을 치유했습니다. 그래서 성경에는 "그들이 가자, 깨끗해졌다"라고 말합니다.

분명히 다음의 영감 어린 찬가를 종종 들어봤을 것입니다.

왜 우리 인간은 기도 속에서
모든 것을 하나님에게 내맡기지 못해,
얼마나 많은 평화의 시간을 잃고
얼마나 많은 불필요한 고통을 짊어지고 있을까?

저는 경험을 통해 기도의 속성에 대해 깊이 생각하게 되었고 이것과 같은 결론에 도달했습니다. 저는 사람들이 기도라고 부르는 것의 실체와 철학을 믿습니다. 하지만 기도라는 이름을 달고 있는 모든 것이 제가 말하는 진정한 기도는 아닙니다.

기도는 우리의 마음을 고양시켜 우리가 구하는 것의 실체에 닿게 하는 것입니다. 성경에서 교정에 대해 우선 주어지는 말은 "일어나라(arise)"입니다. 이것은 우리의 마음을 우리가 구하는 것에까지 고양시키는 것을 말하는데 소망이 성취된 느낌을 사실로 받아들인다면 쉽게 도달할 수 있는 상태입니다.

만약 여러분의 기도가 응답받았다면 정말 어떤 느낌을 갖겠습니까?

자, 그 느낌을 사실로 받아들여보세요. 여러분의 기도가 응답받았을 때 겪게 될 현실을 상상 속에서 경험할 때까지, 계속해서 그 느낌을 사실로 받아들이십시오. 기도란 정신적인 정체 상태에서 벗어나 정신적인 움직임을 일으키는 것을 말합니다.

그것은 소망이 성취된 생각이 마음을 가득 채워, 다른 모든 생각을 의식에서 몰아낼 때까지 여러분의 주의를 소망이 성취된 상태에 계속 집중하는 것을 뜻합니다.

그런데 이 말은 정신적으로 애쓰는 것, 의지의 작용을 뜻하지는 않습니다. 오히려 기도는 의지의 작용과는 구별해야 합니다. 기도는 내맡기는 작업입니다. 기도는 소망이 성취된 느낌에 내맡기고 항복하는 것을 뜻합니다.

만약에 기도가 응답을 가져오지 못한다면 분명 기도에 문제가 있는 것이고, 그 대부분은 너무 애쓰기 때문입니다. 우리들은 의지의 작용과 기도를 분별하지 못하고 동일시하기 때문에 심각한 혼란을 겪습니다. 가장 중요한 규칙은 애쓰지 않는 것입니다. 만약 이 말을 따른다면 직관적으로 올바른 마음상태에 놓이게 될 것입니다.

창조는 의지의 작용이 아니라, 더 깊은 수용적 자세와 더 예리한 감각 상태를 취하는 것입니다. 결과를 받아들이는 것, 즉 기도가 응답받았음을 받아들이는 것은 그것을 실현시킬 방법을 스스로 찾아냅니다.

기도가 응답받은 상태가 마음을 채워서, 의식에서 다른 생각들을 몰아낼 때까지 자신의 기도가 응답받았다고 느끼십시오. 우리가 노력해야만 하는 부분은 의지를 발전시키는 것이 아니라 상상력을 훈련시키고 의식을 흔들리지 않게 만드는 것입니다.

기도는 투쟁해서 싸워 이기는 것이 아니라 투쟁을 피할 때 비로소 성공합니다. 그래서 기도는 무엇보다 쉬운 일입니다. 기도의 가장 큰 적은 노력(애쓰는 상태)입니다.

전능은 그 자신을 극도의 평온함 속에 온전히 내맡깁니다. 하늘나라의 부는 강한 의지로 쟁취하는 것이 아니라 그 아낌없는 보물을 하나님에게 내려놓을 때에 주어집니다. 영적인 힘 역시 물리적 힘처럼 저항이 가장 적은 길을 따라 흐릅니다.

우리가 무언가를 바랄 때, 그것은 이미 우리 안에 주어져 있기 때문에, 원하는 것을 이미 가졌다는 전제하에 행동해야 합니다. 소망이 이루어진 상태는 단지 우리의 내면에서 우리가 주장하기만을 기다리고 있습니다. 그래서 우리가 주장하는 것, 이것이 바로 우리의 꿈을 현실로 만드는 조건입니다. 우리가 소망이 성취된 느낌을 사실로 받아들이고 계속 고집해 나간다면 우리의 기도는 응답받게 됩니다.

기도가 응답받은 아름다운 이야기 하나를 전 제 거실에서 목격했습니다.

매우 매력적인 여성분이 기도에 관해 이야기를 나누고자 저를 찾아왔습니다. 그 여성분에게는 여덟 살짜리 아이가 있었는데 맡기고 올 사람이 없자 그날 함께 데리고 왔습니다. 아이는 마치 우리가 나누는 이야기에는 관심 없다는 듯 장난감에만 푹 빠져 있었지만, 우리의 이야기가 끝나자 이렇게 말했습니다.

"아저씨, 저는 이제 어떻게 기도하는지 알겠어요. 그리고 제가 원하는 것도 알고 있어요. 콜리 강아지요. 그래서 저는 매일 밤 침대에서 그 강아지를 안고 있는 상상을 하려고요."

그러자 어머니는 아이와 제게 왜 그 기도가 불가능한지에 대해 말했습니다. 그의 어머니는 강아지의 비용, 집의 협소함, 아이가 강아지를 제대로 돌볼 수 없다는 점 등을 들어 기도가 불가능하다고 설명했습니다.

아이는 어머니 눈을 쳐다보더니 한 마디를 툭 던졌습니다.

"하지만 엄마! 난 이제 기도하는 법을 안다고요."

그리고 아이는 기도를 했습니다. 이 일이 있은지 두 달 후, 그 모자가 살고 있는 마을에서 '동물 보호 주간'을 맞이해 아이들을 상대로 백일장이 열렸습니다. 주제는 어떻게 동물들을 사랑과 애정으로 돌볼 것인가에 대해서였습니다. 아마도 다음 이야기가 짐작 가실 것입니다. 아이의 글이 5천 명 참가자 중에서 우승을 했고, 시장이 직접 우승자에게 선물을 주었습니다. 선물은 다름 아닌 콜리 강아지였습니다. 아이는 매일 밤 강아지를 끌어안으며 소망이 성취된 느낌을 사실로 받아들였습니다.

기도는 상상 속의 사랑 행위입니다. 다음 주 일요일 윌셔 볼레바드의 폭스 윌셔 극장에서 아침 10시 반에 열리는 강의의 주제입니다. 다음 주 일요일, 제가 여러분에게 드리고 싶은 이야기는, 어떻게 하면 이 소년처럼 여러분의 사랑하는 이미지에 여러분을 내맡길 수 있는지, 그리고 어떻게 하면 주변에서는 불가능이라고 말하더라도 그 기도를 끝까지 지속할 수 있는지에 관한 이야기입니다. 이것을 이해할 수 있는 시간이 되었으면 합니다.

기도에서 계속되는 끈질김의 필요성은 바로 다음의 성경구절에 잘 나와 있습니다. 예수 그리스도가 물었습니다.

또 예수께서 그들에게 말씀하시기를,
너희 중 누가 한밤중에 네게 찾아와, '친구여, 빵 세 덩어리만 빌려주게.

내 친구가 여행 중에 나에게 왔는데 나에게는 그를 대접할 것이 아무 것도 없네.'라고 말했을 때, 그대는 안에서 대답하여 말하기를 '나를 귀찮게 하지 말게. 이미 문이 닫혔고 내 자식들도 나와 함께 잠자리에 들어서 자네에게 빵을 주려고 일어날 수가 없네'라고 하겠느냐? 내가 너희에게 말하노니 너희가 자기의 친구라는 이유만으로는 일어나서 주지 않겠지만 끈질긴 간청 때문에 일어나서 필요한 만큼 그에게 주리라.

누가복음 2장

"끈질김"이라고 번역된 단어는 말 그대로 "철면피"를 뜻합니다. 기도가 응답받은 상황에 우리가 있는 상상을 성공할 수 있을 때까지 계속 밀고 나가야 합니다. 성공의 비결은 "인내"라는 단어에서 찾을 수 있습니다.

어떤 행동을 하고 있는 자신을 상상하는 영혼은 그 결과의 옷을 입게 될 것입니다. 자신이 어떤 행위를 하고 있는 것을 상상하지 않는다면 그 결과는 저만치 도망 가버립니다. 이미 원하는 모습이 되었다면 현실에서 경험할 것을 상상 속에서 경험하십시오. 그러면 그 상상한 결과의 옷을 입게 될 것입니다.

하지만 얻고자 하는 모습을 상상하지는 마십시오. 그러면 그 결과를 얻지 못할 것입니다.

그대가 기도할 때 그대는 이미 받았다고 믿어라.
그러면 받게 될 것이라.

응답받는 기도

의식의 보다 높은 곳에서 친구를 만날 때까지 상상을 고집하십시오. 다시 말해 소망이 성취된 느낌이 현실에 대한 생생한 감각 전부가 될 때까지 계속 고집하십시오.

기도는 통제된 깨어 있는 꿈입니다. 기도가 성공적으로 이루어지길 원한다면 우리의 의식은 기도가 이루어졌을 때 보게 될 세상의 모습에 흔들림이 없어야만 합니다.

의식을 확고하게 하는 것은 어떤 다른 특별한 기능들을 요구하지 않고 오직 상상력의 통제만을 요구합니다. 지금 현재 우리가 세상을 보는 시선과 소망이 성취되었을 때 우리가 세상을 보는 시선은 달라집니다. 소망이 성취되었을 때 변화되는 세상과의 관계를 관찰하고 이 상상 속의 시야에 믿음을 확고히 하기 위해 우리의 감각을 확장시켜야만 합니다. 그 새로운 세상은 우리가 손을 뻗어 취해야 할 저 멀리의 것이 아니라 지금 당장 느끼고 만져볼 수 있는 세상입니다.

이 관찰을 하기 위한 가장 최선의 방법은 강렬하게 그것을 인식하는 것입니다. 다른 말로 하자면 우리의 눈과 귀를 통해서는 들리지도 보이지도 않는 것이지만 그것을 내면에서 현실처럼 듣고 볼 수 있습니다. 바로 이 방법을 통해 우리는 원하는 것을 듣고 보게 됩니다.

원하는 상태에 의식의 초점을 맞춘다면 이 단단한 외부 세상은 무너지고 마치 피아노를 새롭게 조율한 것처럼 이 세상의 부조화는 조화로운 천상의 음악으로 바뀔 것입니다.

인생은 투쟁이 아니라 내맡김입니다. 우리의 기도가 이루어지는 것은 우리가 불러낸 힘에 의한 것이지, 억지로 힘을 행사해서 이루어지는 것은 아닙니다. 외부의 눈에 의지하는 한 영혼의 눈은 아무것도 볼 수 없습니다. 우리를 움직이게 하는 세상은 우리가 상상한 세상이지 지금 우리를 둘러싼 현실이란 것이 아닙니다.

나의 온 존재를 내가 원하는 고귀한 상태가
이미 현실이 되었다는 느낌에 바쳐야만 합니다.
무언가가 아직 바쳐지지 않았다면
우리의 기도는 공허할 뿐입니다.

소망을 이루기 위해 지나치게 애쓰다 보면 우리는 종종 우리의 고귀한 목표를 빼앗깁니다. 우리가 원하는 존재가 이미 되었다는 전제하에서 행동해야만 합니다. 우리의 목표가 성취되었다면 육신이 겪게 될 것을, 애쓰지 않고 상상 속에서 경험해본다면 우리는 정말 그것을 얻을 수 있을 것입니다.

치유의 손길은 우리의 마음 태도 안에 있습니다. 우리는 다른 것은 바꿀 필요가 없고 오지 소망을 대하는 마음 태도만을 바꾸면 됩니다. 여러분이 그것을 가지고 있지 않다면 그 속성을 이미 가진 것처럼 받아들이십시오. 소망이 성취된 느낌을 사실로 받아들이십시오.

나의 영혼을 위해 기도하라.

이 세상이 꿈꿀 수 있는 것 이상이 기도를 통해 이루어지니.

-알프레드 테니슨(Alfred, Lord Tennyson), 『아더왕의 죽음(Morte d'Arthur』

이제 침묵 속으로 들어가겠습니다.

Meditation
—
명상

일곱 번째 제자는 도마이다.

이 마음의 기능이 훈련된다면 자신에게 들어오는 생각들이 시몬 베드로가 들여보낸 것과 일치하지 않는다면 그것들 모두를 의심하고 거부한다.

자신이 건강하다고 인식한 자는 (그 이유가 건강 체질이나 음식, 날씨 때문이 아니라, 그가 깨어있어 자신이 거하고 있는 의식의 상태가 건강이란 것을 알기 때문에) 세상의 어떤 조건에도 불구하고 건강함을 나타낼 것이다.

전염병이 세상을 휩쓴다는 이야기가 신문이나 라디오를 통해, 혹은 가장 지혜롭다는 사람의 입을 통해 전해지고 있더라도, 깨어 있는 자는 아무런 미동도 보이지 않은 채, 또 마음속에 어떤 인상도 남기지 않은 채 그 이야기를 들을 수 있다.

의심하는 자인 도마는 그 기능이 훈련된다면 자신의 의식과 일치하지 않는, 병과 같은 것들을 거부할 것이다.

그리고 그렇게 거부된 것들은 조금도 영향을 미치지 못한다.

-믿음으로 걸어라

Chapter 4 MEDITATION
명상

그대가 기도할 때 그대의 골방으로 들어가라.
그리고 문을 닫고 비밀 속에 계시는 그대의 아버지에게 기도하라.
그러면 비밀 속에 계시는 아버지는
그대에게 아낌없이 보상하리라.

-마태복음 6장

사람들은 종종 제게 와서 명상을 할 수 없다고 말합니다. 그런데 저는 이런 말이 마치 피아노를 한두 번 쳐보고는 곧바로, '나는 피아노를 칠 수 없어'라고 말하는 것처럼 들립니다. 명상 역시 피아노처럼 완벽한 결과를 위해서는 꾸준한 연습이 필요합니다. 아무리 위대한 피아니스트라도 하루의 연습을 빼먹었을 때는 최상의 곡을 연주할 수는 없을 것입니다. 그런데 일주일이나 한 달의 연습을 빼먹게 된다면 어떻게 될까요? 아마 피아노에 대해 전혀 모르는 사람조차도 피아니스트의 실수를 알아챌 정도가 될 것입니다.

명상도 마찬가지입니다. 즐겁게 일상적인 습관처럼 명상을 연습한다면 다른 예술들처럼 완벽하게 만들 수 있습니다. 명상의 어려움을 호소하는 사람들은 평소에는 연습하지 않다가, 갑자기 주변에서 자신을 압박하는 일이 일어났을 때에야 부랴부랴 안간힘을 다해 소망하는 상태에 의식을 맞춰보려 합니다.

하지만 사람들이 모르는 것이 있는데, 명상은 안간힘을 다해 의지를 사용하는 것이 아니라 의지를 교육시키는 작업이라는 것입니다.

왜냐하면 의지와 상상이 충돌하게 되면
언제나 상상이 이기기 때문입니다.

사전에서는 명상을, "의식을 고정시키는 것, 마음에서 계획을 짜는 것, 방법을 고안해서 장래를 생각하는 것, 끊임없는 사색적인 생각에 몰두하는 것"이라고 정의합니다. 명상에 대한 오해가 매우 많습니다. 명상을 설명하는 수많은 책들 대부분은 명상의 과정을 설명하지 않기 때문에 독자들에게 큰 도움이 되지 못합니다.

명상이란 단지 상상력을 잘 통제하고 의식을 유지하는 것입니다. 단순히 하나의 생각에 완전히 몰입하여 그것이 마음을 가득 채우고 나른 모든 생각들을 의식에서 밀어내는 것입니다. 그러면 의식은 내면이 가진 힘의 증거를 반드시 보여줄 것입니다.

우리는 여타의 생각에 분산되는 것을 막으면서 실현하고자 하는 생각에 몰입해야만 합니다. 이것은 행동에 대한 위대한 비밀입니다. 주의력이 산만해진다면 다시금 실현하고자 하는 생각으로 돌려놓으십시오. 의식이 단단히 고정되어, 상상 속 장면에 애쓰지 않고도 자연스럽게 머물게 될 때까지 반복하고 또 반복하십시오.

그 생각은 주의를 끌 만한 것이어야만 합니다. 말하자면 마음을 사로잡을 만한 것이어야만 합니다. 모든 명상은 지금 현재의 모습이 아닌, 상상 속의 모습에서 끝이 납니다. 그래서 자신이 정말 상상했었던 모습의 사람이 나임을 발견합니다.

훈련되지 않은 사람의 주의력은 상상을 다스리는 주인이 아니라, 오히려 상상에 끌려다니는 하인과 같습니다. 그래서 결국, 원하는 생각에 사로잡혀 있지 못하고 떠오르는 여러 생각들에 휘둘리게 됩니다.

예배 활동에서 최고의 덕목이 고요함인 것처럼 명상을 수행하는 데에도 고요함은 가장 지켜야 할 최상의 덕목입니다. 고요함 안에는 불멸의 시야가 보전되어 있기 때문에 우리의 성역을 고요하게 유지시켜야만 합니다. 저는 매일, 매주, 매년, 시간이 날 때마다 방해받지 않는 곳에서 제 의식과 상상력을 통제하기 위해 연습을 했습니다. 제 안에서 서서히 솟았다가 사라지는 그 마법 같은 빛들을 보다 확실히 저 자신의 것으로 만들기 위해 노력했습니다. 저는 제 의지대로 그 빛들을 불러내기를 바랐고 제가 보는 것을 통제하기를 바랐습니다.

> 저는 단 한순간도 집중이 흐트러지지 않도록,
> 흔들림 없는 집중 속에서 일상생활에 주의를 기울이려 노력했습니다.

이것은 훈련입니다. 영혼의 더 높은 세계로의 여정을 위한 훈련입니다. 결코 쉬운 일이 아닙니다. 손에 쟁기를 쥐고 밭을 가는 노동이 훨씬 쉽습니다.

반란을 막기 위해 제국이 군대를 급히 파견하는 것보다도 더 빠르게, 우리 안의 모든 생명은 우리의 명상 상태를 방해하기 위해 신경의 고속도로를 따라 빠르게 달려옵니다. 명상을 하려고 앉았을 때 나의 고요함을 방해하기 위해 마음을 유혹하는 사랑하는 이의 얼굴이 떠오를 때도 있습니다. 또 오래된 원한과 두려움이 갑자기 우리를 에워싸기도 합니다. 이런 것들에 유혹된다면, 명상을 끝마쳤을 때 우리는 애초에 세웠던 목표에서 멀어졌음을 발견하게 됩니다.

우리가 하고자 했던 목표를 저 멀리에 남겨두고 달성하려 했던 주의력의 확고함은 잊힙니다. 자신의 상상력과 주의력을 완전히 통제하는 사람이 있을까요? 반복적으로 실현하고자 하는 생각에 확고히 의식의 초점을 둔 통제된 상상력과 확고한 주의력은 모든 마법의 시작입니다.

수주일, 수개월 명상을 계속해 나간다면, 조만간 자신 안에 힘의 중추가 세워지게 됩니다. 많은 사람들이 명상의 여정을 시작하지만 극히 소수만이 여정의 목적지에 도착하게 됩니다. 그 여정은 처음에는 분명 그림자와 암흑 속에서 흔들리지만 계속 걸어 나간다면 내면의 빛으로 밝아지는 자신 안의 길입니다.

타고난 재능을 요구하거나 천재적일 필요는 없습니다. 어떤 특별한 사람에게 주어지는 것이 아니라 오직 끈질김과 연습으로 얻어지는 것입니다. 계속 해나간다면 뇌의 어두운 동굴이 찬란히 빛날 것이고 그것을 이룬 사람은 마치 사랑하는 이와의 약속을 지키듯, 매일매일 명상의 시간을 갖게 될 것입니다.

그 빛의 시간이 다가온다면 그는 마치 오랜 시간 물밑에 있다가 맑은 공기를 마시고 빛을 보기 위해 물 위로 솟는 다이버처럼 자신 안에서 우뚝 솟아오를 것입니다. 바로 이 명상 상태 안에서 자신의 목표가 현실이 되었다면 현실에서 겪을 일들을 상상 속에서 경험하여, 시간이 지남에 따라 그는 상상했던 이미지로 점차 변모하게 됩니다.

우리가 확인해야 할 유일한 종교적인 시험은 그 진리가 진실한 것인지, 인간의 깊은 의식으로부터 나온 것인지, 경험의 열매인지 여부입니다. 이런 이유로 마지막 주 일요일 로스앤젤레스에서 열리는 강의의 주제는 "참된 종교적 태도"입니다. 여러분의 종교적 태도는 무엇입니까? 나의 종교적 태도는 무엇입니까?

다음 주 일요일 베일스 박사님을 대신하여 여러분에게 강의하게 될 것입니다. 장소는 윌셔 볼레바드의 폭스 윌셔 극장입니다. 저는 여러분에게 정신적인 앎과 영적인 앎의 방법이 완전히 다르다는 것을 보여드리고자 합니다.

정신적으로 무언가를 알기 위해서는 우리는 단지 외부에서 그것을 살펴보면서 다른 것들과 비교하고, 분석해 보고, 정의를 내립니다. 반면에 영적인 앎은 그런 것과는 완전히 다릅니다. 오직 우리가 그것이 됨으로써만 영적인 앎이 찾아옵니다. 반드시 그것 자체가 되어야만 영적인 앎이 찾아오는 것이지 단지 보고 말하거나 바라보는 것으로 찾아오지 않습니다. 예를 들어 사랑이 무엇인지 알기 위해서는 사랑과 하나가 되어야만 합니다. 하나님이 누구인지 알기 위해서는 우리가 하나님처럼 되어야만 합니다.

명상은 잠과 마찬가지로 잠재의식에 들어가는 문입니다.

그대가 기도할 때 그대의 골방으로 들어가라.
그리고 문을 닫고 비밀 속에 계시는 그대의 아버지에게 기도하라.
그러면 비밀 속에 계시는 아버지는 그대에게 아낌없이 보상하리라.

명상은 외부 세상의 감각을 사라지게 하고 내면의 암시에 마음을 보다 수용적으로 만드는 잠의 환영입니다. 명상 중인 마음은 우리가 잠에 빠지기 직전의 이완된 느낌과 비슷합니다.

시인 키츠는 "나이팅게일에게 부친 노래"에서 이 상태를 매우 아름답게 표현했습니다. 키츠가 정원에 앉아서 나이팅게일이 우는 소리를 듣다가 잠에 빠질 때 그 상태를 이렇게 적고 있습니다.

마치 독초를 마신 것처럼 졸음의 마비가 나의 감각들을 괴롭힌다.

명상

그 노래의 말미에는 키츠가 자신에게 이렇게 되묻고 있습니다.

그것은 환영이었나? 아니면 깨어 있는 꿈이었나? 노랫소리는 저만치 사라졌네. 그런데 나는 깨어 있는가? 아니면 잠에 들어 있는 건가?

이 구절들은 지금 아주 생생하고 현실과 같은 것을 본 키츠가, 과연 이 육신의 눈을 믿을 수 있는 것인지 자신에게 되묻는 것입니다.

우리가 과도하게 애를 쓰지 않고 내면으로 철수하게 만드는 모든 명상은 잠재의식을 바깥으로 노출시킬 수 있습니다. 썰물이 빠졌다가 다시 밀물로 들어오는 조류를 잠재의식에 비유할 수 있습니다. 잠에 든 상태에서는 그 물이 최고조의 밀물의 상태에 있으며, 완전히 깨어있을 때에는 최대한 빠져 있는 썰물과 같습니다.

이 양극단 사이에는 수없이 많은 수위(水位)들이 있습니다. 졸릴 때, 꿈꿀 때, 고요하게 상상에 빠져들 때 그 물길의 수위는 최고조입니다. 그것보다 조금 더 깨어있거나 정신이 차려질수록 그 수위는 조금씩 빠져 내려갑니다.

그러나 가장 높은 수위의 정신적 밀물 상태와, 생각을 의식적으로 조절할 수 있는 상태가 양립될 수 없는 것이 아닙니다. 그 두 상태는 우리가 잠에 빠지기 직전이나 깨어난 바로 직후에 양립될 수 있습니다. 이런 수동적인 상태를 만드는 가장 쉬운 방법은 침대나 편안한 의자에서 이완하는 것입니다.

눈을 감고 졸음이 온다고 상상하십시오. 아주 졸리고, 매우 졸음이 온다고 상상하십시오. 세세하게 마치 낮잠에 든 것처럼 행동하십시오. 그렇게 하면 잠재의식의 물결이, 여러분의 그 특정한 가정이 효력을 낼 수 있을 만큼의 충분한 높이로 솟게 됩니다.

처음 이렇게 잠에 드는 것을 시도해 본다면, 아마도 마음을 흩뜨리는 온갖 종류의 반대 생각들이 떠오르는 것을 보게 될 것입니다. 하지만 끈기를 가지십시오. 분명 그 수동적인 상태에 도달하게 될 것입니다.

이 수동적인 상태에 도달했을 때 "오직 좋은 소식"만을 생각하십시오. 여러분이 지금 가장 높은 이상을 구현하고 있다고 상상하십시오. 그것을 표현해낼 방법을 상상하는 것이 아닙니다. 단지 "지금 여기"에서 여러분은 원하는 고귀한 사람이 되었다고 느낍니다. 지금 여러분은 바로 그런 존재입니다. 그렇게 상상하고 느낌으로써 그 높은 이상을 이 땅에 불러들이십시오.

저는 모든 행복이, "소망이 이미 이루어진 느낌"을 상상할 수 있는 에너지에 달려 있다고 생각합니다. 지금 현재의 모습과는 다른 모습을 상상하면서 보다 개선된 자신의 모습을 사실로 받아들일 수 없다면, 어떤 발전도 이룰 수가 없을 것입니다.

명상은 영혼의 활동이고, 그것은 내면의 힘이 깨어나는 과정입니다. 그것은 단지 규칙을 수동적으로 지키는 것과는 다릅니다. 내면 힘의 깨어남은 한 편의 연극과 같습니다. 새로운 가면을 쓰고 연기하는 연극입니다. 목표를 온전히 받아들이면, 실패 가능성에 대해 무심해질 수 있습니다. 왜냐하면 결과를 받아들이게 된다면 그것 스스로 그 결과에 이르는 방법을 구하게 되기 때문입니다.

명상을 마친 후에는 마치 자신이 주인공인 한 편의 영화의 결말을 본 것처럼 느껴질 것입니다. 이미 그 결말을 보았기에 여러분의 목적과 반대되는 상태들이 삶에서 나타나도 그런 것에 개의치 않고 고요함과 확신을 유지할 수 있습니다.

창조는 이미 끝났습니다. 그래서 우리가 창조라 부르는 것은 무엇을 새롭게 만드는 것이 아니라 보다 깊게 받아들이는 것, 혹은 보다 예리하게 느끼는 것입니다. 이 수용의 상태는 "힘에 의해서도 아니요, 권세에 의해서도 아니요, 오직 내 영에 의해서이더라. 만군의 주께서 말씀하시니라"라고 말하는 것처럼 어떤 의지를 통해서 이루어지는 것이 아닌, 영(느낌)에 의해 완성되는 것입니다.

명상을 통해서 우리 안에서 빛의 중추를 일으켜 세울 수 있습니다. 그것은 우리에게 "낮 동안 구름의 기둥이 되어주고 밤 동안 불의 기둥"이 되어줄 것입니다.

이제, 침묵 속으로 들어가겠습니다.

The Law of Assumption

기정사실화의 법칙

우리는 그 꿈을 꾸는 자, 정확히 말해 잠깐의 꿈을 꾸는 '꿈꾸는 영원한 자'입니다. 언젠가 네부카드네자르처럼 우리도 꿈에서 깨어날 것입니다.

악마와 싸웠던 바로 그 악몽에서 깨어날 것입니다.
그리고 꿈속이 아니고서는 우리의 영원한 집에서 떠난 적도, 태어난 적도, 죽은 적도 없다는 사실을 알게 될 것입니다.

-상상의 힘

Chapter 5 THE LAW OF ASSUMPTION
기정사실화의 법칙

욕망이란 여러분이 힘을 써서 성취해야만 할 어떤 것이 아닙니다.
오히려 이미 주어진 것을 인식해내는 과정입니다. 또 여러분이 원하는 존재가 되었다는 느낌을 사실로 받아들이는 것입니다.

위대한 신비가 윌리엄 블레이크는 약 200년 전에 이렇게 적었습니다.

우리가 어떻게 보느냐에 따라 그것은 우리에게 그 모습으로 나타나기에, 두려움에 차서 보는 자에게는 가장 두려운 결과들을 만들어낼 것이고, 심지어는 고통, 절망, 영원한 죽음마저도 보는 자에 따라 그렇게 만들어질 것이다.

이 신비스러운 보석 같은 문장을 처음 봤을 때는 약간 앞뒤가 안 맞는 이야기처럼 느껴지거나, 기껏해야 말장난이라 생각할 수도 있습니다. 하지만 전혀 그렇지 않았습니다. 아주 주의 깊게 이 구절이 말하는 진리에 귀 기울여 보십시오.

"우리가 어떻게 보느냐에 따라 그것은 우리에게 그 모습으로 나타난다." 이것은 기정사실화의 법칙(the law of assumption)을 아주 뚜렷하게 보여주는 진리이자, 잘못 사용했을 때의 결과에 대한 경고이기도 합니다.

로마서의 저자는 14장에서 이렇게 말합니다.

본래 깨끗하지 못한 것은 없으며, 오직 그것을 불순하다 보는 자에게만 불순하게 된다는 사실을, 나는 주 예수 그리스도를 통해 알게 되고 확신하게 되었습니다.

우리는 인간의 위대함을 보지 못하고 인간의 보잘것없는 외형만을 보면서, 마치 이런 태도가 위대한 통찰인 듯 말할 때가 있습니다. 하지만 "보이는 것은 그것을 그렇게 보는 자에게 그 모습으로 나타난다"라는 진리를 대입해보면 이런 잘못된 인간의 습관은 뛰어난 통찰력이 아닌 무지의 소산임을 알 수 있습니다.

두 곳의 주요 대학에서 최근 실험이 이루어졌는데, 그곳에서 기정사실화에 대한 진리를 밝힐 수 있었습니다. 그들이 기자들에게 배포한 자료에 따르면, 2천 번의 실험 후에 다음과 같은 결론에 도달했다고 합니다.

우리가 무언가를 바라볼 때 실제로 보이는 것은, 거기에 무엇이 있느냐보다 그것을 바라보는 우리가 어떤 가정을 하느냐에 더 크게 좌우된다. 우리가 물리적 세계라고 믿는 것은 사실상 가정된 세계일 뿐이다.

다른 말로 해보겠습니다. 여러분이 남편에 대해 내리는 정의는, 여러분의 어머니가 내리는 정의와 다를 수 있습니다. 하지만 둘 모두 같은 사람에 대해 정의를 내리는 것입니다. 여러분이 맺고 있는 관계는 여러분의 느낌에 영향을 주게 됩니다. 그리고 그 특정한 느낌이 그곳에 객관적으로 존재하지 않는 어떤 요소를 만들고, 여러분은 그것을 보게 됩니다.

따라서 지금 보고 있는 것이 여러분의 느낌이 만든 것이라면, 그것을 없앨 수 있다는 것도 당연한 일입니다. 만약 그것이 불변하는 객관적 사실이라면 아마 그렇게 제거될 수는 없을 것입니다. 우리가 해야 할 일은 시도해 보는 것입니다. 다른 이에 대한 여러분의 견해를 바꿀 수 있다면 그에 대한 지금의 믿음은 절대적인 사실일 수는 없고 단지 상대적인 사실일 뿐입니다.

사람들은 단지 세상의 객관적인 현실만을 믿고 삽니다. 그 이유는 힘의 초점을 모으는 법을 몰라서 외부 세상이라는 얇은 껍질을 투과하지 못하기 때문입니다. 그런데 참 놀랍게도, 이 감각을 꿰뚫어서 새로운 면을 보는 것은 어렵지도 않습니다. 감각의 장막을 걷어내기 위해 큰 노력이 필요한 것도 아닙니다.

만약 이 의식의 초점을 모으는 방법을 깨우쳐, 감각이라는 것을 넘는 순간, 객관적인 세상이 사라져 버린다는 것을 알게 될 것입니다. 정신적으로 감각의 장막을 넘어 새로운 것을 보기 위해 우리는 원하는 상태에 의식의 초점을 맞추어야만 합니다. 그리고 그것이 객관적인 사실이 될 때까지 실체라는 생각을 가져야 하고 원하는 상태가 현실과 같은 느낌과 감각적인 생생함을 갖출 때까지 초점을 맞추어야만 합니다.

주의를 집중하여 우리의 소망이 현실과 같은 뚜렷함과 감각을 갖게 될 때, 그리고 생각의 형체가 이 자연의 형체들처럼 생생해질 때, 우리는 그 상념에 삶에 나타날 자격을 부여하게 되는 것입니다.

우리는 모두 각자에게 잘 맞는 의식 조절법과 집중법을 찾아야만 합니다. 저는 스스로 제게 가장 잘 맞는 방법을 찾았는데, 그것은 다름 아닌 명상 상태의 일종인, 잠과 비슷한 상태입니다. 잠과 비슷하지만, 잠처럼 의식을 조절할 수 없는 상태가 아니라 여전히 의식을 지닌 채 상상력을 조절할 수 있는 상태입니다. 이 상태에서는 쉽게 마음속 대상에 주의를 고정시킬 수 있습니다.

그런데 만약 잠과 비슷한 상태에서 의식의 방향을 조절하기 힘들다면 한 가지 물체의 내부를 흔들리지 않게 응시하는 것이 도움이 될 수 있습니다. 그 사물의 표면을 보라는 것이 아니라, 벽이나 카펫처럼 두께를 가지면서 단순하게 구성된 물건의 안쪽이나 그것을 통과해서 그 너머를 보는 것입니다. 그 물건에서 빛이 최대한 적게 반사되도록 잘 배치해야 합니다.

그런 후에 그 사물의 안에서 여러분이 보고 싶은 것을 보고, 듣고 싶은 것을 들으세요. 그래서 여러분의 의식이 그 상상의 상태에만 온전히 몰입될 때까지 하세요.

명상이 끝나 여러분이 통제된 깨어 있는 꿈에서 돌아왔을 때 아마 여러분은 아득히 먼 곳에서 돌아왔다는 기분을 느끼게 될 것입니다. 여러분이 의식에서 차단했던 세상이 다시 눈앞에 펼쳐집니다. 그러면 바로 그 눈에 보이는 현실이 "당신은 명상 속에서 봤던 것들을 진실처럼 느꼈지만 실은 속았던 것이다"라고 알려줍니다. 하지만 명상 속의 그 상태는 단순히 거짓된 상태가 아닙니다.

여러분이 상상 속에서 보았던 비전에 믿음을 계속 유지한다면 이 마음 태도는 상상의 비전에 현실이란 힘을 부여할 것이고 그것들은 결국 여러분의 세상에서 눈에 보이는 단단한 현실이 될 것입니다.

여러분의 가장 높은 이상을 명확히 하고, 그 이상과 자신을 하나처럼 여길 때까지 의식을 집중하십시오. 그리고 그것이 되었다는 느낌을 사실로 받아들이십시오.

그 느낌은 무엇을 말하나요? 그것은 여러분의 세상에서 그 이상을 지금 펼쳐내고 있다면 가졌을 느낌을 말합니다. 물론 여러분의 감각은 이렇게 사실로 받아들인 것을 부정할 것입니다. 하지만 계속해서 고집한다면 그것은 결국 여러분의 세상에서 현실이 됩니다.

여러분의 의식 안에서 원하는 상태를 확고히 했는지를 알려면 간단하게 마음속에서 여러분이 알고 있는 사람의 모습을 떠올려보면 됩니다. 마음의 대화는 이 세상의 실제 대화보다 많은 것을 드러냅니다. 따라서 마음속에서 알고 있는 사람의 모습을 떠올려보는 것은 마음상태에 대해 굉장히 많은 것을 밝혀줍니다. 만약 마음속에서 여러분이 다른 이들과 대화를 나눌 때 과거와 같은 방식으로 이야기하고 있다면 여러분의 자아에 대한 관념은 변화되지 않았다는 증거입니다. 그 이유는 만약 여러분 자아의 관념이 바뀐다면 세상과의 관계도 변화되기 때문입니다.

제가 앞서 말했던 것을 명심하십시오.

"우리가 무언가를 바라볼 때 실제로 보이는 것은, 거기에 무엇이 있느냐보다 그것을 바라보는 우리가 어떤 가정을 하느냐에 더 크게 좌우된다. 우리가 물리적 세계라고 믿는 것은 사실상 가정된 세계일 뿐이다."

그렇다면 사실로 받아들인 것이 물질적인 현실이 되었다면 여러분은 어떤 모습의 세상을 보게 될까요? 지금 여러분 마음속에서 그 모습으로 세상을 보십시오.

영적인 인간은 욕망이라는 언어를 통해 물질 인간에게 말을 걸어옵니다. 삶에서 진화와 꿈을 성취하는 열쇠는 그 소리에 즉각적으로 따르는 것에 있습니다. 욕망의 목소리에 주저하지 않고 따른다는 것은 소망이 성취된 것을 즉각적으로 기정사실화하는 것을 말합니다.

어떤 상태에 대한 욕망이 있다는 것은 그 상태를 이미 가지고 있다는 뜻이기도 합니다. 파스칼도 이렇게 말했습니다.

그대가 나를 이미 찾아내지 못했더라면
그대는 나를 찾으려 하지도 않았을 것이다.

인간은 소망이 성취된 느낌을 사실로 받아들이고 그 확신 안에서 살고 행동함으로써 그 받아들인 것에 맞추어 자신의 미래를 바꿉니다.

'미래를 바꾸는 것'은 자유를 사랑하는 우리 인간의 타고난 권리입니다. 인간을 더 높은 의식의 단계로 올라서게 충동을 주는, 인간의 신성한 불만족이 없었다면 세상에 진보란 없었을 것입니다.

그래서 저는 다음 주 일요일 아침에 진행할 강의의 주제로, 우리 모두가 공감할 수 있는 주제를 선택했습니다. 바로 "미래를 바꾸기"입니다. 베일스 박사님이 휴가 중이신 동안, 제가 대신 강연하게 될 것입니다. 강연은 윌셔 볼레바드에 있는 폭스 윌셔 극장에서 10시 30분에 열릴 예정입니다.

미래를 바꿀 수 있는 권리는 하나님의 자녀인 우리의 타고난 권리입니다. 그렇기 때문에 미래를 바꾸는 도전을 받아들여 어떻게 그것을 이룰 수 있는지 알아야만 합니다.

오늘 또다시 여러분의 인생을 바꾸는 것에 대해 말하면서 저는 진정한 자아의 변화가 얼마나 중요한지를 강조하고 싶습니다. 그것은 단지 상황이 조금 바뀌었다가 금세 다시 예전의 불만족스러운 모습으로 되돌아가는 그런 일시적인 변화가 아닙니다.

여러분의 새로운 자아관념이 단단한 현실이 되었다면
사람들은 여러분을 어떻게 보겠습니까?

명상 속에서 사람들이 여러분을 바로 그런 모습으로 보게끔 해야 합니다. 사람들이 여러분을 볼 때, 여러분이 심어놓은 이상이 구현된 모습으로 보여야만 합니다. 따라서 명상 상태에서 다른 사람들을 떠올릴 때, 그들이 여러분을 소망이 이루어진 모습으로 바라보도록 상상해야 합니다.

명상 속에서, 사람들이 지금의 여러분이 아니라, 여러분이 바라는 훌륭한 모습이 된 여러분을 바라보고 있는 장면을 상상해보십시오. 만약 여러분이 이미 그 모습임을 사실로 받아들였다면 욕망은 성취되어 이제 "되고자 하는" 갈망은 사라집니다.

이렇게 욕망이 사라졌는지 여부는 여러분이 자아를 실제로 변화시켰는지를 확인할 수 있는 또 하나의 뛰어난 자기 점검 방법입니다.

이미 실현된 것을 계속해서 욕망할 수는 없습니다. 왜냐하면 그것을 이미 현실이라 믿기 때문입니다. 그런 욕망 대신, 여러분은 이미 선물을 받았다는 생각에 감사할 것입니다. 욕망이란 여러분이 힘을 써서 성취해야만 할 어떤 것이 아닙니다. 오히려 이미 주어진 것을 인식해내는 과정입니다. 또 여러분이 원하는 존재가 되었다는 느낌을 사실로 받아들이는 것입니다.

믿는다는 것(believing)과 된다는 것(being)은 하나입니다. 생각하는 자와 그가 하는 생각은 또한 하나입니다. 그렇기에 여러분이 여러분 자신이라고 생각하는 것은 저 멀리 떨어져 있는 것도 아니고 심지어는 가까이에 있는 것도 아닙니다. 가까움이란 개념도 분리를 의미하기 때문입니다.

> 만약 그대가 믿을 수 있다면 믿는 자에게는 무엇이든 가능하다.
> -마가복음 9장 23절

> 믿음은 바라는 것의 실상이고 보이지 않는 것의 증거이다.
> -히브리서 11장 1절

여러분이 되고자 하는 더 훌륭하고 더 고귀한 사람이 바로 자신임을 받아들인다면 이렇게 기정사실화한 여러분의 고귀한 믿음에 맞추어 다른 이들을 보게 될 것입니다.

깨달음을 얻은 이들 모두는 다른 이들의 선(善)을 원합니다. 여러분이 찾는 것이 다른 이들의 선이라면 반드시 지금까지 설명한 통제된 상상을 이용해야만 합니다.

여러분이 상대방이 가졌으면 하는 위대한 속성을 이미 그가 가지고 있는 것처럼 상상해야 합니다. 그리고 그 상대방에 대한 여러분의 욕망은 반드시 강렬한 것이어야만 합니다. 여러분의 현재의 영역으로부터 솟아오를 수 있는 것은 오직 욕망을 통해서입니다. 그리고 욕망에서 성취까지 이어지는 길을 단축시키는 방법은 자신이나 친구를 위한 소망이 이루어졌다면 실제 육신으로 경험할 일을 상상 속에서 경험했을 때 단축됩니다.

제 경험상, 저 자신을 위한 목적이나 다른 이들을 위한 위대한 목적을 성취하는 완벽한 길이 바로 이것이었습니다. 하지만 또한 제가 겪었던 실패들은 저의 의식을 완벽하게 통제하지 못했다는 것을 말해줍니다.

그래도 저는 고대의 위대한 스승들과 함께 말합니다.

이것은 바로 내가 하는 한 가지 일인지라.
뒤에 남겨진 것들은 잊고
내 앞에 있는 것들을 향해 손을 뻗으며
상을 향한 목표를 향해 쫓아갈 뿐이다.

침묵 속으로 들어가겠습니다.

Truth
|
진리

당신이 겪고 있는 것은 삶이란 꿈입니다. 당신이 지금 삶이란 꿈을 꾸고 있다는 것을 알아차릴 수록, 당신은 점차 그 꿈에서 깨어나게 될 것입니다.

 그런데 당신이 밤에 꿈을 꾸고 있을 때, 지금 꿈꾼다는 것을 알아차리고 깨어나지 않기로 마음먹었다면 그때부터는 꿈을 조절하면서 당신이 원하는 방향으로 꿈을 만들어갈 수 있다는 것을 알 것입니다. 이것은 삶이란 꿈에도 똑같이 적용됩니다.

 지금의 삶이 꿈이란 것만 안다면, 당신이나 당신 친구가 원하는 모습인 것을 사실로 받아들여 믿음으로 걷는 것을 통해 꿈의 패턴을 변화시켰던 것처럼 당신의 삶도 원하는 모습으로 만들 수 있습니다.

 하나님을 믿고, 다시 말해 당신의 경이로운 상상력을 믿고 당신이 원하는 삶을 살고 있는 것을 믿으십시오. 그러면 믿고 있는 만큼 당신의 세상 안에 모습을 나다낼 것입니다.

-임모틀맨

Chapter 6 TRUTH
진리

사랑에 의해서 살지 않는 자는
반드시 두려움이 그를 잠식할 것이다.

-윌리엄 블레이크

지금 이 자리에 모인 분들에게 한 가지 질문을 드리겠습니다. 진리에 관한 이야기인데, 많은 분들이 공감할 것입니다.

만약 살인범이 문을 부수고 여러분 집에 침입해, 여러분 어머니가 있는 곳을 묻는다면 어떻게 하겠습니까? 정말, 있는 그대로 말하시겠습니까? 저는 그렇게는 하지 않을 것입니다. 그리고 여러분도 그렇게 하지 않기를 바랍니다.

복음서 중 가장 신비로운 책인 요한복음에서 다음의 구절을 볼 수 있습니다.

그대가 진리를 알게 될 것이니,
진리가 그대를 자유롭게 하리라.

우리 모두가 생각해볼 과제가 바로 이 구절 안에 있습니다. 바로 "진리가 그대를 자유롭게 하리라"입니다. 앞선 질문으로 돌아가 보겠습니다. 만약 여러분이 어머니가 계신 곳을 사실대로 말했다면, 그것이 어머니를 자유롭게 만들었을까요?

다시 요한복음을 읽어보겠습니다.

진리로 그들을 신성하게 하라.

만약 살인자를 어머니에게 데려다준다면 그 일이 "어머니를 신성하게 만드는" 행동일까요? 분명 그렇지 않습니다.

그렇다면 성경에서 말하는 진리란, 있는 그대로를 이야기하는 것은 아닌 듯합니다. 성서에서 계속 반복해서 말하고 있는 진리란 무엇일까요?

성서에서 말하는 진리는 언제나 사랑과 연결되어 있습니다. 성서의 진리란, 하나님 안에서 의식적인 생명이 이루는 영적 자각이며, 이는 인간의 영혼이 영원한 시간 속에서 진화해 나아가는 최종 목적지입니다.

진리란 영원히 확장되어 가는 광휘입니다. 진실하게 진리를 추구하는 사람은, 과거에 보이지 않았던 진리가 점점 존재 속으로 모습을 드러내고, 감추고 있던 빛이 점점 확장된다는 것을 알기에, 외부 세상에서 어떤 상황이 펼쳐지더라도 두려워하지 않습니다. 그들은 결코 독선에 빠져 남을 비판하거나, 자신이 남보다 더 성스럽다고 여기지 않습니다.

진정으로 진리를 찾는 사람들은 스가랴의 다음 말씀을 진실로 받아들이며 마음에 깊이 새깁니다.

> 그대 사람들아, 그대의 이웃에게 진실을 말하고,
> 그 누구도 이웃을 향해 마음으로라도 악을 상상하지 말라.

　진리를 구하는 사람은 외형만으로 타인을 판단하지 않고, 그 안에 숨겨진 선함과 진리를 바라봅니다. 그들이 말하는 진실한 판단이란, 겉모습 그대로 보는 것이 아니라 그것을 완전한 모습으로 바라보는 것입니다. 진리로부터 가장 멀어지게 하는 습관은 사물을 보이는 대로만 인식하는 것입니다.
　겉으로 보이는 모습이 진리가 아니라, 그것의 본래의 모습, 즉 마음을 통해 가장 이상적으로 만들 때에만 그것이야말로 진리의 모습입니다. 우리는 습관적으로 사람들을 보면서 지금 보이는 보잘것없는 상태를 인식합니다. 하지만 보잘것없는 외형의 가면 너머에는 위대함이 숨어 있습니다. 그런데도 우리는 그 위대함을 보지 못한 채, 외형만 보고 판단하면서 마치 뛰어난 통찰력을 지닌 것처럼 말하곤 합니다. 이런 습관적 판단은 뛰어난 통찰력이 아닌 무지몽매함일 뿐입니다.
　우리는 주변에서 적어도 한 명쯤은, 이웃을 향해 악한 마음을 품는 것을 넘어서 다른 사람들에게 남의 험담을 널리 이야기하고 다니는 마음 좁은 수다쟁이를 알고 있을 것입니다. 그런 이들은 험담과 함께 늘 "그건 사실이야" 또는 "그게 진실인 건 확실해"라고 말합니다.

그러나 그런 말을 하는 사람은, 그 자신이 진리로부터 완전히 멀어져 있다는 사실을 알고 있을까요? 아무리 자신은 그것이 사실이라고 생각하더라도 소리 내어 말하지 않는 편이 좋습니다. 왜냐하면

> 악한 의도로 말해진 진실은
> 당신이 꾸며낼 수 있는 어떤 거짓보다도 더 치명적이다
> — 윌리엄 블레이크, 『순수의 전조』

이라고 말해지기 때문입니다.

그는 성경이 말하는 "진리를 구하는 사람"이 아닙니다. 진리를 추구하는 것이 아니라, 단지 자신의 견해만을 고집할 뿐입니다. 그는 선입견이라는 무지를 통해 하나의 문을 열었고, 그 문은 그의 적들이 마음 깊숙이 들어오게 만드는 통로가 되었으며, 그 안에는 그조차 인식하지 못한 비밀스러운 공간이 생겨났습니다.

우리는 그런 거짓된 진리 추구자가 되지 말고, 로버트 브라우닝이 표현한 것처럼 진실하게 진리를 추구해야만 합니다.

> 진리는 우리 안에 있으니,
> 그대가 무엇이라 믿든 그것은 외부로부터 솟아나는 것이 아니다.
> 우리 모두의 내부에는 불멸하는 중추가 있고,
> 그곳에 진리가 온전히 거한다.

우리가 상상 속에서 사랑의 눈으로 바라볼 때, 우리 안의 진리는 생명을 얻습니다. 이 위대한 진리를 깨달은 사람은 더 이상 이웃에 대해 악한 마음을 품을 수 없으며, 오히려 그 이웃의 가장 고귀한 모습을 상상하게 될 것입니다.

인간의 생명을 향한 마음 태도가 상상력의 사랑에 의해 지배되는 곳, 그곳이 바로 종교적 공간이며, 그곳에서 인간은 경배하며, 진리를 인식합니다. 이것이 저의 믿음입니다.

다음 주 일요일에 제가 강연할 주제이고, 제목은 "상상의 사랑(Imaginative Love)"입니다. 그날 저는 윌셔 볼레바드의 폭스 윌셔 극장에서 프레드릭 베일스 박사님의 강연에 참석할 기쁨과 특권을 갖게 될 것입니다. 강연은 베일스 박사님이 하셨던 것처럼 일요일 아침 10시 30분에 열립니다.

더 좋은 사람, 더 고귀한 사람, 그리고 사랑스러운 일들을 하는 사람이 되고자 하는 것은 인류의 본능입니다. 그러나 우리가 상상하는 모든 것이 이웃에 대한 사랑으로 충만할 때에만, 우리는 진정으로 사랑의 행동을 할 수 있습니다. 그때 우리는 진리를 알게 되고 바로 그 진리가 모든 인류를 자유롭게 만들 것입니다. 저는 이 메시지가 우리의 삶을 보다 유익하고 아름답게 만들 것이라 믿습니다.

헤아릴 수 없는 근원에서의 무한한 사랑을 우리는 성부(聖父 God, the Father)라고 합니다. 그리고 창조의 표현 속에 나타나는 무한한 사랑을 성자(聖子 God, the Son)라고 합니다. 그리고 우주의 만물에 스며들어 있는, 즉 무한의 내재성과 영원의 과정 안의 무한한 사랑은 성령(聖靈 God, the Holy Ghost)이라고 합니다.

우리는 반드시 우리 자신이 악이 아닌 선이자 무한한 사랑이라는 것을 알아야 합니다. 우리가 그런 존재가 되는 것이 아닙니다. 우리는 이미 무한한 사랑입니다. 단지 감춰진 그 진실을 인식하는 것뿐입니다.

상상력은 사랑에서 태어났으며, 사랑은 상상력의 생명입니다. 상상력이 그 생명을 간직하고 있는 한, 그것이 바라보는 세계는 진리의 형상으로 가득 찬 세상이 될 것이며, 상상력은 그 본질을 외부 세계에 비추게 될 것입니다.

하지만 만약 상상력이 자신이 태어난 권능의 원천인 사랑을 거부한다면 그때는 포악한 무서운 것들이 세상에 태어날 것입니다. 진리의 살아 있는 형상들을 회복하는 대신, 상상력은 사랑의 반대편에 있는 두려움을 향해 날아가고 맙니다. 상상력이 보는 세계는 이제 왜곡될 것이고 일그러진 이미지들은 무서운 상상의 스크린 위에 비춰질 것입니다. 그리고 상상력은 최상의 창조적인 힘이 아니라, 파괴의 매개체가 될 것입니다.

생명에 대한 인간의 마음 태도가 진실한 상상의 세계 안에 머물러 있다면, 인간과 신은 창조의 일체 속에서 하나가 됩니다. 기억하십시오. 사랑은 가장 높은 곳에서부터 가장 낮은 곳까지 펼쳐진 모든 영역에서 항상 창조를 일으키고, 모든 창조물의 원인이 된다는 사실을요.

아무리 소소한 욕망일지라도, 사랑이나 그 반대인 두려움에서 비롯되지 않은 생각, 말, 행위는 없습니다. 사랑과 두려움, 이 둘은 바로 우리 마음이 활동하는 근원입니다.

만물은 그것이 하나의 객관적인 대상으로 보이기 전에는 하나의 생각입니다. 높은 이상을 추구하십시오. 그것은 이 세상을 의식의 세상으로 만드는 일입니다. 그리고 이를 위해 상상력을 훈련시켜, 우리가 진정으로 살고 움직이며 존재하는 유일한 환경이 무한한 사랑임을 깨달아야 합니다.

하나님은 사랑입니다. 사랑은 결코 실패하지 않습니다.

무한한 창조의 영(Infinite Creative Spirit)은 바로 사랑입니다. 어떤 조건도 지워지지 않은 무한한 의식이 수많은 섬세한 형태로 조건 속에 들어가게 만드는 충동도 바로 사랑입니다.

사랑이란, 그것이 대상 없이 추상적으로만 존재한다면, 생각조차 할 수 없습니다. 사랑은 그 대상이 없다면 사랑이 아닙니다. 그래서 사랑은 오직 관계와 과정과 행동 속에서 생각해볼 수 있습니다.

사랑에 의해서 살지 않을 자는
반드시 두려움이 그를 잠식할 것이다

― 블레이크, 『예루살렘』

우리는 블레이크의 이 말을 받아들여서, 사랑으로 살아가면서 사랑을 하겠다는 가장 고귀한 이상을 세워야 합니다.

하지만 가장 고귀한 이상 역시도 그것이 내려와 물질이란 육신을 입지 않는다면 축복을 내릴 수 없습니다. 그래서 우리는 결과와 성취를 우리의 상상력과 사랑의 중요한 시험으로 삼아야 합니다. 왜냐하면 그 이상이 물질 세계에 구현될 때에야 비로소 의미를 갖기 때문입니다.

우리가 알고 있는 모든 진리에 대해 믿음을 지녀야 하고 그 믿음을 절대적인 것으로 만들어야 합니다. 그렇지 않다면 그 진리는 실어 나를 수단이 없어 세상 안에서 객관적인 모습으로 나타날 수 없습니다.

우리 자신에 대한 관념은 우리가 사는 세상의 모습을 결정합니다. 우리를 감옥에 가둔 사람은 다른 아닌, 우리 자신입니다. 그러나 닫혀 있다고 생각한 감옥의 문은 실제로는 조금 열려 있으며, 우리가 진리를 보기만을 기다리고 있습니다.

에머슨은 이렇게 말했습니다.

> 인간은 언제나 자신의 진실한 모습으로
> 스스로를 에워싸고 있다.

그리고 그는 또 이렇게 덧붙였습니다.

모든 영들은 자신만의 집을 짓고,

또 그 집을 넘어서 하나의 세상을 만들고,

또 그 세상을 넘어서 하나의 천국을 만든다.

그렇다면 세상이 바로 당신을 위해 존재한다는 것을 알라.

또, 당신에게 벌어지는 일들은 당신에게는 완벽한 것이란 것을 알라.

우리가 볼 수 있는 것은 오직, 우리가 어떤 존재인지뿐이다.

아담이 가졌던 모든 것, 시저가 했던 모든 것,

당신은 이것들을 가졌고, 할 수 있다

아담은 자신의 집을 하늘과 땅이라 불렀고, 시저는 자신의 집을 로마라 불렀습니다. 여러분은 어쩌면 자신의 집을 구두수선방이라 부르거나, 수백 에이커의 땅이라 부르거나, 학자의 다락방이라 부를지도 모릅니다.

비록 아담이나 시저처럼 그럴듯한 이름은 붙이지 못할지라도, 여러분의 영역은 결코 그들보다 작지 않습니다. 그러니 여러분만의 세계를 세우십시오. 마음속의 순수한 이상에 삶을 점점 더 맞춰나갈수록, 그 세계는 위대한 형태로 펼쳐질 것입니다.

진리는 우리 내면의 비밀스러운 실체이며, 원인이자 의미이고, 우리 삶이 만물과 어떻게 관계 맺는지를 드러냅니다. 우리가 진리를 알고, 그 진리가 우리를 자유롭게 만들 수 있을 때까지, 관념을 확장하고 이해를 깊이 하여 진정한 자유의 세계로 나아가게 하십시오.

침묵 속으로 들어가겠습니다.

Stone, Water or Wine

돌, 물, 포도주

이곳에서 무슨 일이 일어났는지는 중요하지 않습니다.
다만 당신이 그것에 어떻게 반응했는지가 중요합니다.

당신이 어떻게 반응했는지가
당신이란 존재를 규정합니다.

그것들은 당신이 어디에 있는지를 말해주며,
삶의 세세한 부분까지 끌어당깁니다.

-리액트

Chapter 7 STONE, WATER OR WINE
돌, 물, 포도주

도덕주의자의 하나님은 만물 앞에 대법관과 교장의 모습으로 나타나고, 과학자의 하나님은 감정을 초월해 있는 생명을 관장하는 영원한 법칙으로, 야만인들의 하나님은 만약 그들에게 기회가 주어진다면 자신들의 모습이었을 추장과 같은 모습으로 나타난다.

-존 스미스

지난 몇 년 동안, 프레드릭 베일스 박사님의 일요일 강의에 참여해 강연할 수 있었던 것은 저의 특권이자 기쁨이었습니다. 오늘 저는 그 특권을 조금 더 넓혀, 베일스 박사님의 보이지 않는 청중들인 라디오 청중들과 함께 하는 기쁨을 누리고 있습니다.

이 시리즈는 매우 실용적인 강연이 될 것이며, 주제는 대부분 "가장 영적인 책"이라 불리는 성경에서 뽑을 예정입니다. 심오한 영적 진리는 현실에도 직접 적용될 수 있는 실용성을 지니고 있다는 것이 저의 확고한 믿음입니다.

우리는 성경을 특정 시대와 장소에서 실제로 일어난 사건으로 이해하려 합니다. 이로 인해 성경이 본래 드러내고자 했던 영적이고 신비로운 법칙이 왜곡되었고, 그 결과 수많은 오해와 오류가 생겨났습니다.

어떤 의미에서는 성서가 문자 그대로의 사실이 아니라고 말할 수 있습니다. 그런데 또 어떤 의미에서는 성서의 모든 말씀이 진리라고도 말할 수 있습니다. 하지만 성서가 진리가 되기 위해서는 하나님이 말씀하고자 하는 의도대로 해석되었을 때에만 그렇습니다. 지금처럼 대다수 사람들이 해석하는 방식으로는 진리가 될 수 없으며, 오직 하나님이 의도하신 대로 우리가 그 뜻을 이해할 때에만 그 말씀이 진리가 됩니다.

성경은 오직 영적이고 상징적인 해석을 통해서만 진리를 드러내며, 문자 그대로 받아들일 경우 아무런 실질적 혜택을 얻을 수 없습니다. 물론 성경은 외형상 역사적 요소들로 구성되어 있습니다. 그러나 그것은 위대한 영적 사상을 표현하기 위한 상징적 도구에 불과합니다.

우리는 복음서의 이야기를 이해하기 위해 세심히 연구해야 합니다. 그러나 이해란 점진적인 과정이자, 본질적으로는 점진적인 내면의 체험이기 때문에 단번에 연구한다고 해서 곧바로 이해할 수는 없습니다.

하나님은 우리가 받아들일 수 있을 만큼 우리 안에서 자신을 드러냅니다. 이런 이유로 성경의 깊은 의미를 과거 선각자들의 문헌을 통해 일부나마 이해힐 수 있었던 사람들은 극소수에 불과했습니다.

성경의 참된 의미를 발견하기 위해 우리가 먼저 기억해야 할 것은, 성경이 현실의 사람이나 환경을 다룬 역사서가 아니라, 본질적으로 영적 의미를 전하는 경전이라는 사실입니다.

성경은 우리의 이성이나 감각이 아닌, 바로 영혼에게 말을 걸고 있습니다. 이 땅 위에서 일어난 일을 기록하고자 성경이 만들어진 것이 아니라 인류의 영적인 가능성을 자세히 기술하고자 함입니다. 왜냐하면 종교는 그 본질상 역사나 현실의 사건들에 기초하지 않고, 믿음과 구원의 과정으로 이루어지기 때문입니다.

성경의 내용은 지금 이 순간에도 모든 사람의 내면에서 살아있는 의미를 지니고 있기에, 그 이야기 속 인물이 어느 시대에 어떤 일을 했다는 역사적 사실과 무관하게 계속 살아 있습니다.

성경의 불멸하는 가치는 그 상징적인 의미 안에 있습니다. 성경이 역사인지 아닌지에 대한 논의는 오래 지속되어 왔지만, 설령 내일 모든 역사적 논쟁이 해결된다 해도 그것만으로 종교를 얻게 되는 것도 아니며, 성경에 지속적인 가치를 부여하게 되는 것도 아닙니다.

성경의 가치는 역사의 형태 이면에 존재하는 상징적인 의미를 발견했을 때 빛을 발산하게 됩니다. 과거의 역사는 그 자체로는 오늘날의 종교에 아무런 의미를 갖지 못하며, 오직 그 이면의 실체를 상징할 때에만 오늘의 삶에 의미를 갖게 됩니다.

성경은 신성한 상징을 이용해 진리를 표현한 책인데 우리가 그 상징성을 보지 못하고, 쓰여진 그대로 해석하려 한다면 어떤 말들은 큰 혼란을 가져오게 됩니다. 성경을 올바로 이해하려면, 상징이 가리키는 본질을 꿰뚫어야 합니다.

모든 성경 말씀은 내면의 신비로부터 쓰여졌으며, 신비적 의미를 따로 덧붙인 책이 아닙니다. 성서의 이야기들은 겉에 보이는 것보다 더 깊은 의미들을 감추고 있고 성서를 해석하는 일은 이 상징으로 표현된 마음에 관한 진리를 발견하는 것입니다.

이 땅에 살고 있는 우리는 성서의 표면적인 의미가 이치에 맞는지 불분명한 것인지에 관해서는 큰 의미를 둘 필요가 없습니다. 왜냐하면 그런 것들은 우리가 찾고자 하는 내면의 진리와는 관계가 없기 때문입니다.

수세기를 걸쳐서 우리는 인격화된 상징을 하나의 인물로, 비유적인 표현을 단지 역사로, 가르침을 전달하는 수단을 교훈 그 자체로, 처음 다가오는 거친 의미를 궁극적인 의미로 오해해 왔습니다.

생각해보면, 성경을 제대로 해석하느냐 그렇지 않느냐는 문제는 개인의 삶에서 그리 중요해 보이지 않을 수도 있습니다. 하지만 종교처럼 삶의 근본적인 질문을 던졌을 때 이런 혼란이 찾아온다면, 그것은 우리 내면에 엄청난 혼란을 야기하게 됩니다.

수세기 동안 인류는 성서에 묘사된 사건들의 역사적 흔적을 찾기 위해 보잘것없는 증거들을 찾는 데 열성을 다했습니다. 많은 사람들은 성서의 인물들이 실제 살았다고 믿고 있지만 그에 대한 증거들은 이 땅에서 빌견되지 않았고 어쩌면 앞으로도 계속 발견되지 않을 것입니다.

역사적 사실인지 여부는 중요하지 않습니다. 왜냐하면 고대인들은 하나의 역사를 기술했던 것이 아니라 특정한 기본적인 원리들을 비유적인 표현으로 역사의 옷을 입혔던 것이기 때문입니다.

성서에 등장하는 다양한 외형적 이야기들은, 그 속에 담긴 본질적 의미와는 다릅니다. 이것은 마치 밀알의 껍질이 그 속의 생명력과 구분되는 것과 같습니다.

우리 몸의 소화기관이 필요한 음식과 배출해야 할 것을 구별하듯, 깨어난 직관은 비유와 우화 아래 숨겨진 마음의 생명을 취하고, 그것을 감싸고 있던 껍데기는 내려놓을 수 있습니다.

성경은 이 나라에서 가장 많이 팔리지만, 동시에 가장 적게 읽히며, 아마도 가장 제대로 이해되지 못한 책일 것입니다.

성서를 보면 '돌', '물', '포도주'에 대한 상징이 쓰인 것을 볼 수 있습니다. 돌은 문자 그대로의 진리를 나타냅니다. 십계명은 돌 위에 새겨졌다고 합니다.

성서의 물은 이 문자로 표현된 진리(돌)에 숨겨진, '마음에 관한 의미'를 나타냅니다.

나는 그대에게 살아있는 물을 주리라.

즉, 이 문장에서 말하는 '물'은 이러한 이야기들을 여러분의 삶에서 살아 있는 실체로 바꾸어 줄 내면의 지혜를 뜻합니다.

그리고 성경에서 여러분이 스스로 만들어야 한다고 말하는 포도주는 생명의 물이라는 마음에 관한 진리를 지혜롭게 활용하는 것을 의미합니다. 이것은 진실한 신앙인이라면 절대적으로 필요한 것입니다. 월터 스콧 경이 자신의 저서에서 "가장 위대한 교육은 자신이 스스로에게 주는 교육이다"라고 말한 것과 같습니다.

이번 주 일요일 아침, 저는 "당신은 돌인가, 물인가, 포도주인가?"라는 주제로 강연할 것입니다. 폭스 윌셔 극장에서 10시 30분에 베일스 박사님의 강연에 참여하게 될 것입니다.

이 메시지를 듣고, 여러분은 아마도 스스로에게 "나는 돌인가, 물인가, 포도주인가?"라는 질문을 던지며, 자신이 지금 어디에 서 있는지를 성찰하게 될 것입니다. 다시 말해 여러분은 성경에 대한 이해가 단지 문자 그대로인지, 마음에 대한 해석인지, 아니면 영적이어서 충분히 현실에 적용하는지를 판단할 수 있을 것입니다.

성경은 처음부터 끝까지 인류의 존재 상태를 대립된 모습으로 그려내며, 이를 초월하는 과정을 통해 더 높은 의식의 단계로 나아갈 가능성을 제시합니다. 성서는 바로 우리 인류가 이런 내적인 대립 양상을 극복할 때 내적인 성장을 이루게 된다고 보며, 이것이 인류의 목적이라고 말합니다. 그리고 이것만이 유일한 마음에 관한 연구입니다.

만약 우리가 성경을 보면시도 이런 다시 태어남에 대한 사상, 그러니까 현재의 의식상태를 초월해 더 높은 상태에 존재하게 되는 내적 진화에 대한 사상을 이해하지 못한다면 우리는 성서를 전혀 이해하지 못하고 있는 것입니다.

하나님의 말씀, 즉 성경에 담긴 마음에 관한 가르침은 인간을 변화시킵니다. 처음에는 생각이 달라지고, 그다음에는 존재 자체가 변화되어 새로운 인간으로 다시 태어나게 됩니다. 완전히 새로운 마음의 태도가 한 인간의 삶에 자리 잡았다면, 이는 심리적 차원의 다시 태어남이 이루어진 것입니다.

그런데 중요한 것은 인간은 단지 달라지기만을 바라지 않고 더 나은 인간이 되고자 한다는 것입니다. 그러나 성경은 단지 더 나은 인간이 되는 것이 아니라, 전혀 새로운 존재로 다시 태어나는 것에 대해 말합니다.

성경을 보겠습니다.

인간이 다시 태어나지 않는다면 하나님의 왕국을 볼 수 없다....

인간이 물과 영으로 다시 태어나지 않는다면
하나님의 왕국에 들어갈 수 없노라...

내가 너희에게 다시 태어나야만 한다는 말을 놀랍게 여기지 말라.
-요한복음 3장

십계명은 그 안에 담긴 더 깊은 의미를 볼 수 있는 사람들을 위해 돌 위에 새겨졌습니다. 돌은 영적인 진리의 가장 바깥 부분이자 문자 그대로의 부분을 표현하고, 물은 그 진리를 이해하는 또 다른 방식을 나타냅니다. 그리고 포도주 또는 영은 그것을 이해하는 가장 높은 형태입니다.

그들의 모습과 같은 모습으로
하나님은 그들에게 나타난다

캠브리지 대학의 플라톤주의자인 존 스미스의 말입니다.

도덕주의자의 하나님은
만물 앞에 대법관과 교장의 모습으로 나타나고,
과학자의 하나님은
인격을 초월해 있는 생명을 관장하는 영원한 법칙으로,
야만인들의 하나님은
만약 그들에게 기회가 주어진다면 그들이 되고 싶은
추장의 모습으로 나타난다.

어떤 사람의 행동도 그가 지닌 하나님에 대한 관념을 초월할 수 없으며, 하나님에 대한 관념은 결국 그 사람이 어떤 존재인가에 따라 형성됩니다.

그 사람이 어떤 존재인가에 따리,
하나님도 그에게 그러한 존재로 나타난다.

이 원리는 우리가 하나님의 말씀에 대해 어떤 관념을 갖고 있는지에도 똑같이 적용됩니다. 그래서 하나님의 말씀을 어떻게 생각하는지에 대한 관념 역시 자신의 모습을 보여줍니다.

하나님은 창조된 하나님이다.
진리, 오직 그것만이 인간의 구원자.
지금 그대가 숭배하는 하나님은
시간이 지나면 더 이상 그대의 하나님이 아닐 것이다.
왜냐하면 영혼은 스스로를 점점 더 펼쳐가며
그 생각 또한 끊임없이 새롭게 하기 때문이다
그리하여 그대가 진실로 배워야 할 것은
사랑하는 법과 찬미하는 법이다.

-엘리자베스 도튼(Elizabeth Doten)의 시 「The Prophecy of Vala」

이제, 침묵 속으로 들어가겠습니다.

Feeling Is the Secret

느낌이 열쇠다

우리는 지금, 어떤 것을 사실로 받아들일지 선택할 수 있기에 이 순간은 매우 중요합니다. 전제의 법칙을 현명하게 작동시키려면 당신은 마음속에서 미래를 현재로 만들어야 합니다. 원하는 것이 이루어져서, 되고 싶은 존재가 이미 되었다고 상상할 때 미래는 현재가 됩니다.

고요히 있으라, 그리고 그대가 이미 바라는 존재가 되었음을 알라.

갈망의 끝은 '됨'이 되어야 합니다. 당신의 갈망을 '됨'으로 바꾸세요. 미래의 상태를 꾸준히 만들어보지만, 이미 그것이 되었다고 의식하지 못한다면, 즉 욕망을 그려보지만 소원이 성취된 느낌을 실제처럼 갖지 못한다면 그것은 잘못된 것이며 신기루일 뿐입니다.

그것은 단지 헛된 백일몽일 뿐입니다.

-전제의 법칙

Chapter 8 FEELING IS THE SECRET
느낌이 열쇠다

하나님께서 그분의 자비로운 눈으로 바라보시는 것은,
지금의 그대도, 과거의 그대도 아닌,
그대가 마땅히 되어야 할 모습이다.

큰 성공을 거둔 한 사업가와 최근에 만난 적이 있습니다. 저는 그분에게 성공의 비결이 무엇인지 물었습니다. 그는 약간 당황한 듯 웃으며 말했습니다.

"제가 추측하건대, 실패에 대해 생각할 수 없었기 때문이 아닌가 합니다. 저는 생각을 많이 하기보다는 오히려 느낌을 자주 떠올려보는 편입니다."

그 말은 제 믿음과 일치했고, 또 제 경험과 일치했습니다. 우리는 어떤 것에 대해 계속해서 생각을 할 수 있지만 그것이 우리의 세상에 나타나는 것을 볼 수는 없습니다. 하지만 우리가 그것의 현실성을 느끼는 순간, 우리는 반드시 그것과 마주하게 됩니다. 우리의 느낌이 강렬할수록 그 시간은 더 단축됩니다.

우리는 느낌을 하나의 사건에 대한 결과로만 생각할 뿐, 그 사건의 원인이라고는 전혀 생각하지 못합니다. 그런데 느낌은 우리가 어떤 상황을 겪을 때 발생하는 결과물임과 동시에, 그 사건들을 창조하는 원인이기도 합니다.

대개 우리는 지금 상황이 좋기 때문에 기쁘다고 말합니다. 그런데 우리가 간과한 것이 있는데, 이 관계는 반대로도 작용할 수 있다는 점입니다. 예를 들어, 무작정 지금 기쁨을 느끼기 때문에 상황이 좋아질 수 있습니다.

그런데 우리는 이렇게 중요한 느낌을 너무도 방치한 채 살아갑니다. 다른 이의 기쁨에 함께 기뻐하는 것은 그를 향한 축복일 뿐 아니라, 우리 자신을 향한 축복이기도 합니다. 마찬가지로 상대방의 잘못에 대해 화를 내는 건, 상대방의 잘못 때문에 우리 자신을 벌주는 행위입니다.

> 고뇌에 찬 마음은 육신이 지구 끝까지 여행을 갔더라도
> 집에 머물러 있고,
> 기쁨에 찬 마음은 육신이 집에 있는 동안에도
> 저 먼 곳까지 기쁨의 여행을 떠난다.

기도란 소망이 이루어졌다는 느낌 속에 살며, 그 확신 속에서 행동하는 것을 말합니다. 그래서 성공하는 기도의 핵심은 바로 느낌입니다. 성성에서 밀하는, 그분을 "더듬어 느끼는 것(Feeling after Him)"은 영혼의 감춰진 능력을 점진적으로 펼쳐내는 행위입니다.

그 어떤 것도 느낌보다 중요한 것은 없습니다. 느낌이 없다면

어떤 창조도 불가능합니다. 모든 창조적 상상은 반드시 느낌을 수반하며, 다시 말해 어떤 감정 요소든 창조적 상상에 직접적인 영향을 미칩니다.

"그분을 더듬어 느끼는 것(Feeling after Him)"에는 끝이 없습니다.

우리의 수용력에 따라 그분에 대한 느낌은 무한히 커지기에, 그 여정은 과거에도 끝이 없었고 앞으로도 영원히 계속될 것입니다.

단지 생각만으로는 아무것도 창조할 수 없으며, 그것이 마음을 움직이는 느낌과 동반될 때에만 비로소 창조력이 발휘됩니다. 우리 영혼 깊은 곳 어딘가에는 부와 건강과 행복을 의미하는 느낌이 숨어 있으며, 그것은 우리가 발견해 주기를 기다리고 있습니다.

창조의 욕망은 인간에게 내재되어 있으며, 인간의 모든 행복은 이 창조의 욕망과 관련되어 있습니다. 하지만 사람들은 온전히 '느끼지' 못하기 때문에, 기도의 결과가 분명히 나타날 수 있는 순간에도 불명확한 결과 속에서 삽니다. 잠언을 보면 이런 구절이 있습니다.

기쁨에 찬 가슴은 약과 같은 일을 하고,
비탄에 빠진 마음은 뼈를 마르게 한다.

-잠언 17장 22절

기쁨에 찬 가슴은 왕의 등불 기름 안에서 타오르고 있으며, 영은 주님께 새로운 노래를 부릅니다. 진정한 기도는 언제나 기쁨의 표정을 띠고 있고, 선한 이들은 다른 이들보다 더 많은 기쁨의 기름으로 기름 부음을 받습니다.

  그렇다면 하루 동안 우리의 느낌과 반응을 주의 깊게 살펴야겠습니다. 특히 기도 시간에는 창조력이 더욱 활발히 작용하므로, 그때의 느낌을 더욱 세심하게 관찰해야 합니다. 우리가 삶의 더 위대한 음악을 듣고, 그 깊은 의미의 리듬에 따라 움직인다면, 우리는 고귀한 삶을 살게 됩니다. 우리가 사랑스러운 것들만을 상상하고 느낀다면 세상은 즉시 그 아름다움으로 빠르게 재건될 것입니다.

  성경의 많은 이야기들은 다른 어떤 것보다도 상상과 느낌의 힘에 초점을 맞추고 있습니다. "그분을 더듬어 느끼자!"라는 목소리는 진리를 찾는 이들의 외침입니다.

  경험이란 것이 우리를 에덴에서 내쫓았고, 이것을 회복할 수 있는 유일한 방법은 상상력과 느낌을 통해서입니다. 느낌과 상상은 현실의 벽 너머에 있는 세계를 감지하는 감각이며, 지식이 끝나는 곳에서 비로소 활동을 시작합니다.

  우리 인간이 어떤 고귀한 느낌이라도 가진다면, 그것은 신의 세계를 향하는 문이 열리는 순간입니다. 사람을 그가 사는 도시의 높이로 평가하지 말고, 그의 상상력과 느낌이 지닌 장엄함으로 판단해야 합니다.

우리의 생각을 하늘나라로 향하게 하고 우리의 상상력을 하늘나라의 천사들로 채우십시오. 우리를 움직이는 세상은 우리의 상상 속 세상이지, 우리를 둘러싼 이 단단한 현실이라는 껍데기가 아닙니다. 상상 안에는 미지의 대륙들이 많습니다. 바로 이곳이 인류가 앞으로 탐험해야 할 위대한 여정지입니다.

'하나님을 더듬어 느끼는' 과정에서의 이 끝없음에 대한 의식은 모든 진지한 영적 탐구자들의 공통된 경험이었습니다. 그들은 이 무한의 관념이 계속해서 깊어지고 확장된다는 사실을 깨닫습니다.

이 무한한 세계의 경험을 발견하고, 그것을 기존의 지식과 조화시키려 했던 이들을 우리는 철학적 신비주의자라 부릅니다. 그리고 자신 안에서 그 세계를 찾는 능력을 계발시키고 그 경험을 더욱 깊게 만들었던 사람은 실천적·경험적 신비주의자입니다. 물론 위대한 분들 중 몇몇은 양쪽 모두를 다 성취하고자 했습니다.

종교는 내적인 경험에서 시작됩니다. '나'만의 세계에서 하는 일이 종교입니다. 왜냐하면 우리는 홀로됨 안에서 내적인 경험들을 겪게 되기 때문입니다. 제가 다음 주 일요일 아침에 강연하게 될 주제는 종교적인 태도입니다. 강연은 폭스 윌셔 극장에서 10시 30분에 열릴 것입니다.

진실한 종교적 태도는 인간의 구원자입니다. 그리고 종교는 주관적 경험에서 시작됩니다. 종교란 한 사람이 자신의 침묵 속에서 함께 하는 것입니다. 왜냐하면 침묵 속에서 우리는 주관적 경험을 반드시 갖게 되기 때문입니다.

저는 다음 주일 아침에 이 "종교적 태도"라는 주제에 대해 말씀드릴 예정입니다. 이번 시즌에 제가 베일스 박사를 위해 맡는 마지막 일요일 아침 강연이 될 것입니다. 폭스 윌셔 극장에서 오전 10시 30분에 열립니다. 참된 종교적 태도야말로 인간의 구원입니다.

하나님은 결코 변하지 않고, 유일하게 변하고 있는 것은 우리뿐입니다. 우리의 영적인 시야는 계속해서 더 예리해지고 진리에 대한 우리 시야의 확장은 우리를 영원히 커져만 가는 내적인 평화로 인도할 것입니다.

현혹의 그림자는 우리의 정신적·도덕적 시야를 흐리게 하고 있으며, 이를 극복하는 가장 좋은 방법은 하나님의 눈, 즉 변하지 않는 영적 시야를 회복하는 것입니다. 그 눈은 주변의 사물에 의해 변화되지 않는 영적인 이상, 즉 우리 안의 고귀함과 본래의 완전무결성, 그리고 다른 이들에 대한 선의(善意)와 사랑에 고정된 시선입니다.

하나님께서 그분의 자비로운 눈으로 바라보시는 것은,
지금의 그대도, 과거의 그대도 아닌,
그대가 마땅히 되어야 할 모습이다.

-작자미상, 『The Cloud of Unknowing』

세상에서 가장 낮고 비천한 모습의 사람들 속에도 가장 고귀한 피가 흐르고 있습니다. 그렇기에 진정 하나님의 눈으로, 즉 상상 속 사랑의 눈을 통해 그들을 봐야만 합니다. 하나님의 눈으로 세상을 본다면, 태양이 물을 증발시켜 구름을 만들듯, 이상적인 세상은 현실이라는 영역 안에서 자연스럽게 솟아오르게 됩니다.

저 멀리 숨어버린다고 해서 하나님의 시야에서 벗어날 수 있다고 생각할지 모르지만, 하나님의 시야에는 그 모든 것이 투명하게 드러납니다. 그리고 하나님의 시야는 우리의 미래의 꿈을 현재의 사실로 만들기 때문에 이렇게 말해집니다.

> 너희는 넉 달이 지나야 추수할 때가 이르겠다 하지 아니하느냐?
> 그러나 나는 너희에게 이르노니 너희 눈을 들어 밭을 보라.
> 희어져 추수하게 되었도다.
> -요한복음 4장 35절

만약 우리가 이 상상 속의 시야를 계속 고집한다면 그 시야가 머문 곳에서 우리의 의식은 깨어나게 될 것입니다. 그러면 우리의 시야는 멀리 있는 이상을 향해 옮겨 갔기에, 이상을 부정하는 주변의 것들에 대해 무심해질 것입니다. 우리는 그것들을 옆으로 밀쳐내면서 멀리에서 바라본 그 목표를 향해 나아갈 것입니다.

진정으로 자신을 발견한 사람은 사랑에 의해 인도되지 않을 수 없습니다. 그의 눈은 부정을 보기에는 너무 순수해서 부정적인 것들에는 시선이 머물지 않습니다. 자신을 통제하고 자신을 도울 수 있는 능력이 발전함에 따라 우리가 남을 돕는 능력도 커져만 갑니다.

자신을 진정으로 정복한 날, 역사는 그가 정복한 대상이 단지 자기 자신만이 아니라 자신의 적들이었음을 알게 될 것입니다. 모든 것을 치유하는 손길은 바로 우리의 마음 태도입니다. 언젠가 우리는 평정 속에서만 영혼들을 다스릴 수 있다는 사실을 발견하게 될 것입니다. 가장 부드러운 것이 가장 강한 것을 이깁니다.

느낌의 힘을 깨달아서 우리의 감정과 마음 태도를 전심을 다해 살펴야 합니다. 인간의 모든 진보는 상상력과 느낌의 행사를 통해 이루어집니다.

우리는 마음 안에 하나의 이상을 창조하고, 그 이상의 이미지 속으로 느끼며 들어가, 그것과 하나가 되어 그 속성들을 존재의 중추로 흡수하게 됩니다. 외딴 곳에 은둔한 자나 사방이 막힌 곳에 갇힌 자라 하더라도, 상상력과 느낌이 강렬하다면 세상에 엄청난 영향을 미칠 수 있습니다. 그래서 그 힘은 많은 사람들의 목소리를 통해 대신 말하며, 많은 사람들의 움직임을 통해 움직일 수 있습니다.

이제 여러분의 감각 기관을 확장시키고, 보이지 않는 손길을 믿으며, 상상력이란 비행기에 탑승하십시오. 감각이 들려주는 목소리를 두려워하지 마십시오. 타인의 잘됨을 느끼는 가장 좋은 방법은 그것을 더욱 강렬하게 인식하는 것입니다.

　제 친구처럼 건강과 부와 행복에 대해 더 많은 느낌을 가지십시오. 생각은 그것이 하늘나라에서 내려와 육신을 입을 때까지 축복을 건네주지 않습니다. 진정한 상상력을 혹독하게 시험해서 결과와 성취를 이루십시오.

　상상이 현실이 되는 것을 여러분의 두 눈으로 실제로 목격하게 된다면, 그때부터 마음을 사랑으로 채우고 고귀한 감정 속에서 걸어갈 것을 결심하게 될 것입니다. 그리고 다음의 시가 말하는 뜻을 알게 됩니다.

> 그대가 뿌린 것을 그대는 거두게 되니. 저 들판을 보라.
> 참깨는 참깨였다.
> 옥수수는 옥수수였다.
> 침묵과 어둠은 알고 있으니,
> 인간의 운명 또한 그러하리라는 것을.

이제, 침묵 속으로 들어가겠습니다.

Affirm Our Own Greatness

의식, 유일한 실체

1927년, 저는 뜻하지 않게 아스트럴 투사(astral projection)를 처음 경험하게 되었습니다.
-중략

그 후 저는 방을 돌아다니며 침대 위에 놓여 있는 몸을 내려다보았습니다. 몸은 선명하게 보였으나, 구름 같은 흰 물질이 머리를 덮고 있어 얼굴이 잠깐 보일 뿐이었습니다. 그때 저는 제가 영이기 때문에 벽도 통과할 수 있을 거라고 생각했습니다. 시도했지만, 벽이 너무나 단단하고 현실적으로 느껴져서 통과할 수 없었습니다. 분한 마음에 이번에는 벽을 향해 빠르게 달려갔습니다. 하지만 부딪혀 기절했고, 큰 두통과 함께 육신 안에서 깨어났습니다.
-중략

이것저것 실험을 해보면서, 제 자신만이 유일한 장벽임을 깨달았습니다. 어리석다는 느낌이나 부족하다는 생각이 제 안에 자리 잡아 저를 제한하고, 제 소망이 실현되는 것을 막고 있음을 알게 되었습니다. 이 위대한 상상력이라는 재능을 발휘하는 것은 오롯이 자기 자신에게 달린 일임을 깨달았습니다.
블레이크가 말하듯, "인간은 상상력 그 자체이며, 하나님은 인간"입니다.

-결과에서 살기

Chapter 9 AFFIRM OUR OWN GREATNESS
의식, 유일한 실체

새 사람을 입었으니,

이것으로 창조주의 형상을 따라 지식에까지 새롭게 되었더라

―골로새서 3장 10절

지금의 삶에 만족하고 계신가요? 만족하지 않는다면, 새로운 삶을 위해 먼저 나 자신이 새로워져야 합니다. 만약 자신을 변화시키지 않은 채, 자신이 속한 단체나 국가의 정치, 종교, 사회 구조를 바꾸려 한다면, 그것은 잘못된 접근입니다. 지금 우리 눈앞에 보이는 문제들의 원인은 우리가 그 해결책이라 생각한 것보다 더 깊은 곳 안에 존재합니다.

문제의 근원은 바로 '나'의 자아이므로, 혁명이 일어나야 할 곳은 부조리한 바깥세상이 아니라, 바로 나 자신입니다. 세상 만물은 나에 대한 마음 태도에 달렸습니다. 그러므로 내면에서 새로운 선언을 하지 않는다면, 나는 결국 예전 모습 그대로 살아가게 될 것입니다. 내면에서 새롭게 선언할 때에야 비로소, 외부 세계에서도 새로운 것이 나타납니다.

진정한 종교는 내면에서 시작되며, 그것이야말로 우리가 삶 속

에서 의지하며 살아가는 진짜 신앙입니다.

마음을 새롭게 하여 새 사람이 되어라.

이것은 고대인들의 격언으로, 새로운 삶을 가능하게 하는 유일한 공식입니다. 나 자신에 대한 마음 태도에 따라 세상 만물은 변화됩니다. 그래서 나의 모습을 새롭게 주장하지 못한다면, 그것은 내 세상 안에서 나타나지 않습니다. 우리는 문제가 생기면 "무엇을 해야 하지?", "어떤 일이 일어나야 하지?"라고 묻습니다. 그러나 그 질문은 "나는 누구인가?", "나는 나를 어떻게 인식하고 있는가?"로 바뀌어야 합니다.

세상이 지금 보고 있는 세상보다 더 훌륭하고 위대한 모습이길 바란다면 우리는 반드시 우리 안의 더 훌륭하고 위대한 존재를 "나"라고 주장해야만 합니다. 제 강연의 목적은 이렇게 나에 대한 관념을 더 큰 위대함으로 채우기 위한 여정을 보여주기 위함입니다.

저는 여러분의 '내면 인간'이 어떻게 스스로를 재조정해야 하는지를 보여주려 합니다. 즉, 지금 알고 있는 자아의 수준에서 영혼을 잃고, 그가 추구하는 더 높은 수준에서 다시 영혼을 찾기 위해 삶의 새로운 전제를 어떻게 세워야 하는지를 말입니다.

인간은 자신의 의식 안에 담긴 것 외에는 아무것도 볼 수 없습니다. 우리가 어떤 것을 인식하지 않는다면 우리에게는 존재하지 않는 것이기 때문입니다. 우리의 이상적 이미지는 항상 육체적 형체를 얻으려고 하지만 우리가 그것에게 인간의 부모됨을 제공하지 않는다면, 결코 세상에 태어날 수 없습니다..

　잔혹함의 법칙으로부터의 구원을 가능하게 하는 매개체는 바로 나 자신입니다. 의식의 위대한 목적은 이 구원을 일으키는 데 있습니다. 그래서 나는 나의 의식이 이런 구원이 일어나는 장소라 믿으면서 상상의 사랑을 통해 모두를 구원해야 합니다. 하지만 이 짐을 짊어지기를 거부하며, 상상의 사랑으로는 아무 일도 할 수 없다고 여긴다면, 나는 믿음이 없는 것이며, 더 나아가 생명의 목적을 부인하는 것입니다. 우리가 이렇게 거부한다면 구원이 일어나는 유일한 방법을 거부한 것이기에 결코 구원은 일어나지 않습니다.

　유일하게 값어치 있는 종교에 대한 시험은 그것이 진실한 것인지, 다시 말해 인간의 깊은 확신의 세계로부터 나온 것인지, 그리고 그것이 내면의 경험의 열매인지를 확인하는 것입니다.

　종교는 우리에게, 지금 어떤 현실에 처해 있든 상관없이, 모든 것은 이미 완전하며 앞으로도 완전해질 것이라는 심오하고도 불멸한 생명에 대한 인식을 주어야 합니다. 종교가 이 역할을 하지 못한다면 그것은 아마도 쓸모없는 것일 겁니다. 지적인 앎과 영적인 앎은 완전히 다릅니다. 지적인 앎은 우리가 사물을 외부에서 보며, 그것을 다른 것들과 비교 분석하여 정의하는 것을 말하기 때문입니다.

　화이트헤드는 종교를 개인의 침묵 속에서 일어나는 것이라고 정의했습니다. 저 역시 종교를 인간이 자신의 침묵 안에 있는 것이라고 믿습니다. 침묵 안에서 우리는 새로운 내적인 세상을 경험하게 됩니다. 그렇다면 우리는 그 새로운 내적 세상에서 우리가 원하는 이상적인 모습을 한 자신을 상상해야만 합니다.

그 침묵 안에서, 목표가 이루어졌다면 현실에서 경험하게 될 것을 상상 속에서 경험합니다. 그렇게 한다면 우리는 곧 그 이상적인 모습으로 변화될 것입니다.

그대 마음의 영 안에서 새롭게 되어라. 새 인간을 입어라.
모든 사람들이여, 그대의 이웃에게 진리를 말하라.

'존재의 현실(the fact of being)'을 '의식의 현실(the fact of consciousness)'로 바꾸는 과정은 마음을 새롭게 함으로써 일어납니다. 혹자는 우리에게 생각을 바꿔야 한다고 쉽게 말하지만 생각은 관념으로부터 자연스럽게 흘러나오는 것이기 때문에 생각을 바꾸기 위해서 선행해야 할 것은 그 관념을 먼저 바꾸는 것입니다. 그리고 관념의 가장 깊은 부분은 바로 "나"입니다.

갈망의 끝이 무엇이라 생각하십니까? 갈망의 끝은 무언가를 행하는 데 있는 것이 아니라, 바로 그 존재가 되는 데 있습니다. 그래서 무언가를 진심으로 갈망한다면, 침묵 속에서 다음과 같이 선언해야 합니다.

"나는 내가 원하는 바로 그 존재다."

항상 그 존재가 되려고 노력하십시오. 내면이 개혁되지 않는다면 외부의 개혁은 소용없습니다.

천국은 욕망을 억제함으로써가 아니라, 우리 안의 고귀한 속성을 기를 때 들어갈 수 있습니다. 오래된 관념은 쉽게 사라지지 않기에, 우리는 새로운 관념으로 자신을 채워 그것이 자연스럽게 낡은 것을 밀어내게 해야 합니다.

새로운 관념이 우리 의식을 차지하게 될 때 낡은 관념은 사라집니다. 죽은 떡갈나무 잎은 새 잎이 밀어내기 전까지 가지에 붙어 있듯, 오래된 생각과 감정의 습관도 새로운 것이 그것을 밀어내기 전까지는 여전히 남아 있습니다.

창조성이란 근본적으로 더 깊은 수용성, 더 예리한 감각을 말합니다. 그래서 새로운 삶을 창조하려는 사람이라면 반드시 미래의 꿈을 현재의 사실로 바꿔야 합니다.

모든 위대한 형태는 깊은 몰입의 시간을 거친 후에 나타납니다. 우리의 의식이 위대한 이상으로 온전히 채워져 우리가 그 이상 자체가 되는 시간을 거친 후에야, 의식 속에 있던 것이 외부에 드러나게 됩니다. 그러면 우리는 의식이 외부로 나타난 것을 목격하게 되고, 그때 우리는 현재가 과거로 후퇴해 사라지는 것이 아니라, 미래로 나아가고 있다는 사실을 깨닫게 됩니다. 이것이 새로운 미래를 창조하는 방법입니다.

"지금, 이곳이 아닌 다른 시간, 다른 곳"은 우리에게 아무런 의미도 없습니다. 오직 "지금" "여기"만을 우리는 인식할 뿐입니다. 그래서 지금, 여기에서 내가 원하는 상태에 있다고 느낀다면, 진실로 나의 미래는 변화하게 됩니다.

이것은 다음 주 일요일 아침 베일스 박사님을 대신해, 윌셔 볼레바드에 위치한 폭스 윌셔 극장에서 10시 반에 강의할 내용입니다. 그때 미래를 바꾸는 방법에 대해 말씀드리겠습니다.

여러분이 자신에 대해 더 높은 관념을 갖도록 이끄는 것이 제 목적이며, 그 관념을 실현할 수 있도록 구체적인 방법을 명확히 안내드릴 것입니다. 참석하신 모든 분들이 그날 새롭게 변화되기를 바랍니다.

좌절 상태에 빠져 용기를 잃은 사람들은 위대한 원리에서 나오는 영감을 필요로 하고 있습니다. 꺼져가는 상상력을 다시 타오르게 하고, 잠든 영혼을 다시 깨우고자 한다면 우리는 반드시 첫 번째 원리로 돌아가야 합니다. 다시 한번 강조합니다. 새로운 삶을 살기 위해서 우리가 해야 할 일은 우리 자신을 새롭게 하는 것입니다.

인간의 가장 큰 착각은, 자신이 어떤 일을 할 수 있다는 생각입니다. 사람들은 모두 자신이 무언가를 할 수 있다고 생각하고, 또 사람들은 무언가를 하기를 원하면서 "이제 무엇을 해야 할까?"라고 질문합니다.

그런데 무엇을 "해야(do)" 하냐고요? 무언가를 한다는 것은 불가능한 일이며, 우리는 단지 무엇인가가 되어야만(must be) 합니다. "우리는 스스로 아무것도 하지 않는다"는 명제를 받아들이는 것은 어렵습니다. 진리는 언제나 받아들이기 힘든 것이기에, 이것 역시 쉽지 않습니다.

그러나 실제로는, 그 누구도 어떤 일도 할 수 없습니다. 모든 일은 "일어나는 것"입니다. 인간에게 닥치는 모든 일, 인간이 행하는 모든 행동, 인간으로부터 비롯되는 모든 것, 이 모든 것은 그저 "일어날 뿐"입니다. 대기 상층부의 온도 변화로 비가 갑자기 내리듯, 그 일들은 일어납니다. 이것은 우리 모두가 깊이 숙고해야 할 삶의 주제입니다. 영혼의 상층부에서 우리는 우리 자신에 대한 어떤 관념을 지니고 있습니까?

모든 것들은 자신에 대한 마음 태도에 달렸습니다. 그러므로 내면에서 현실이라 선언하지 않는 한, 그것은 내 세상 속에서 어떤 모습도 드러내지 않습니다. 나의 내면 깊은 곳 안에서 재조정 과정이 생겨야만 나의 표면에서도 그에 따른 변화가 일어납니다. 그 내면의 재조정을 일으키게 하는 것이 바로 나에 대한 관념을 바꾸는 것이고, 반드시 해야만 하는 일입니다.

인간의 내면에는 궁극적인 깊은 의식상태가 있습니다. 우리가 그 깊은 상태로 들어갈 수 있느냐는 단지 그것을 인식할 수 있느냐의 문제이기 때문에 우리는 이론상 계속해서 더 깊은 의식상태로 들어갈 수 있습니다.

삶은 우리에게 죽고 다시 태어날 의지를 가지라고 말합니다. 물론 이는 육체의 죽음이 아니라, 정신 안에서 과거의 내가 죽고 새로운 존재로 거듭나는 것을 의미하며, 이러한 정신적 부활을 통해 육신 또한 새로운 모습으로 변화됩니다.

이 정신적 부활에 대한 오래된 격언이 있는데, 그것은

하나님의 뜻에 내맡김

입니다. 저는 이 격언보다 더 위대한 것을 알지 못합니다. 우리가 표현하고자 하는 그 위대한 이상에 자신을 온전히 내맡길 때, 모든 충돌은 사라지고 우리는 그 이상적인 이미지로 변화하게 될 것입니다.

성경에는 예복이 없는 남자가 솜씨 좋게 사람들을 속이고 왕국에 들어간 이야기가 있습니다. 그는 자신이 겉으로 하는 일을 내면에서는 믿지 않았습니다. 그는 겉으로는 선하고 자비로운 사람처럼 보이며 바른 말씨를 사용했지만, 내면은 전혀 그렇지 않았습니다.

하지만 그보다 더 높은 의식을 지닌 강한 빛 안으로 들어오자 (왕국에 들어오자) 더 이상 속일 수 없게 됩니다. 이 이야기에서 예복이란 합일에 대한 욕망을 나타내는데, 성서에서 그가 예복이 없다고 말한 것은, 그가 자신이 가르치는 것과 하나 되고자 하는 욕망이 없었다는 것을 의미합니다.

우리가 진리와 하나가 된다면 우리는 과거의 본성을 내려놓고 마음의 정신 안에서 새롭게 될 것입니다. 진리는 거짓된 귀족의 옷을 벗겨낼 것이고, 선함이라는 고귀한 성품에 의해 정복되고 통제될 것입니다. 그 선함은 세상에서 결코 정복되지 않는, 가장 고귀하고 숭고한 성품입니다.

이제 침묵 속으로 들어가겠습니다.

Good Friday – Easter

성금요일

자신의 목표를 뚜렷하게 정한 후에 처음으로 하는 일은 어떤 한계들을 덧붙이는 것입니다. 그것을 얻는 방법에 대해서 생각하기 시작합니다. 욕망 안에는 스스로의 모습을 드러낼 방법들이 있다는 사실을 알지 못한 채, 어떻게 하면 그것을 얻을 수 있을지 계획을 세웁니다. 이렇게 하나님의 말씀에 무언가를 더하기 시작하는 것입니다. 반대로 자신의 욕망을 성취하는 데에 어떤 길도 보이지 않는다면, 그럴 경우에는 자신의 욕망을 수정해서 처음의 욕망과 타협을 시도합니다. 그는 자신에게 심어진 처음의 욕망보다 조금 낮은 것에 만족을 한다면 보다 쉽게 이룰 수 있을 것이라 생각합니다. 이렇게 하나님의 말씀에서 무언가를 삭제합니다.

그들은 그런 식으로 예언의 말씀에 무언가를 더하기도 하고 아니면 하나님의 말씀에 무언가를 삭제하면서 자신의 이상과 타협을 합니다. 이것에 대한 필연적인 결과는 그런 위반에 대해 약속된 죽음과 재앙 또는 실패와 좌절입니다.

현재의 의식 상태로부터 벗어나지 않는 한, 당신은 지금 원하고 있는 것을 계속 원하기만 할 것입니다. 당신 자아의 관념을 바꾸십시오. 그러면 당신 욕망의 모습도 자동적으로 바뀔 것입니다.

-네빌 고다드의 부활

Chapter 10 GOOD FRIDAY - EASTER

성금요일

누구인가, 포도즙에 그의 옷을 물들여 오는 자는.

그의 외투를 포도의 피에 적시고,

그의 어린 나귀를 좋은 포도나무에 매며,

그의 눈은 포도주로 인해 붉고,

그의 이는 젖처럼 희도다.

...

그들은 포도주색의 관복을 예수에게 입히더라.

-창세기 49장

성금요일 이야기를 알고 계실 겁니다. 어둑한 밤, 한 남자가 정원 한가운데에 있습니다. 그때 유다라고 불리는 남자가 그를 찾기 위해 옵니다. 물론, 표면적으로는 그 남자를 배신하기 위해 다가옵니다. 유다가 정원에 다다르자 어둠이 짙게 깔려있어 그를 알아보지 못하고 질문을 던집니다.

"예수 그리스도는 어디에 있는가?"

그러자 어둠 속에서 음성이 울려 퍼집니다.

"내가 그이다(I AM HE)."

그러자 그를 찾으러 왔던 사람들 모두가 땅에 거꾸러집니다. 다시 정신을 차리고 같은 질문을 한 번 더 던집니다.

"예수는 어디에 있는가?"

또다시 어둠 속에서 하나의 음성이 울려 퍼집니다.

"나는 내가 그(I AM HE)라고 말했다."

이번에는 유다가 그에게 입을 맞추자, 그 음성은 그에게 말합니다.

그대가 나를 찾았기에,
다른 모두를 떠나보내고 오직 나만을 남겨두라.
그리고 나가서 그대가 해야만 하는 일을 속히 하도록 하라.

그리고 유다는 밖으로 나가서 스스로 생을 마감합니다.

여러분은 이 이야기를 읽고서, 이 일이 실제의 정원에서 일어났다고 생각하며 그 장소를 찾아보려 할 수도 있습니다. 하지만 그렇지 않습니다. 이 이야기는 반드시 인간의 마음 안에서 자리 잡아야만 합니다. 이것은 바로 "다시 태어남"에 관한 이야기이기 때문입니다.

그래서 이야기의 주인공은 우리 평범한 인간, 다시 말해 감각을 지닌 사람입니다. 하지만 감각 인간 안에는 두 번째 인간이 숨어 있습니다. 그의 팔과 다리는 감각이란 곳에 묶여 있지만 다시 태어나게 되었을 때 그 속박을 걷어내고 하늘 위로 들려질 사람입니다. 이것이 바로 두 번째 인간, 즉 하나님입니다.

이 신비는 오직 인간의 자아에 관한 이야기이며, '신비'라는 단어는 성경에서 무려 18번이나 사용되었습니다.

사도 바울은 고린도전서에서 고린도 사람들에게 자신을 '신비의 청지기'(a steward of mysteries)로 여기라고 말했습니다. 그리고 말합니다.

하나님이 육신 안에서 모습을 나타내는 것,
바로 이것이 위대한 신비이다.

그런 후 모든 신비들 중에 가장 위대한 것에 관해 말했습니다. 바로 세상이 시작되기 전부터 숨겨져 있던 신비입니다.

그대 안의 그리스도는 영광의 소망이다.

인간 "안의" 그리스도가 바로 가장 위대한 신비입니다. 역사 속의 그리스도가 깨어나야만 하는 것이 아니라, 인간 "안의" 그리스도가 깨어나야만 합니다. 그래서 지금 말했던 이 내용은 숨겨진 신비, 즉 그리스도를 깨우는 방법입니다.

이제 제가 이 이야기 속으로 들어가 여러분을 여러분의 마음 정원 안으로 데려가겠습니다. 지금 여러분이 큰 병원의 병실에 있다고 가정해보십시오. 여러분이 누군가의 진찰 기록을 봤는데 의사는 한 사람이 죽어간다고 말하고 있습니다. 그렇다면 과연 무엇이 의사의 진단으로부터 그 사람을 구원할 수 있습니까? 무엇이 그 사람을 구할 수 있습니까? 건강한 상태만이 그 남자를 침대에서 일으켜 건강한 사람으로 만들어줍니다. 이것이 바로 그의 구원자입니다.

그러면 이제 여러분의 마음의 눈을 통해 그 문제가 해결된 것을 세심하게 그려보세요. 여러분이 그 문제가 해결된 모습을 명확하게 그려보았다면, 여러분은 실제로 무엇을 보고 있는지 아십니까? 바로 예수 그리스도를 보고 있는 것입니다. 왜냐하면 예수란 이름은 '구원하는 것(to save)'을 뜻하기 때문입니다. 지금 그 남자가 처한 현실에서 구해줄 상태는 바로 건강의 상태입니다. 그래서 그것이 그 남자의 구세주입니다.

앞의 이야기로 다시 돌아가겠습니다.

그대가 나(ME)를 찾았기에
다른 것들은 모두 보내고 오직 나만을 남겨두라.

좀 더 쉬운 말로 해보겠습니다. 여러분이 이제껏 믿어왔던 모든 것을 다 떠나보내십시오. 즉, 감각이 전달해주는 정보는 "그 남자가 죽어가고 있다"는 것이지만, 그런 정보는 마음에 담아두지 말고 오직 "그 남자가 건강하다"는 관념만을 꽉 붙드시기 바랍니다. 이성이 지금 전해주는 정보는 당연히 그 남자가 죽어가고 있다는 것이겠죠. 하지만 거기에 신경 쓰지 말고, 오직 여러분의 예수 그리스도만을 꽉 붙드십시오. 예수 그리스도는 곧 그 사람의 건강한 상태를 의미합니다. 여러분이 그것을 붙들고 그것

성금요일

을 매우 강하게 인식할 때, 비로소 그것을 "만지는" 것입니다. 이것이야말로 무언가를 만지는 유일한 방법입니다.

지난주 금요일에 있었던 일을 여러분께 이야기 드리겠습니다. 이 도시에서 최근에 사귄 친구가 하나 있는데, 제게 슬픈 이야기를 들려줬습니다. 그 친구는 상황이 매우 안 좋았습니다. 빚을 많이 졌고, 갚을 능력이 없는 상황이었습니다. 상황은 점점 더 악화되고 있었습니다.

하나님을 찾기 위해 꼭 교회에 가야 하는 것은 아닙니다. 저는 면도를 하면서 그 친구 생각이 나자, 아내에게 말하는 것을 상상했습니다. 상상 속에서 아내에게, "조지에게 그런 멋진 일이 생기다니, 너무 놀랍지 않아?"라고 말했습니다. 그리고 아내가 제게 말하는 것을 상상했습니다.

"그러게 말이에요, 정말 기적 같네요!"

세 시간이 지난 뒤, 어떤 직업을 선택해야 할지 몰라 행복한 고민에 빠진 친구에게서 전화를 받았습니다. 친구는 방금 전에 두 가지 직업을 제안받았다고 합니다. 그 직업들 중 하나는 할 수 있는 일이고, 다른 하나는 잘하는 일이라고 합니다. 둘 다 훌륭한 직업이었고, 그중에서 어느 하나를 선택해야 할지 고민 중이었습니다.

이제 그에게는 새로운 고민이 생긴 것입니다. 그러므로 이제는 그가 아주 적절한 직업을 선택했다는 것을 사실로 받아들여야 할 때입니다. 그는 이제 최상의 선택을 한 사람입니다. 그러면 또 조지는 제게 전화를 걸어오겠죠. 이보다 더 나은 선택은 없을 거라는 말과 함께요.

    이것처럼 여러분도 마음의 눈으로 보십시오. 그리고 이 세상에서 원하는 것을 정확하게 아시기 바랍니다. 여러분이 있는 이곳에서 여러분이 원하는 것을 안다면, 여러분이 보고 있는 것은 여러분의 구원자인 예수 그리스도입니다.

    성경에서는 예수만을 남기고, 그 외의 모든 것을 떠나보냈습니다. 여러분이 이전에 품었던 모든 믿음들을 다 풀어내십시오. 그리고 상상 속에서 이미 원하는 모습이 되었다는 관념만을 단단히 붙드십시오.

    바로 그것이 여러분을 갈보리로 인도할 것입니다. 갈보리는 마음의 눈 안에서 하나의 상태를 확고히 하는 것을 의미하며, 그것은 부활절, 곧 부활이라는 이 위대한 날로 이어집니다. 단지 하나의 생각에 그쳤던 상태는 이제 여러분에 의해서 부활되었고 생명을 얻습니다. 그 보이지 않는 생각에 계속 믿음을 유지할 수 있다면 곧장 그 생각이 현실로 이루어진 목적지로 인도될 것입니다. 성경에서는 이를 두고 거듭 태어남이라고 말합니다.

    자, 여기 그 이야기가 있습니다. 예수 그리스도는 말합니다.

그대가 다시 태어나지 않고서는
그대는 하늘나라의 왕국 안으로 들어갈 수 없느니라.

지혜로운 자는 되묻습니다.

"나이가 든 사람이 어떻게 다시 어머니의 자궁에 들어가 다시 태어날 수 있단 말입니까?"

다시 대답합니다.

"이스라엘의 주인인 그대, 그대는 모르는가? 그대가 물과 영으로 태어나지 않는다면 그대는 결코 하늘나라의 왕국 안으로 들어갈 수 없노라."

그런 후에 이런 실마리를 남깁니다.

"모세가 광야에서 뱀을 들어 올린 것처럼, 인간의 아들 역시 들어 올려져야 하노라."

…모세가 뱀을 들어 올린 것처럼…

성경에서는 한 남자가 놋뱀을 들어 걸어놓고 그걸 쳐다보는 사람들은 즉시 치유되고, 쳐다보지 않은 사람들은 치유되지 않는고 합니다. 그런데 여러분은 이 이야기가 정말 현실에서 일어난 일이라고 생각하십니까? 그것은 실제 뱀을 의미하는 것이 아닙니다.

뱀은 자신을 감싸고 있던 옛 허물을 벗어던지며 성장하면서도 죽지 않기 때문에, 스스로 재생산하는 힘을 상징합니다. 우리 인간도 이 뱀처럼 되어야만 합니다. 점점 성장해서 과거 자신을 덮던 기존의 틀보다 더 자라서 옛것을 벗어던질 수 있어야만 합니다. 그래서 저는 내가 살아남기 위해 다른 누군가를 죽이는 것에 대해 배워야만 한다고 말하는 것이 아니라, 내가 살기 위해 내가 죽는 법을 배워야만 한다고 말합니다.

제가 이제껏 믿었던 것을 내려놓음으로써 저는 죽습니다. 그리고 저는 제가 원하는 모습이라는 믿음을 고양시켜 다시 태어납니다. 이것이 바로 저도 뱀처럼 허물을 벗고 다시 태어나는 방법입니다. 그리고 이것이 바로 물과 영으로 태어나는 방법입니다.

만일 제가 여러분에게 "사실로 받아들인 것"은, 비록 그것이 거짓일지라도 계속 고집하면 단단한 현실이 된다고 말한다면, 이것은 진리이기 때문에 성경에서 말하는 물입니다. 하지만 물만으로는 부족합니다. 여러분은 그 진리의 의미를 꽉 움켜잡고 그것을 현실에 적용해야만 합니다.

물론 "나는 이미 내가 원하는 모습이다"라는 관념을 계속 고집하면 점차 그 모습이 된다는, 이 진리를 아는 것만으로도 대단한 일입니다. 하지만 이것을 삶에서 "실천"하지 않는다면 오직 물만으로 태어난 것이어서 마음속 존재는 현실이란 세상에 모습을 나타내지 못합니다. 성경에는 물과 피에 의해서 이 존재가 태어난다고 했습니다.

이는 물과 피로 오신 이시니 곧 예수 그리스도시라.
물로만 아니요, 물과 피로 오셨다.

다시 말해, 아는 것만으로는 이상적인 자아를 탄생시킬 수 없습니다. 반드시 실천해야 합니다. 반드시 행해야 합니다.

그래서 제가 그것을 실천할 때, 저는 제 안의 구원자를 붙잡고, 행동을 통해 그를 실체화합니다. 이것이 바로 세상에서 가장 위대한 이야기, 부활절의 의미입니다.

오늘날 우리의 교회를 보십시오. 더 큰 외관과 겉치장들로 넘쳐나지만, "새 사람"으로 넘쳐나지는 않습니다. 성경은 "주 예수 그리스도를 입으라. 새 사람을 입으라"라고 말합니다. 하지만 우리는 어떻게 새로운 사람을 입을 수 있는지 망설이게 됩니다.

그런데 그것은 절대 어려운 일이 아닙니다. 마치 어린아이에게 성인을 입으라고 말하는 것과 같고, 나무에게 잎의 무성함을 입으라고 말하는 것과 같습니다. 본래의 속성 안에 이미 주어진 것을 내면에서부터 바깥으로 펼쳐내라는 의미입니다.

하지만 우리 인간들은 "새 사람"을 외부로부터 입으려 합니다. 그건 내부에 잠재되어 있는 것이기에 외부로부터 취하려고 한다면 불가능한 일을 하고 있는 것입니다.

이것이 위대한 신비입니다. 세상이 창조되기 전부터 감추어졌던 그 신비, 곧 "너희 안에 계신 그리스도, 영광의 소망"입니다. 여러분 밖에 있는 그리스도가 아니라, 여러분 안에 계신 그리스도만이 여러분의 유일한 영광의 소망입니다.

그래서 가장 위대한 신비는 갈보리에서 우리를 하나님처럼 만들기 위해, 그분이 베들레헴에서 우리와 같아진 것입니다.

그렇게 우리 안에 하나님이 있기에 갈보리는 우리가 알고 있는 것처럼 역경의 날이 아닌, 한 인간의 삶에서 주어지는 기회의 날입니다.

우리는 이 땅 위에서 고통을 겪고 있는 사람을 볼 때가 있을 것입니다. 이때가 바로 여러분에게 찾아온 기회의 날입니다. 이제 자신에게 물어보십시오. 저 사람의 문제가 해결된 모습은 어떨까? 과연 어떤 모습이 되어야 할까? 여러분은 그 사람에게 그 모습을 부여해줄 수 있습니다. 여러분이 "자신이 누구인지" 진정으로 안다면, 제가 조지에게 그렇게 했던 것처럼 여러분도 그 해결책을 줄 수 있습니다.

저는 조지가 일자리를 구하는 데에 손가락 하나 까딱하지도 않았습니다. 제가 일자리를 준 것도 아니고 외부적으로는 아무런 도움도 주지 않았습니다. 단지 제 마음의 시야 안에서 아내를 바라봤습니다. 물론 아내는 제 곁에 실제로 있지는 않았지만 상상 속에서 이렇게 말했습니다.

"조지에게 이렇게 기쁜 일이 생기다니 놀랍지 않아?"

그리고 상상 속에서 아내가 제게 대답하게 만들었습니다.

"네, 정말 기적 같네요." 그런 후에 하던 면도를 계속했습니다.

이것이 바로 광야에서 뱀을 들어 올리는 것입니다. 왜냐하면 저는 조지가 실업 상태에 있다는 인식에서 그가 고용되었다는 인식으로 들어 올렸기 때문입니다. 그 외에 제가 한 일은 없지만, 그 일은 마치 뱀이 과거의 허물을 벗어던지는 것과 같았습니다.

조지에 대해 예전에 품고 있던 모든 인식을 내려놓고, 조지를

성금요일

더 높은 차원에서 바라보기 시작했습니다. 그렇게 바라보며 살기 시작하자, 그 관념은 세 시간 안에 현실로 나타났고, 조지는 이 놀라운 소식을 제게 전해주었습니다.

여러분도 이 세상에서 어떤 일에든 똑같이 적용할 수 있습니다. 이처럼 날마다 실천한다면, 여러분도 한 선지자가 "나는 매일 죽는다"고 말했던 것처럼 매일같이 자아의 죽음을 경험하게 될 것입니다.

흔히 사람들은 육신의 생명이 꺼지는 작은 사건을 죽음이라 여기며, 그때를 기다립니다. 하지만 그런 종류의 죽음은 인간에게 아무런 변화를 가져오지 않기에, 진정한 죽음이라 말할 수 없습니다. 육신의 죽음에는 진정한 변화가 없고 오직 매일같이 정신적으로 죽고, 또 죽는 것 안에만 변화가 존재합니다. 그래서 여러분은 진정한 죽음, 즉 정신적인 죽음의 방법을 알게 될 때, 비로소 사는 법을 배우게 됩니다.

인간은 불멸의 존재이기에, 끝없이 죽고 또 살아야 합니다. 삶은 창조적인 생각에서 시작되었고, 형태를 바꾸며 자신을 찾아가는 여정이기 때문입니다. 만약 내가 변화하지 않고, 과거의 틀을 넘어 점점 성장해나가지 않는다면, 모든 신비들 중 가장 위대한 부활절의 신비를 전혀 이해하지 못한 것입니다.

부활절은 베들레헴에서의 탄생으로부터 시작된 인간이
신으로서 다시 깨어나는 날입니다.

이것이 바로 진정한 부활절 이야기입니다.

그러니 이 날을 화려한 치장으로만 기념하지 않기를 바랍니다. 물론 새 옷이나 새 모자를 사는 것은 나쁜 일이 아닙니다. 하지만 오늘날 우리의 교회는 단지 새로운 것들의 과시에만 치중할 뿐, 새 사람에 관해서는 어떤 지혜도 전달하지 못하고 있습니다. 오직 이러한 방법들을 날마다 실천할 때에만, 우리는 새로운 사람이 될 수 있습니다. 그 방법은 새로운 모습의 나를 강렬하게 인식하는 것입니다. 여러분은 지금 이 순간, 여러분의 느낌을 확장하고 여러분의 영적인 감각을 신뢰해서 상상력의 비상을 경험할 수 있습니다. 그리고 그런 감각들에 어떤 두려움도 가지지 마십시오.

내가 원하는 것을 지금 듣고 있고, 만지고 싶은 것을 실제로 만지고 있다고 인식할 때, 그 위대한 속성은 내게서 빠져나갑니다. 내가 원하는 것을 만지고 있다고 상상했을 때 하나의 분위기가 나를 사로잡게 되고 그 분위기는 내가 어떤 축복을 입게 될지를 결정합니다. 지금 내가 상상 속에서 무언가를 느끼게 된다면 그때 나를 사로잡았던 분위기는 세상에 하나의 증거로, 단단한 형체가 되어 나타날 것입니다.

그래서 우리가 이 진리에 대한 앎과 실천으로 태어나지 않는다면 하늘나라의 왕국이라 불리는 불멸의 상태 안으로 들어갈 수 없습니다.

여러분은 이제 약간의 지식을 얻었으니 나가서 직접 사용해 보십시오. 이 진리를 삶에서 적용해볼 때 다음의 일이 일어나고, 이것은 신비적인 사실입니다. 성경에 유다를 이렇게 묘사한 장면이 있습니다.

> 누구인가, 포도즙에 그의 옷을 물들여 오는 자는.
> 그의 외투를 포도의 피에 적시고, 그의 어린 나귀를 좋은 포도나무에 매며, 그의 눈은 포도주로 인해 붉고, 그의 이는 젖처럼 희도다.

그리고 이 장의 마지막 절에는 이렇게 쓰여 있습니다.

> 그들은 포도주색의 관복을 예수에게 입히더라.

또한 유다 역시, 포도의 피로 그의 관복을 씻었다고 전해집니다. 제가 조지에 대해서 상상을 했을 때 저는 실제로 포도주색의 관복을 짰던 것입니다. 만약 제가 깨어나고자 한다면, 저는 반드시 그 관복을 짜야만 합니다.

성서에서는 이 관복을 결혼 예복이라 말하기도 하고 포도주색의 관복이라 말하기도 합니다. 신약과 구약에서는 이것을 '자수정'이라 부르지만, 그것은 실제 보석인 자수정은 아닙니다. 그리고 저 바깥세상에서 실제로 짜는 관복도 아닙니다.

이 진리들에 맞춰서 산다면 포도주색의 오라를 형성하게 되는데 이 포도주색의 오라는 내가 더 높은 의식 수준에서 의식적으로 활동하는 것을 가능하게 만들어줍니다. 이런 관복이 없다면 현재의 물질적 상태를 넘어서 활동할 수 없습니다. 하지만 이 진리들에 맞춰서 삶을 산다면 육안으로는 그것을 볼 수 없겠지만 여러분은 정말 여러분의 관복을 짠 것이고 눈이 열린 사람들은 여러분을 '자기와 같은 존재'로 알아보게 됩니다.

여러분은 무슨 배지를 달고 다닐 필요가 없습니다. 그들은 여러분이 입고 있는 '영적인 옷'을 보고, 여러분이 누구인지 알게 됩니다.

그래서 성서에서

유다가 와서 그의 훌륭한 옷을 가지고
포도의 피에 담갔다

라고 말할 때, 정말 한 남자가 옷을 벗어서 담근 것은 아닙니다. 그 이야기 속의 옷이란 사람이 정신적으로 입는 옷을 말하기 때문입니다.

자, 이제 저는 제 마음을 가지고 그 진리를 적용해 보겠습니다. 이 일은 조지에게만 해당되는 것이 아니라, 주위를 조금만 돌아보면 다른 이들을 위해 좋은 소식을 들을 수 있는 수많은 기회가 있음을 알게 될 것입니다.

만약 다른 이들을 위해 좋은 소식만을 듣고, 그 말을 실제로 들은 것처럼 믿는다면 나는 정말 내 의복을 벗어서 포도주의 붉은 피로 씻고 있는 중입니다.

여러분은 왜 예수가 자신을 포도나무라고 했는지 궁금해하실

지도 모릅니다. 예수는 말했습니다.

> 나는(I AM) 포도나무요, 그대들은 가지다.
> 가지들이 포도나무에 뿌리내려있지 못하다면
> 어떤 생명도 가질 수 없더라.

정말 이 세상의 모든 사람들은 '나'라는 포도나무에 뿌리내린 가지들입니다. 제가 하나님 안에 뿌리내리고 있으며, 그 끝도 하나님 안에서 맺어지듯, 사람들 또한 제 안에서 뿌리를 내리고 끝을 맺습니다.

이것은 단지 저에게만 해당되는 것이 아니라, 세상 모든 사람에게도 똑같이 적용됩니다. 지금 여러분이 저를 바라보고 제 목소리를 듣고 있는 중에도, 여러분도 그렇게 말할 수 있습니다. 제가 방금 "여러분은 내 안에 뿌리내려 있다"고 말했지만, 여러분 역시 "나는 하나님 안에 뿌리내려 있고, 하나님 안에서 끝을 맺는다. 그리고 내 안에는 다른 모든 이들이 뿌리내려 있으며, 그들의 끝 역시 내 안에 있다"라고 말할 수 있습니다.

이 사실을 이해했다면 이 세상의 모든 사람들을 고양시킬 의무가 여러분에게 주어졌음을 알 것입니다. 그 누구도 버려져야 할 사람은 없습니다. 모든 사람은 반드시 구원받아야 하며, 여러분의 삶은 바로 이 구원이 이루어지는 여정입니다.

그 누구도 버리지 마십시오. 모든 사람들은 변화될 수 있습니다. 그리고 그 변화를 이끌어낼 힘이 여러분에게 있습니다.

그 사람에게 지금 현재의 모습이 아닌 원하는 모습이 무엇인지를 묻습니다. 그가 어떤 모습이 되기를 원하는지 안다면 그가 이미 그 모습인 것을 상상합니다. 그리고 마치 그것이 이미 실현된 사실인 것처럼 그 사람의 변화된 모습에 대해 사랑하는 사람과 이야기를 나누십시오. 그것을 하고, 그것을 만지고, 그것을 믿는다면, 그 사람은 상상했던 모습이 될 것이라고 말씀드릴 수 있습니다.

이것이 바로 부활절입니다. 우리가 생각하는 것처럼 일 년에 한 번 오는 것이 아니라, 부활절은 우리가 살기 위해서 죽을 수 있는 매일의 기회들을 말합니다. 그렇기에 성경에서 예수는 이렇게 말합니다.

> 누구든지 나를 따르려 한다면
> 자신을 부정하고, 날마다 자신의 십자가를 지고 나를 따르라.

따르려는 자, 그 누구라도 이렇게만 한다면 우리는 예수를 찾을 수 있습니다.

그런데 어떻게 나는 내 십자가를 짊어지고 이 말씀을 따를 수 있을까요? 우선 성경에서 말한 대로 나 자신을 부정해야만 합니다. 사람들 대부분은 이 말의 뜻을 자신이 사랑하는 것을 포기해야 하고, 맛있는 음식을 거부해야 하고, 좋아하는 것들을 포기해야 하는 것이라 생각합니다.

하지만 성경의 내용은 이런 외적인 것들을 포기하는 것과는 아무런 관련이 없습니다.

그것은 사람이 자기 자신을 부인해야 한다는 것이고, 사람의 진정한 자아는 그가 믿는 모든 것, 그가 진실로 받아들이는 모든 것, 그가 동의하는 모든 것의 총합으로 이루어져 있습니다. 그래서 만약 내가 누군가가 죽어가고 있다는 것에 동의한다면 그 관념, 즉 그 자아를 거부하고 그 자리에 건강한 존재의 모습을 놓아야만 합니다. 그래야만 나는 이 새로운 관념을 따를 수 있습니다.

세상 모든 일에 이 원리를 적용할 수 있습니다. 그게 물질적인 것이 아니라 할지라도 말입니다. 어떤 품성과 같은 것이라면, 그런 것을 지닌 어떤 한 고귀한 사람을 택하십시오. 여러분이 이 세상에서 보고 싶은 이상적인 모습을 한 사람 말입니다. 그 사람이 이 세상 위를 실제로 걸어 다니는 모습을 마음에 그린 후, 그 사람을 여러분 자신과 동일시하십시오. 여러분이 그 사람이 된 것처럼 여러분과 그를 하나로 만드십시오. 여러분이 내가 그(I AM He)라고 실제로 느끼고 그 상태를 계속해 나간다면 여러분이 사실로 받아들인 것의 실체를 증명하기 위해 그것들은 펼쳐지기 시작합니다. 꼭 해보십시오.

기억하십시오. 부활절은 여러분이 살기 위해서 죽는 기법입니다. 이것은 저에게 『압둘라의 죽음』이라는 아름다운 시를 생각나게 합니다.

그 시의 마지막 구절입니다.

사람들은 그의 죽음에 슬퍼하며 그의 생명력이 소진해버린 육신에 입을 맞췄다. 갑자기 그가 다시 그들 앞에 모습을 나타내며 말했다.

"나는 그대들이 입을 맞추고 있는 것이 아니니,
그대들의 눈물을 멈추고 그 껍데기를 그만 놓아두어라.
그것은 나의 것이지만 나는 아니다."

이제 침묵 속에 들겠습니다.

Every Natural Effect

영적인 원인

자기 전에 원하는 것이 이루어진 느낌을 취해나간다면 그 법칙은 작동할 것입니다. 잠자리에 들 때 여러분의 마음을 조절하십시오.
 이 기법을 부르기에 가장 적당한 말은 "통제 가능한 깨어 있는 꿈"일 것입니다. 꿈속에서는 통제력을 잃습니다. 따라서 완벽하게 통제 가능한 깨어 있는 꿈을 가지고 잠들기 전의 상태 속으로 들어가십시오.
 진짜 꿈속에서 여러분이 주인공이듯이, 그렇게 주인공으로서 깨어 있는 꿈 상태 속에 들어가도록 하십시오. 꿈속에서 여러분은 항상 배우일 뿐, 관객이 아닙니다. 통제 가능한 깨어 있는 꿈에서도 여러분은 배우가 되어야 하고 그 안에서 행동을 해야 합니다.
 여기서 행동한 것들은 3차원적인 세상 속에서 육체를 가지고 반드시 재연되기 때문에 경솔하게 다루지 마십시오.

-네빌 고다드 5일간의 강의

Chapter 11 EVERY NATURAL EFFECT
영적인 원인

모든 원인들은 영적인 것이고, 영적이라 함은 상상을 뜻합니다.
인간은 오직 상상력이라는 것을 모르시나요?
그리고 하나님은 인간이고 우리 안에 있다는 사실을 모르시나요?
하나님은 인간이고 우리 안에 있으며 우리 역시 하나님 안에 존재합니다.

현실 세계에서 벌어지는 결과들은 모두 영적인 곳에 뿌리를 두고 있습니다. 현실 세계의 원인이란 것은 단지 우리의 눈에 그렇게 보일 뿐입니다. 퇴색하고 망각된 기억력이 만들어낸 망상입니다. 우리는 상상 속에서 그 결과의 씨앗을 뿌렸던 때를 기억하지 못하기에 그것이 외부에 모습을 드러내어 우리의 시야에 보이게 되었을 때에도 우리가 뿌린 씨앗의 수확물임을 인식하지 못합니다. 그 결과, 현실 세계와 그 원인이 되는 "나" 사이의 관계를 부정하고 맙니다. 오류투성이인 우리의 기억력은 그 결과를 일으킨 본래의 시점을 떠올리지 못합니다.
블레이크가 말했습니다.

사탄도, 그의 파수꾼들도 찾지 못하는

> 하루의 순간이 있다. 근면한 자가 이 순간을 찾아내면
> 그 순간은 증식한다. 그리고 누군가가 그 순간을 발견했을 때
> 올바르게 활용한다면, 그날의 모든 순간을 새롭게 한다.

여기에서 "사탄"은 바로 의심을 의미합니다. 의심은 그 순간을 찾을 수 없습니다.

나는 이 세상에서 어떤 상태를 원합니다. 하지만 이성이 내게 말하길, 그것이 어렵다고 말합니다. 그리고 친구가 내게 말하길, 그것은 불가능하다고 합니다. 그래서 내가 그것을 실현시킬 수 있다는 것을 의심한다면, 그건 내 안에서 속삭이는 사탄의 목소리입니다.

사탄은 언제나 인간의 경이로운 상상력을 뜻하는 하나님과 대적하고 있습니다.

그래서 인생이라는 드라마의 두 주역은 하나님과 사탄입니다. 간단히 말해서, 믿음과 의심입니다.

나는 내가 원하는 모습이라 상상하고 마치 그것이 사실인 것처럼 그 가정에 믿음을 유지할 수 있습니까? 만약 그렇게 할 수 있고 그렇게 사실로 받아들인 것을 기억한다면, 그것이 세상 안에서 일어났을 때 현실의 결과와 그것의 영적 원인의 관계를 깨닫게 될 것입니다. 우리가 어떤 상태를 사실로 받아들이는 그 순간이 바로, 영적인 원인이 형성되는 순간입니다.

지난주에 받았던 한 통의 편지를 여기서 함께 보겠습니다. 그분 역시 이 자리에 와 있습니다. 그분이 한 이발사와 처음 만났

을 때 그 이발사는 매장에서 가장 서열이 낮은 위치에 있었습니다. 가게에는 네 명의 이발사가 있었고, 그중 네 번째 서열이었습니다. 이발소에 자주 가본 분이라면 아시겠지만, 여성분들은 익숙하지 않을 수도 있습니다. 이발소에서 가장 높은 직위의 이발사가 첫 번째 의자를 항상 차지하고 있습니다. 그래서 한가한 날에는 그가 손님을 맞이하게 되죠. 손님이 한 명이면 무조건 그가 맡게 됩니다. 이발소에 손님이 세 명이 있으면 네 번째 이발사는 손님이 오기를 기다리고 있고, 첫 번째, 두 번째, 세 번째 이발사가 맞습니다.

하루는 제 친구가 이발소에 갔는데, 네 번째 의자에 앉게 되었습니다. 그런데 그 네 번째 이발사가 머리를 자르는 방식이 굉장히 마음에 들었다고 합니다. 친구는 이발사와 대화를 나눴는데 이발사가 자신의 직업을 굉장히 좋아한다는 것을 알게 되었습니다. 그는 이발사라는 직업에 자부심을 가지고 있었습니다. 다른 이발사들은 자신의 직업에 대해 변명을 일삼지만, 그는 달랐습니다. 그는 이발사라는 사실을 자랑스러워했고, 최고의 이발사가 되어 대회에서 우승하길 원했습니다. 제 친구는 이 남자의 소망을 듣고는 그가 첫 번째 자리에 오르는 것을 상상했습니다.

그러자 얼마 지나지 않아, 그는 첫째 이발사의 지분을 사들인 후에 그를 해고하고 다시 직원을 재정리했습니다. 그는 그때부터 최고를 향해 나아가기 시작했습니다. 3주 전에 친구가 머리를 자르러 이발소에 다시 갔을 때, 같은 자리에 또 앉게 되었습니다. 물론 그 이발사는 이미 가장 높은 자리에 오르게 되었기에 친구가 앉은 곳은 첫 번째 자리였습니다. 이발사는 흥분한 목소리로, 샌프란시스코에서 큰 대회가 열린다고 말했습니다. 그리고 그 이발사 역시 스타일링과 커트 분야의 대회에 출전하고 싶어 했습니다.

제 친구는 이렇게 말했습니다. "진심으로 그가 대회에 출전하고 싶어 한다는 것을 알았죠. 그리고 그 누구도 이기길 원하지도 않으면서 대회에 참여할 사람은 없다는 것을 알고는, 이발소 벽에 트로피가 걸려 있는 것을 봤어요." 그 가게에는 네 명의 이발사가 있었습니다. 그중 한 명은 주말에 약속이 있었기에, 그 이발사는 나머지 두 이발사를 데리고 대회에 참석했습니다. 그래서 그 가게 이발사 네 명 중 세 명이 대회에 참여했습니다.

대회에 걸린 트로피는 전부 9개였는데 그 조그만 가게에서 그중 4개나 차지하는 기염을 토했습니다. 친구의 이발사는 1등상과 2등상을 거머쥐었습니다. 함께 참여한 두 명의 이발사도 각각 2등상을 받았습니다. 결국 이들 셋은 샌프란시스코에서 돌아오며, 9개의 트로피 중 4개를 손에 넣었습니다.

친구는 말했습니다.

"네빌, 당신은 강연에서 자주 말했습니다. '저는 그 일이 일어나기 전에 이렇게 말하겠습니다. 그것이 진짜 현실이 될 때 여러분은 믿게 될 것입니다.' 그런데 이제 제가 이것을 인용해서, 그 일이 생기기 전에 네빌 당신에게 말해보도록 하겠습니다. 캘리포니아에서 대회가 열릴 것이고, 저는 그 이발소 벽에 대회의 우승 트로피가 걸린 모습을 봤습니다. 그래서 저는 그 일이 생기기 전에 당신에게 말합니다. 그 일이 정말 벌어지면 당신은 제가 그것을 현실로 만들었다는 것을 알게 되겠죠."

저는 그가 상상에 맞춰서 산다는 것을 압니다. 그는 이어서 말했습니다.

"그런 후에 또 다른 대회가 있을 겁니다. 마이애미에서 대회가 있을 것인데, 그 대회에서 우승하면 브뤼셀 국제 대회에 참가할 자격이 주어집니다. 저는 그가 브뤼셀의 참가자들 중에서 1등이 되는 것을 상상했습니다."

물론 저도 그가 우승할 것이라는 것을 압니다.

현실의 모든 결과는 영적인 원인을 가지고 있습니다. 그것은 현실의 원인이 아닙니다. 현실의 원인이란 것은 단지 그렇게 보일 뿐, 진실은 아닙니다. 인간의 쇠퇴하는, 그리고 빈약한 기억력이 만들어낸 허상입니다. 인간은 기억하지 못합니다. 물론 친구는 자신이 한 일을 기억할 것이고, 저도 그 편지를 간직하고 있을 것입니다.

그의 편지에는 또 다른 경험이 담겨 있었습니다.

"꿈 하나를 꿨고, 그 꿈을 반복해서 한 번 더 꿨습니다. 그리고 세 번째는 다른 꿈을 꿨습니다. 그래서 하룻밤 사이에 세 가지 꿈을 꿨습니다."

즉, 친구의 첫 번째와 두 번째 꿈은 같은 내용이었습니다.

"자세히는 기억이 나지 않지만 이상하게도 제 생일에 관련된 꿈이었습니다. 모든 것을 다 기억하지는 못하지만, 흰색 예복을 걸친 남자가 손에는 책을 들고 있었는데, 절반쯤 펼쳐진 책이었고, 책 가장자리는 금으로 장식되어 있었습니다. 또 손에는 깃털을 (어쩌면 낫일지도) 하나 들고 있었죠. 마치 만화에 자주 등장하는 시간의 할아버지(Father Time, 시간을 의인화한 가상의 인물로 큰 낫과 모래시계를 들고 있는 노인의 모습이다)처럼 보였습니다.

"그런데 그 할아버지는 자꾸 제게 제 생일이 몇 월 며칠이라고 특정한 날이라고 주장했습니다. 저 또한 제 생일이 1927년 9월 19일인 것을 확실히 알기에 강하게 반박했지만, 그는 제 항변을 무시하고, 책을 근거로 자신의 주장을 굽히지 않았습니다. 그리고는 잠에서 깼습니다. 그의 주장에도 불구하고 저는 제 생일이 언제인지를 분명히 알았기 때문에, 적어도 그것이 육체적 생일이 아님을 확신했습니다."

친구가 시편 87편을 봤으면 합니다.

주께서 백성들을 등록하시며 기록하실 때,
'이 자는 거기에서 태어났다'고 말씀하시더라.

그것은 바로 태어남에 관한 이야기입니다. 87편은 고작 7절로 구성되어 있는 아주 짧은 장입니다. 이것은 육체적 탄생이 아닌, 영적 탄생에 관한 이야기입니다.

"그리고 이 자는 거기에서 태어났다."

저는 친구에게 이렇게 말할 것입니다.

영적인 원인

"당신은 주의 천사의 기록에 항의하는 일을 완벽하게 해냈습니다."

우리가 항변해야 할 때 침묵으로 죄를 짓는 것은 우리를 겁쟁이로 만들기 때문입니다. 그리고 어떤 겁쟁이도 하나님의 마구간에서 쓰일 수는 없습니다.

친구가 편지에 썼던 것을 보면 친구는 이미 다시 태어났다고 말할 수 있습니다. 하지만 쇠퇴하고 쉽게 잊히는 기억력은 그때를 기억해내지 못합니다. 친구는 위로부터 태어났습니다. 그는 분명 하나의 미래의 윤곽을 암시하는 다른 경험들을 가졌었을 것입니다. 하지만 이 편지로 미루어 짐작해볼 때 분명 그랬을 거라고 확신할 수 있습니다. 왜냐하면 친구가 쓴 편지를 보면 태어난 날이 모두 과거의 형태였습니다. 현재도 아니고 확실히 미래도 아니었습니다. 친구는 육신의 출생일을 알기에 1927년 9월 19일이라고 말했지만 그 꿈속의 노인은 그것이 당신이 태어난 날이 아니라고 말했습니다. 그날이 친구의 생일이 아니라고 한 것은, 그가 물질적인 세상이 아닌 영적인 세계에서 태어났음을 뜻합니다. 왜냐하면 그가 나타낸 것은 물질적인 세상에서의 태어남이 아니라 영적인 세상에서의 태어남을 말했기 때문입니다. 그래서 저는 친구가 위로부터 태어났다고 말할 수 있습니다.

지금 이 땅의 모든 순간들을 잡으십시오. 그 시간들 모두는 매우 특별한 순간, 매우 값진 시간입니다. 그 순간 여러분은 실제로 여러분이 이 세상에서 심기 원하는 것을 심을 수 있습니다. 그리고 그 순간을 기억한 채, 여러분은 상상 속에서 뿌린 씨앗이 세상에 모습을 드러내는 것을 볼 수 있습니다.

모든 현실의 결과들은 영적인 원인을 갖고 있습니다. 절대 현실 자체에서 원인을 찾을 수 없습니다. 그리고 영적인 원인은 여러분이 스스로를 원하는 모습이라고 담대히 받아들이는 순간이며, 또는 제 친구의 경우, 이발사가 최고로 우뚝 서 있는 모습을 담대히 받아들이는 순간이기도 합니다. 그래서 여러분은 자신뿐만 아니라 다른 이들을 위해서 이 법칙을 사용할 수 있고, 나아가, 더 많은 사람들을 위해 이 법칙을 적용할 수도 있습니다.

이렇게, 유익한 것을 사실로 받아들이는 순간은 이 아름다운 세상에서 가장 값진 순간입니다. 하지만 우리의 기억력은 퇴색해 가기 때문에 우리는 그것을 잊은 채 살아갑니다. 그래서 우리의 상상에 뿌리를 둔 수확물이 세상에 모습을 나타났을 때에도 우리는 그 씨앗을 뿌렸던 때를 기억하지 못합니다. 하지만 세상 그 무엇도 우연히 발생하는 일은 없습니다. 어떤 예외도 없습니다.

의도적으로 했든 무의식적으로 했든, 내가 그것을 심었기에 모든 일들이 일어난 것입니다. 상상의 씨앗을 뿌리고 있다는 것을 인식하든, 아니면 어떤 감정적 상태에 빠져서 무의식적으로 그 결과를 강렬하게 인식을 했든, 나는 그 영적인 씨앗을 뿌린 것입니다. 그 상태가 사랑스러운 상태인지, 아니면 사랑스럽지 않은 상태인지는 모릅니다. 하지만 어쨌든 그 씨앗은 뿌려졌고 나는 그 열매를 수확하게 될 것입니다. 그것이 내가 뿌린 씨앗임을 인식하든 못하든, 그 결과는 내 삶 속에 반드시 나타납니다. 이것이 삶의 법칙임을 안다면, 이제 나에게 남은 일은 단 하나, 내가 수확하고 싶은 것만 심는 것입니다.

이 세상 모든 사람은 단 하나의 목적을 위해 이곳에 있습니다. 그 목적은 성서를 성취하는 것입니다. 그것 외에는 없습니다. 그리고 성서를 성취하게 됐을 때 우리는 깨어나게 되는데 그 일이 일어나기 전까지는 이 땅에 머물러야 합니다. 성서가 담고 있는 것은 바로 깨어남에 대한 계획이기 때문입니다.

자, 이제 다른 숙녀 분이 제게 보내준 글을 보겠습니다.

그녀는 이렇게 적고 있습니다.

저는 화려하고 매우 높은 저택에 있었고, 그곳에는 잘 가꿔진 아름다운 정원이 있었습니다. 그때 한 남자와 여자가 흰색 차를 타고 떠났고, 어떤 이가 제게 말했습니다.

"제게 두 개의 이름을 지어주세요. 그 이름들은 제 두 명의 친척의 이름입니다."

그런데 저는 방금 떠났던 사람이 당신이었다는 것을 알았고 또 당신이 돌아올 거라는 것도 알았습니다. 그 사이에 어떤 일이 있었는지는 기억나지 않지만, 깨어나며 '나는 이제 네빌이 말한 그 체험을 했다는 것을 안다'고 말했습니다. 깨어나 보니 목이 마르고 타는 듯하여 찬물을 마셨고, 다시 잠들어서는 또 다른 꿈을 꾸었습니다.

저는 백화점에 있었고 결혼식에서 신부들에게 제공되는 성경책들이 옆에 있었습니다. 이상하게도 신부들은 예식용 흰 예복을 입고 있었고, 백화점에서는 신랑도 함께 제공하고 있었습니다.

그들은 모두 대리로 혼례를 치렀고, 백화점에서 제공한 신랑들과 결혼사진을 찍고 있었습니다. 저는 한 신부에게 말을 걸었는데, 그녀는 곧 파리로 가게 될 거라고 했습니다. 그러자 저는 그녀에게 "저도 다음 달에는 결혼하게 될 것입니다"라고 말했습니다.

사랑스러운 이 여성분이 가졌던 비전은 매우 아름다운 비전입니다. 이사야를 보면

> 그대의 창조자는 그대의 남편이고
> 만군의 주는 그의 이름이다.

라는 구절이 있기 때문입니다.

그 여성분이 보았던 것은 우리의 깊은 존재가 그녀에게 나타낸 상징입니다. "당신이 주와 곧 하나 될 것이고 주와의 결합은 마치 난자가 수정되어 내부에서 폭발하듯, 당신 안에 존재하는 그 씨앗이 활짝 피어나게 될 것이다"라는 의미입니다. 예수에 대해 기록된 내용들은 곧 그녀 안에서 펼쳐질 것이고 그녀는 "하나님"이 될 것입니다. 그래서 저는 그 여성분이 완벽한 비전을 겪었다고 말하겠습니다.

또 다른 여성분의 꿈 이야기입니다.

저는 아들을 데리고 작은 연못이 있는 뒤뜰로 나갔습니다. 아

직 물고기는 없었지만, 맑은 물이 12인치 정도 깊이로 차 있었습니다. 그런데 흰 털로 덮인 작은 강아지가 자그마한 코만 내밀고는 물에 몸을 담그고 있었습니다. 저는 그 강아지를 물에서 꺼내 잘 말린 뒤 집 안으로 데려다 놓았습니다. 그러자 그 강아지는 집 안 여기저기를 이리저리 뛰어다니다가 이내 보이지 않았습니다. 그 강아지를 찾아보았지만 보이지 않았습니다. 그래서 다시 뒤뜰로 나가봤더니 강아지는 연못에 있었습니다. 그런데 이번에는 제가 강아지에게 다가가자 마치 "나를 이곳에 그냥 둬. 난 이곳이 좋아"라고 말하는 듯 꼬리를 연신 저어댔습니다. 그리고는 코만 물 위로 내밀고, 몸은 물속에 담근 채 아주 만족스럽게 꼬리를 흔들었습니다.

자, 성경을 보겠습니다. 성경에서는 돌과 물과 포도주에 관해 말하고 있습니다. 돌은 비유로 쓰인 이야기를 문자 그대로 받아들이는 것을 뜻하는데, 인간은 그 이야기 너머의 의인화된 본성과 이야기가 나타내는 본질을 발견해야만 합니다. 우리가 성서 속 이야기의 허구의 인물을 발견해서 그것이 나타내고자 하는 의미를 깨닫게 되었을 때 우리는 물을 찾게 된 것입니다. 모세가 바위를 깨서 물을 흐르게 했던 것처럼 우리 역시 우화의 형태를 깨고 그 이면의 진리를 발견해야만 합니다.

그런데 혹시 요한복음의 첫 번째 기적이 무언지 알고 있습니까? 그것은 물을 포도주로 바꾸는 것입니다. 그래서 성서에는 이렇게 적고 있습니다.

> 돌로 만든 주전자를 물로 채워라.
> 그리고 그것을 퍼낼 때, 퍼낸 그 물은 포도주, 완전한 포도주,
> 사랑스러운 포도주로 되어 있을 것이다.
> 넣은 것은 분명 물이었지만, 나오는 것은 포도주다.

이것이 무슨 뜻일까요? 우선 성경의 어떤 이야기든 하나 떠올려 보세요. 우리는 그 이야기를 문자 그대로 하나의 역사처럼 대합니다. 딱 여기까지 받아들인 사람은 문자 그대로의 의미, 즉 돌을 가지고 삶을 사는 것입니다.

그런데 그 이야기에서 허구의 인물을 발견하고 그 안에 숨겨진 진정한 의미를 발견한 사람은 물을 얻은 것입니다.

그러면 이제 다시 이전의 꿈 이야기로 돌아가서 그 꿈에 나왔던 작은 개는 과연 무엇을 뜻할까요? 그것은 믿음에 관한 상징입니다. 강아지가 물 속에 있었다는 것은, 그녀의 믿음이 성경이라는 드라마 속에 표현된 "위대한 마음에 관한 진리"의 의미 안에 있다는 것을 보여줍니다. 다시 말해 그녀는 성경의 비유 너머에 숨겨진 진리를 믿고 있다는 것입니다. 이제 그것을 넘어서 그렇게 알게 된 진리를 삶에서 적용하면서 산다면, 다시 말해서 상상이 현실을 창조한다는 것을 받아들여서 지금 내가 원하는 모습이 되었다는 것을 담대하게 상상한다면 그녀는 물을 포도주로 바꾸게 됩니다.

창세기에서는 야곱이 양 떼를 들판으로 데리고 왔을 때 우물이 돌로 덮여 있었다고 합니다. 그걸 본 야곱은 돌을 굴려내 양

떼에게 물을 먹인 뒤, 다시 그 우물을 돌로 덮었습니다. 그는 물을 포도주로 바꾸지 않았고 다만 그 물을 퍼서 양 떼에게 주었습니다. 그리고 돌로 그 우물을 다시 막아 물이 더 이상 보이지 않게 했습니다.

이처럼 성경은 인간에게 전부 우화의 형태로만 전해집니다. 이 단순한 우화의 형태를 넘어 그 안에 숨겨진, 세상에서 가장 아름다운 진정한 뜻을 발견하지 않는다면, 결코 상상력을 사용해 돌에서 물을 빼내지 못합니다. 그렇게 된다면 양 떼에게 물을 먹일 순 없을 것입니다.

하지만 여러분이 만약 성서의 이야기에서 그것이 담고 있는 마음에 관한 진리를 정말 이해할 수 있다면, 예를 들어 이삭과 야곱의 이야기에서 그 의미를 이해할 수 있다면, 그 진리를 사람들에게 알려주세요. 야곱과 이삭의 이야기를 잠깐 해보겠습니다.

장님인 이삭에게는 두 명의 아들이 있었습니다. 첫째는 에서라 불렸고 동생은 야곱이라 불렸습니다. 이삭은 에서에게 축복을 줄 생각이었는데, 야곱은 그것을 가로챌 심산으로 털이 많은 에서처럼 보이기 위해 염소 가죽을 몸에 두르고 아버지에게 다가갑니다. 그래서 야곱이 그의 아버지를 속여 자신이 에서라고 믿게 했을 때, 이삭은 야곱에게 축복을 주었습니다.

이것은 성서에 적힌 내용 그대로이고, 이것을 있는 그대로 믿는다면 돌을 갖고 생활하는 것입니다. 하지만 전 이 돌에서 물을 빼내보겠습니다.

　나는 이곳에 있습니다. 이성은 내게, 지금 너의 모습은 네가 원하는 모습과 다르다고 말하면서 내가 진정으로 원하는 모습이 되지 못할 거라고 말합니다. 이처럼 내 소망을 반대하는 이성의 목소리를 마음의 창에서 차단합니다. 이제 이성이 말하는 것 전부를 거부합니다. 그렇게 삶의 객관적인 외부 현실에는 눈을 감습니다. 그리고 마음을 원하는 것으로 채웁니다.

　만약 내가 원하는 모습이 되었다면 사람들이 나를 보게 될 모습으로 그들이 나를 보고 있는 것을 상상합니다. 내가 원하는 모습이었다면 내가 서게 될 곳에 나는 실제로 서 있는 것을 상상합니다. 내가 사실로 받아들인 것이 정말 현실이라면, 자연스럽게 내가 하게 될 것을 실제로 하고 있는 나를 상상합니다. 내가 이렇게 했다면 야곱이 가죽으로 자신을 덮었던 것처럼 나 역시 현실이라는 외투를 덮은 것입니다.

　상상을 끝마치고 세상의 현실에 다시 눈을 떴을 때 세상은 또 제가 했던 것 전부를 부정하고 있습니다. 하지만 나는 마음속에서 했던 일을 기억하고 값진 순간을 보냈다는 것을 압니다.

　매일매일 의심이라는 사탄이 찾지 못하는 순간이 있습니다. 그리고 그의 파수꾼들 역시 찾지 못하는 순간이 있습니다. 오직 근면한 자만이 이 순간을 찾을 수 있습니다. 그러니 근면한 자가 되십시오. 당신도 그 순간을 찾아, 소망하는 멋진 모습으로 자신을 입히고, 그것을 행한 후 현실의 마법에서 깨어나십시오. 눈을 뜨면 아마 현실은 여러분이 지금 상상했던 것들을 다시 부정

영적인 원인

하고 있을 것입니다.

그러나 성경에서는 이삭이 야곱에게 준 축복을 되돌릴 수 없었다고 말하고 있습니다. 이삭은 그 축복을 철회할 수 없었습니다.

에서가 와서 "하지만 아버지는 속았습니다. 무엇보다 동생은 저의 타고난 권리, 제 축복을 빼앗았습니다"라고 말합니다.

야곱이라는 이름이 "찬탈하다"라는 뜻을 가지고 있는 것을 보면, 그보다 더 어울리는 이름은 없을 것입니다. 아버지는 에서의 항변에 이렇게 대답합니다.

> 야곱이 속임수를 써서 자신을 에서라고 믿게 하였지만 나는 이미 축복을 네 동생에게 주었기 때문에 다시 되돌릴 수는 없구나.

그렇게 그 순간은 다시 되돌릴 수가 없고, 축복은 가던 길을 계속 가게 되고 결국 종착지에 도달하게 될 것입니다. 그 종착지는 성취입니다.

어느 순간 우리는 우리의 소망이 현실이 된 것을 보게 되지만 그 갑작스러운 출현은 실제 갑작스러운 것이 아닙니다. 그 일은 계속 진행되고 있었지만, 단지 우리 눈에 보이지 않았다가, 우리의 시야에 모습을 나타낸 것입니다.

우리가 이렇게 상상의 씨앗을 뿌렸던 때를 계속 기억한다면 마음의 영적인 원인과 세상에 나타난 객관적인 결과 사이의 연결 관계를 이해하게 될 것입니다. 지금도 우리가 마음속에 뿌렸던 상상의 씨앗은 성취의 길로 가고 있습니다.

앞서 꿈 이야기에서 물속에 잠겨 있던 작은 개는, 믿음의 사냥개를 상징하는 성경 속 인물 갈렙을 의미합니다. 갈렙은 여호수아와 함께 강을 건너 약속의 땅으로 들어간 성서 속의 인물입니다. 다른 그 누구도 갈 수 없었던 길을 갈렙이 여호수아와 동행했습니다. 그러므로 그녀 역시 그와 같은 믿음을 지니고 나아가야 합니다. 그러면 언젠가 물을 포도주로 모두 바꾸는 날이 올 것입니다. 그때 성서 속의 모든 이야기가 그녀 안에 성취되는 것을 보게 될 것입니다. 모든 것이 그녀 안에서 펼쳐질 것입니다.

지난 월요일에 모세에 대한 이야기를 하면서 그는 약속된 땅으로 건너가지 못했고 여호수아만이 건넜다고 했습니다. 어쩌면 여러분은 성경에 익숙하지 않을지 모르지만, 여호수아(Jehoshua)의 본래 이름은 구약 민수기에서 호세아(Oshea)라고 불립니다. 민수기 13장 16절에 이 내용이 나옵니다.

그러자 모세는
눈의 아들(the son of Nun) 호세아를 여호수아라고 칭하더라.

호세아(Oshea)라는 이름 앞에 접두사 "Je"를 붙이면 구세주, 구원을 뜻하는 호세아는 '여호와가 구원하게 될 분'인 여호수아라고 불리게 됩니다. 그래서 그것은 모세가 나타낸 것들을 수태하게 될 창조의 권능이 됩니다.

모세가 나타낸 것은 본보기(pattern man, 패턴 맨)를 상징합니다.

영적인 원인

모든 것을 산에서 네게 보이던 본보기를 따라 지으라 하셨느니라.

이 구절을 주의해 보십시오. 여기서 말하는 산 정상에서는 모든 것을 투명하게 볼 수 있습니다. 이것이 바로 본보기, 즉 패턴입니다. 작은 것 하나라도 본래의 패턴과 다르게 만들지 마십시오. 여러분이 산 위에서 본 모습 그대로 만들어야 합니다. 하지만 나는 그 안에 들어갈 수 없습니다. 왜냐하면 그것은 완벽한 알과 같기 때문입니다. 흠이 없는 알과 같습니다. 그것은 마치 난자와도 같습니다.

알은 수태되기 전까지는 단지 하나의 알일 뿐이고 반드시 정자가 그 표면을 통과해 수태가 이루어져야 합니다. 흥미로운 점은, 그렇게 단단한 알 속으로 정자가 침투한 후에도 어떤 흠이나 흔적이 남지 않아, 사람들은 알에서 무슨 일이 일어났는지조차 알지 못한다는 것입니다. 그처럼 사람들 눈에 띄지 않듯, 상상력으로 이뤄진 일 역시 눈치채지 못합니다.

예를 들어 닫힌 방 안에 들어가기 위해 어떤 문을 통과해야 할 필요가 없습니다. 저는 그저 그 안에 있다고 상상할 뿐, 그 안으로 들어가기 위해 문을 열지는 않습니다. 그곳을 들어가기 위해 벽을 부수지도 않고, 또 그곳을 떠날 때에도 열린 문을 통해 나가지도, 벽을 부수고 밖으로 나가지도 않습니다. 어떤 구멍도 남기지 않은 채 저는 그 안에 들어갔고 어떤 흔적 역시 남기지 않고 그곳을 떠납니다.

그것처럼 작은 정자가 알의 표면에 침투할 때에도 어떤 흔적이

나 구멍을 남기지 않습니다. 그런데 가장 중요한 것은, 정자가 침투하지 않는다면 알은 그저 완벽한 패턴을 간직할 뿐, 스스로의 힘으로는 그것을 펼쳐낼 수 없다는 점입니다.

그래서 완벽한 패턴을 펼쳐내는 데에 정자가 필수인 것처럼 우리 안의 완벽한 패턴을 외부로 펼쳐내기 위해서도 그 정자의 역할을 할 수 있는 존재, 바로 여호수아가 필요합니다.

그러므로 여호수아는 예수의 히브리어 이름이며, '예수(Jesus)'라는 말과 '여호수아(Jehoshua)'는 같은 뜻입니다. 즉, '여호와께서 구원하실 자'를 의미합니다. 삶이라는 꿈에서 깨어나 강한 의지를 가진 사람이 있다면, 그는 주의 천사 앞에 서서도 천사가 '날짜가 맞다'고 주장해도 '아니오!'라고 이의를 제기할 수 있습니다. 그는 천사의 말을 받아들이지 않았고, 비록 천사가 하나님의 책을 가리키며 '이것이 사실이다'라고 말했음에도 침묵을 지키는 죄를 짓지 않았습니다. 이런 사람이야말로 주님의 곳간 가운데서 하나님의 뜻을 표현하기에 적합한 도구입니다. 왜냐하면 그는 하나님의 말씀을 받아들여 자기 안에 그 '패턴'을 품고 있는 이들을 실제로 수정시켜(impregnate), 그 안에 담긴 완전한 구조(구원의 계획)가 마침내 내면에서 터져 나오고 펼쳐질 수 있도록 만들 수 있기 때문입니다.

그래서 저는 그가 이룬 것에 진심으로 축하를 보냅니다. 만약 사람들이 영으로 태어난다면 그들 모두 깨어나 주의 마구간의 일원이 됩니다. 그렇게 깨어난 자는 이제 하나님이기에 하나님의 신부를 수태하기 위해서 사용됩니다. 이 세상 모두는 하나님입니다. 그리고 그는 이어 말했습니다.

"저는 이 편지를 썼지만, 그 의미를 전혀 이해하지 못합니다. 다만 우리는 모두 하나의 갈래에서 갈라져 나온 존재라는 것을 계속해서 반복해 경험하고 있습니다."

한 곳에서 갈라져 나온 존재라고요? 그러면 과연 누가 주이면서, 주에게서 갈라져 나온 존재입니까? 주가 있고 주에게서 주의 발현들이 나온 것처럼, 아담이 있고 아담에게서 나온 이브가 있었습니다. 그렇다면 이 모두는 단 하나의 근원에서 방사된 것들이 아니겠습니까? 마찬가지로 우리 모두 모든 것의 근원인 단 하나의 빛에서 방사된 존재입니다. 그렇다면 근원의 하나가 지니고 있던 구원 계획의 원형은 우리 모두가 지니고 있고, 그것은 언젠가는 반드시 수태되어 결실을 맺게 될 것입니다.

물론 이런 말을 한다면 세상 사람들은 아주 이상하게 여길 것입니다. 하지만 저는 경험으로 이것들이 사실인 것을 압니다. 우리가 삶이라는 꿈에서 깬 후에 우리가 이 역할들을 어떻게 하게 되는지 알고 있습니다. 인간이 위로부터의 태어남을 경험하게 될 때 만약 그가 그 영으로 채워진다면 그는 마치 뱀처럼 다시 들어가게 될 것입니다. 하지만 부드럽게 기어오르는 뱀의 움직임을 떠올리지는 마십시오. 마치 소용돌이치는 나선형 번개처럼 위로 솟아 두개골 전체를 진동시키고, 계속해서 그곳을 나가기 위해 진동하다가 결국 가라앉게 됩니다. 그것은 사용할 수 있는 힘이고, 하나님이 그의 신부를 수태시키는 데에 사용됩니다.

하지만 오늘 여러분은 그 힘을 바로 지금 여러분의 상황에 적용할 수 있습니다. 매일같이 하나의 순간이 있습니다. 그런데 말 그대로 하루에 한 순간만 있다는 것이 아닌, 언제든 욕망이 떠오르는 순간이라면 블레이크가 말했던 그 순간입니다. 그렇게 하나의 욕망이 떠오른 순간 여러분은 그 욕망이 무엇이든 관계없이 그것이 이루어진 느낌으로 자신을 채우시기 바랍니다. 그래서 만약 그것이 현실로 이루어졌다면 자연스럽게 느끼게 될 것들 모두를, 현실처럼 느낄 때까지 계속 하십시오.

그리고 그 순간을 잊지 마십시오. 그 순간은 풍성한 결실을 예고하는 순간입니다. 그 순간은 이제 가장 적절한 시기에 적절한 모습을 갖추고 이 세상에 나타납니다. 만약 그것의 탄생이 세상 전체를 필요로 하는 것이라면, 정말 이 세상 전체를 움직이게 할 것입니다. 만약 세상의 군대들을 필요로 하는 일이라면 그 거대한 세력을 지배할 것입니다. 그것이 태어나기 위해 무엇이 필요한지는 중요하지 않습니다. 그 수단들을 애써 통제하려 할 필요는 없습니다. 여러분이 할 일은 오직 소망이 이루어진 느낌을 갖는 것입니다.

여러분은 비옥한 대지 위에 하나의 씨앗을 뿌릴 때면 그것이 언젠가는 자라게 될 거라는 믿음을 갖고 대지 위에 던져놓을 것입니다. 상상도 마찬가지입니다. 여러분 역시 상상의 씨앗을 마음의 대지 위에 뿌리고 그것이 자라서 세상에 모습을 드러낼 거라는 믿음을 갖고 그냥 그대로 두십시오. 여러분은 분명 상상이란 씨앗을 뿌렸기에 세상에 그 열매가 열릴 것을 알고 있습니다. 그 앎을 지닌 채 그것의 이루어짐에 대한 걱정을 내려놓으세요.

부자가 되고 싶으신가요? 좋습니다. 여러분이 부자라는 것을 사실로 받아들이세요. 그런데 부자가 되는 것이 어떤 특별한 의미를 가져서가 아니라, 단지 여러분이 원하는 것이기 때문에 그렇게 하시는 것입니다. 부유한 자와 가난한 자는 같은 존재입니다.

다만 부자의 상태와 가난한 상태는 다를 뿐인데 둘 모두 단지 상태일 뿐입니다. 가난한 상태에 머물고 있는 사람은, 그런 상태를 지속하고 있는 것일 뿐이며, 우리는 그 상태에 빠진 사람을 보고 '가난한 사람'이라고 말합니다. 하지만 그도 부자의 상태에 빠진 사람과 다르지 않습니다. 부자의 상태에 있는 자는 단지 돈을 가진 사람일 뿐입니다. 더 많은 부를 원해 큰돈을 가지고 있을 수도 있지만, 그것이 더 위대한 사람이라는 뜻은 아닙니다. 부유하다고 해서 더 나은 존재인 것도 아니고, 가난하다고 해서 열등한 것도 아닙니다. 단지 가난한 사람은 그 가난의 상태에서 어떻게 나올 수 있는지를 모를 뿐입니다.

이 모든 것은 단지 '상태'일 뿐이며, 무한히 많은 상태 중 하나에 불과합니다. 인간은 단지 자신의 무지로 인해 한 상태에 빠져 있을 뿐입니다. 만약 그것들이 단지 상태라는 것을 알고 또 자신이 지금 있는 상태가 싫다면 '나는 경제적으로 안정되어 있다'는 것을 사실로 받아들이고, 이 천상의 순간을 지금 심음으로써 그 상태에서 벗어날 수 있습니다.

안정은 상대적인 개념입니다. 누군가는 일 년 동안 십만 달러의 수입을 번다해도 경제적으로 불안정하다고 느낄지 모릅니다.

어떤 막대한 부를 지닌 사람에게 "당신의 수입은 이제 일 년에 십만 달러가 될 겁니다"라고 말하면 그 사람들은 곧장 자신의 요트와 집과 같은 모든 것들을 팔고 또 특정한 클럽의 멤버십마저 포기해야 합니다. 그런 돈으로는 고용한 사람들의 월급조차 주지 못하기 때문입니다. 그들은 여러 저택을 소유하고 있고, 그곳마다 많은 직원을 고용하고 있기 때문에, 연 수입이 겨우 십만 달러라고 한다면 매우 부족하게 느껴질 것입니다. 하지만 평균적인 사람들에게 십만 달러를 갖게 될 거라고 말한다면 굉장히 풍족하게 느낍니다. 그래서 부는 상대적인 개념일 뿐 존재의 영적인 성장과는 아무런 관련이 없습니다. 전혀 관계가 없습니다. 왜냐하면 풍요나 가난과 같은 것은 모두 "상태(state)"이기 때문입니다. 그렇기에 나는 이 세상의 어떤 상태에도 나 자신을 내려놓을 수 있습니다.

만약 내가 가난이 싫다면 그 상태에 들어가지 마세요. 저 같은 경우에는 막대한 부에 따르는 책임감이 부담스럽기에, 그것을 향한 열망이 없습니다. 막대한 부를 가진 사람이 어떻게 영적인 문제에 대해 시간을 낼 수 있는지 저로서는 알지 못합니다. 그런 사람들은 아마도 자신의 부와 경력에 모든 관심을 쏟으며, 하루 종일 그것만 생각하게 될 것입니다.

아침에 신문이 도착했을 때 그들이 가장 먼저 하는 것은 경제 섹션을 펼치는 것입니다. 그리고 마치 어떤 이들이 사회면을 가장 먼저 펼치듯, 그들은 경제면을 가장 먼저 펼칩니다. 마치 그것이 정말로 중요한 문제인 것처럼 말이죠. 물론 중요한 문제는 아닙니다. 하지만 그들은 그렇게 생각하지 않고 그것만을 보고 삽니다. 또 어떤 사람들은 부고 기사만을 읽으면서 그 부고 기사에 나온 사람들에게 자신이 그들을 안다고 통지하면서 그걸로 생계를 유지하는 사람도 있습니다.

제 장인인 스쿰즈씨는 뉴욕에서 굉장히 유명한 분이었습니다. 그분이 돌아가셨을 때 장모님께서는 살아생전 장인을 알았고, 죽기 전에 자신에게 많은 약속을 했었다는 사람들로부터 많은 편지를 받았습니다. 어떤 이는 심지어 스쿰즈씨가 살아생전 주문했던 것이라면서 그 목록들을 쭉 인쇄해서 보내줬습니다. 그런데 재밌는 건, 장인의 이름 철자마저 틀렸다는 것입니다. 그래서 우리는 그것을 보고 장인어른의 자문 변호사에게 왜 이름의 철자가 틀렸는지 물었더니, 그는 "그냥 무시하세요. 생각할 가치도 없습니다. 부고 기사를 통해 이득을 취하려는 사람들이 많으니까 그냥 무시하세요"라고 말해줬습니다.

그런데 얼마나 많은 사람들이 이런 것에 속고 있는지 아시게 된다면 아마 놀라실 것입니다. 어떤 이가 죽었을 때 그 가족들은 넋이 빠져 있습니다. 그래서 아내 입장에서는 남편이 살아생전 이런 것들을 주문했다고 생각하며, 그것들을 이행하려고 돈을 지불하게 됩니다. 그래서 이런 쓸모없는 카드에 백 달러나 이백 달러를 쓰기도 합니다. 그래서 자문 변호사가 "그냥 무시하세요"라고 말했던 것입니다. 이런 일은 매번 일어납니다.

물론 여러분은 사람들이 이런 식으로 산다고 믿지 못하실 수도 있지만 정말 이렇게 사는 사람도 있습니다. 상상할 수 있는 모든 일은 누군가에 의해 실행되고 있습니다. 그러니 저는 당신에게 이렇게 말하고 싶습니다. 직접 해보십시오.

제 주장의 전제는 이것입니다. 상상이 현실을 창조한다.

여러분이 그 영적인 탄생의 기록을 이미 가지고 있다고 해서, 이제는 게으르게 상상해도 된다고 생각하지는 마십시오. 상상이 현실을 창조한다는 것은 언제나 우리 삶의 전제입니다. 그래서 아무리 영적으로 다시 태어났다는 기록을 가진 사람이라도 지금 상상한 것에 대한 결실을 거두게 됩니다.

세상에 우연히 일어난 사건은 없습니다. 하지만 우리는 씨앗을 심은 때를 적절한 시기에 기억하지 못해서 세상에 일어난 결과와 그것의 원인이 된 마음의 수확물을 관계없다고 생각해 버립니다. 하지만 세상의 결과는 영적인 원인에서 태어났고, 그것은 현실 세계 어디에도 원인을 두고 있지 않습니다. 사람들이 그 일의 원인이라 말하는 세상의 원인은 단지 그렇게만 보이는 착각입니다.

그렇기에 누군가가 그 결과를 추적해보면 물질적인 원인을 발견할 수 있다고 말하더라도 그 말을 받아들이지 마세요. 물질적인 원인, 즉 세상에서 말하는 원인은 진짜 원인이 아니라 단지 결과일 뿐입니다.

모든 원인들은 영적인 것이고, 영적이라 함은 상상을 뜻합니다. 인간은 상상력 그 자체라는 것을 모르시나요? 하나님은 인간이고 우리 안에 있으며 우리 역시 하나님 안에 존재합니다. 그리고 우리의 몸은 곧 썩어 없어질 이 육신이 아닙니다. 그건 잠시 두르는 외투일 뿐이고, 진정한 불멸의 몸은 우리의 상상력이며,

그것이 바로 하나님입니다. 세상 모든 일에서 상상력 외의 원인이란 없습니다. 다시 말해 하나님 아닌 곳에 그 뿌리를 두고 있는 것은 없습니다.

"이 자가 그곳에서 태어났더라"라고 제가 오늘 밤 인용한 시편 87편은 매우 아름다운 문장으로 그 장을 마무리합니다.

> 그리고 노래하는 자와 춤을 추는 자 모두 함께 말하되,
> 그대는 우리의 근원이시라.

다른 근원도, 다른 원천도, 다른 원인도 없습니다. 여러분이 춤을 추는 사람이든, 아니면 노래를 부르는 사람이든, 바로 여러분이 여러분의 근원입니다. 우리에게 다른 원천은 없기에 모든 인과세계의 유일한 근원은 인간의 경이로운 상상력인 인간 안에서 발견됩니다.

정말 여러분은 이 진리를 가슴 속 깊은 곳에 대문자로 새기셔야만 합니다. 그리고 반드시 예전처럼 남을 탓하거나 남에게 책임을 전가하지는 마시기 바랍니다. 이 진리가 진실이라면 우리가 남을 보면서 비난할 일이란 과연 존재할까요? 누군가를 보며 "그러니까 네가 이 문제의 원인이야!"라고 말할 수 있는 일 따위는 존재하지 않습니다.

마찬가지로 누군가가 우리에게 그런 말을 한다면 그냥 무시하세요. 원인은 우리가 아닙니다. 지금 책임을 전가하려는 그 사람이 계속해서 그런 상상을 했기에 스스로 끌어들인 일일 뿐입

니다. 그래서 누군가가 자리에 앉아 다른 사람이나 집단에 대해 안 좋은 생각을 했다면 그는 그 일을 창조할 것입니다. 하지만 다른 사람이나 그 집단 안에서 창조된 일이 아니라 생각을 하는 "나" 안에서 만들어진 것임을 명심해야 합니다.

이 진리를 믿는다면 반드시 이 진리에 맞춰 사십시오. 앞서 말했던 숙녀분처럼 말이죠. 그녀가 본 비전 속에는 털이 많은 작은 개가 물 안에 있었습니다. 그것은 그녀가 진리에 기대어 살고 있다는 상징입니다. 그녀는 성경의 비유 너머 마음의 진리를 믿고 있습니다. 이제 그녀가 물을 넘어서 포도주를 마시길 바랍니다.

디모데서를 보면

> 더 이상 물을 마시지 말고,
> 그대의 굶주림과 잦은 병을 위해서 포도주를 조금씩 사용하라.

라는 말이 있습니다.

물론 우리가 무엇을 해야 하는지를 아는 것은 좋습니다. 하지만 우리는 그 힘을 움직이게 하는 권능입니다. 그러므로 우리는 우리가 무엇을 해야 하는지 아는 것을 넘어 그 일을 해야만 합니다. 그렇게 내가 그 일을 직접 실천한다면 나는 물을 마시는 것을 멈추고 포도주를 마시게 됩니다. 진리를 직접 실천하게 되는 때, 그때가 바로 포도주를 사용하게 되는 때입니다. 마찬가지로, 무엇을 해야 하는지를 알면서도 하지 않는다면, 나는 물을

영적인 원인

가지고 있을 뿐 포도주로 바꾸지 못하는 것입니다. 그래서 이곳에 모인 분들 모두가 그 일을 실천하여 매일의 일상으로 만들기 바랍니다. 그러면 저는 확신을 갖고 이렇게 말해드릴 수 있습니다.

그것은 결코 여러분을 실망시키지 않을 것입니다.
결코 실패하지 않을 것입니다.

이제 침묵 속으로 들어가겠습니다.

Fulfillment of God's Plan

하나님 계획의 성취

어쩌면 당신은 "내가 오늘 밤 죽는다면…"이라고 말할지도 모릅니다.
감히 말씀드리는데, 죽음이란 없습니다.

왜 사람들 모두가 이 세상에서 태어났을 때 각자 다른 위치에서 시작하는지 궁금하진 않았나요? 그 이유는, 바로 이곳이 진짜 시작이 아니기 때문입니다.

당신은 당신 어머니의 자궁에서부터 시작한 것이 아니고, 무덤에서 끝을 맞이하는 것도 아닙니다. 만일 세상 사람들이 죽음이라 말하는 것을 제가 겪게 된다 하더라도, 저는 죽는 것이 아닙니다.

-임모틀맨

Chapter 12 FULFILLMENT OF GOD'S PLAN
하나님 계획의 성취

진실하게 생각하라.
그러면 그대의 생각이 세상의 기근에 먹을 것을 가져다줄 것이라.
진실하게 말하라.
그러면 그대의 말 하나하나가 풍작을 가져오는 씨앗이 되어줄 것이라.
진실하게 살아라.
그러면 그대의 생이 위대하고 고귀한 신조가 되어줄 것이라.

-호라티우스 보나르

이번 주는 아마 크리스천들에게 가장 뜻깊은 주일 것입니다. 그러나 자신을 크리스천이라 부르는 분들 중 아주 극소수만이 진정으로 성경을 이해하고 있다고 감히 말할 수 있습니다. 성경의 내용은 하나님이 뜻한 바를 이루는 이야기입니다. 예루살렘을 향한 승리의 진군, 십자가형, 그리고 부활이 그것입니다. 그 이야기들은 마치 이 땅에서 실제 벌어졌던 역사처럼 전해집니다. 테니슨은 "이야기에 담긴 진리는 낮은 문으로 들어온다"라고 했습니다.

이처럼 추상적인 것을 이해할 수 없는 인류에게 진리를 이해시키기 위해 이야기 형식으로 표현된 것이 성경입니다. 하지만 많은 사람들은 그 이야기를 실제 있었던 사건으로 받아들입니다.

이제 성서의 주인공에 대해 살펴보겠습니다. 우리는 그를 예수라고 부릅니다. 믿기 어려울 수도 있겠지만, 지금 예수가 누구인지 말씀드리겠습니다. "나는(I Am)"이라고 말해보십시오. 바로 그것이 예수입니다.

"나는 인간이다"나 "나는 요한이다"처럼 "나는" 뒤에 무언가를 붙여서 말하지 마시고 그저 I Am(나는)이라고만 말하세요. 그것이 바로 예수이고, 하나님입니다. 여호와 주 하나님입니다.

예수가 십자가에 못 박힌 사건은 이미 끝났습니다. 그 십자가형은 하나님의 의도된 행위로, 2천 년 전에 이루어진 것이 아니라 태초에 이미 끝났습니다. 그리고 부활은 과거에도 일어났고, 지금도 일어나고 있으며, 앞으로도 계속될 것입니다. 모든 사람이 깨어날 때까지 말입니다. 예수는 바로 여러분이 말하는 "나는(I Am)"이기 때문입니다.

자, 그 일은 승리의 입성으로 시작됩니다. 마가복음은 그분이 열두 제자를 데리고 그들 앞에서 걸었다고 우리에게 말합니다. 마가의 표현에 따르면, 예수는 마치 꿈에 사로잡힌 사람처럼, 예언자들이 예언한 모든 것을 성취하기 위해 나아간 사람처럼 보입니다. 성경의 성취, 그것이 예수 그리스도의 유일한 목적이었습니다. 그러나 예수는 바깥 세상에서 그 목적을 이루려 했던 인물이 아니라, 여러분이 "나는(I Am)"이라고 말할 때, 바로 여러분 안에 묻힌 하나님을 의미합니다.

여러분은 단지 삶의 꿈을 꾸며 살아가지만, 여러분 안의 예수

하나님 계획의 성취

는 자신의 목적을 성취하는 꿈을 꾸고 있습니다.

언젠가 여러분은 성경에 기록된 예수에 관한 모든 것을 여러분 안에서 재현하게 될 것입니다. 그때 여러분은 예수 그리스도가 누구인지를 알게 됩니다.

예수는 이렇게 말했습니다.

우리는 예루살렘으로 간다.
예언자들이 인간의 아들에 대해 기록한 모든 것이 이루어질 것이다.
-누가복음 18장 31절

그리고 복음서 저자는 덧붙여 말합니다.

그들은 이것들을 하나도 이해하지 못하였다.

예수가 하는 말을 제자들은 이해하지 못했고, 오직 깨어난 주만이 성서를 이해하고 해석할 수 있습니다. 오직 깨어난 자만이 성서의 애매모호한 문장을 따라가며 그 안의 천상의 의미를 읽어낼 수 있습니다.

그 천상의 의미는 성서 안의 패턴(역주: 우리 안에 잠재되어 있는 완벽한 모범, 혹은 본보기 자아. 성경은 이 패턴이 우리에게서 펼쳐지는 것을 상징으로 나타낸 책이다.)입니다. 예수가 '여러분으로서', 여러분 안에서 깨어날 때에만, 여러분은 구약이 가리키는 그 패턴을 조용히 따를 수 있습니다. 그 패턴을 직접 경험한 사람만이 그것이 무엇인지 알 수 있으며, 그 순간 구약에서 말해진 모든 내용이 여러분 안에서 펼쳐지기 시작합니다. 사람들은 그 이야기가 고대의 역사인 것처럼 말하지만 우리 안에 있다가 곧 펼쳐질 패턴(본보기)입니다.

그것은 역사이지만, 인간들의 역사가 아닌 신의 역사, 즉 하나의 패턴입니다. 그래서 그 패턴은 만물을 통해 흘러 들어가고 여러분 안에서 펼쳐지게 됩니다. 그리고 그 패턴이 여러분 안에서 펼쳐질 때 여러분은 정말 "나는 그(하나님)이다(I Am He)"라는 확신을 갖게 됩니다. 여러분이 이것을 알 수 있는 다른 방법이란 없고 오직 그 이야기가 여러분 안에서 펼쳐질 때에만 알 수 있습니다.

하나님은 인간의 역사 안으로 들어왔고 지금도 들어오고 있습니다. 그래서 이제 우리는 그에게 하나의 이름을 지어줄 것입니다. 예수, 여러분 안의 예수, 제 안의 예수, 어머니에게서 태어난 모든 아이들 안의 예수라고 말이죠. 그것이 바로 영원불멸함 속에 존재하는 오직 한 분의 예수입니다. 나는(I Am) 예수(Jesus)이다. 그런데 우선 예수가 바로 우리의 하나님 아버지라는 것을 알아야 합니다. 그리고 부활 이야기는 하나님이 우리 안에서 태어나는 것으로 시작됩니다. 그때 우리는 우리 내부에서 깨어나게 되지만 그 순간에도 아직 우리가 하나님임을 모릅니다. 다만 우리는 아주 깊은 잠, 마치 영원히 지속된 것 같은 깊은 잠에서 깨어났다는 사실만을 압니다.

우리가 깨어난 곳은 어제 저녁 우리가 잠들었던 침대 위가 아닌 무덤 안이고, 그것은 바로 우리의 두개골입니다. 그리고 두개골 안에서 깨어나 주위를 둘러봤을 때, 그곳에는 오직 자기 자신만이 존재함을 발견합니다. 그러나 우리는 본능적으로 무엇을 해야 할지 알고 있습니다. 마치 아이가 태어날 때 본능적으로 어머니의 자궁에서 빠져나오려고 애쓰는 것처럼 우리도 그 두개골에서 빠져나오려고 합니다. 그러한 몸부림 끝에 우리는 결국 두개골에서 빠져나오게 됩니다. 그곳에 빠져나와 주위를 보자 하나님의 탄생과 관련한 성서의 장면들이 우리 앞에 펼쳐집니다. 포대기에 싸여 있는 아이와 세 명의 증인은 성서의 내용 그대로입니다. 그래서 성경은 이렇게 말합니다.

> 그들이 도착했을 때 그들은 천상의 존재를 보았지만
> 그분을 보지는 못했다

이것은 하나님의 탄생입니다.

하나님은 실제 자신에게 스스로 한계를 지웠고 그것은 다름 아닌 인간이란 한계입니다. 이제 스스로를 그렇게 수축했던 하나님은 다시 확장하는데 이것이 하나님의 탄생입니다. 이 확장에는 어떤 한계도 없습니다. 하나님은 끊임없이 확장합니다. 그리고 다음 확장의 순간마다, 다시 새로운 수축의 모험을 시작합니다. 그렇게 수축한 후 다시 확장되면, 하나님은 이전보다 더욱 확장된 존재가 됩니다. 확장과 수축은 반복되며, 매번 그 이전을 넘어서게 됩니다. 이것이 바로 하나님의 무대이며, 이 확장에는 어떤 한계도 존재하지 않습니다. 하나님의 수축은 바로 인간이란 한계 속에 놓는 것을 말합니다.

그렇게 여러분이 무덤을 뚫고 나왔을 때 바깥으로 나온 여러분은 하나님입니다. 따라서 그 누구도 여러분을 볼 수 없습니다. 하나님이 된 여러분은 이제 영의 형태로 존재하기 때문에, 세 명의 증인들은 여러분을 볼 수 없습니다. 그러나 여러분은 그들을 볼 수 있으며, 또한 포대기에 싸인 아이를 보게 됩니다. 이는 누가복음과 마태복음에 묘사된 바로 그 장면입니다.

하지만 여러분은 아직 자신이 하나님임을 모릅니다. 그 자각은 나중에야 찾아옵니다. 하나님의 아들이 여러분을 '아버지'라 부르기 전까지는, 여러분은 자신이 하나님임을 결코 알지 못할 것입니다.

그런데 성서에서 그리스도라 불리는 "하나님의 아들"은 예수가 아니라 다윗을 가리킵니다. 그리고 예수는 하나님의 아들이 아니라 바로 주입니다. 예수는 여러분이 "I Am(나는)"이라 부를 때 여러분 안의 주 여호와 하나님입니다. 그것이 예수입니다. 다윗이 아닙니다. 그렇다면 그리스도는 누굽니까? 하나님의 아들입니다.

이제 여러분이 두개골에서 깨어난 후에 다윗이 옵니다. 그리고 다윗이 여러분 앞에 모습을 드러냈을 때 이제 더 이상 여러분은 자신이 누구인지에 대해 한 치의 의심도 하지 않게 됩니다. 왜냐하면 그가 여러분을 아버지라 부르기 때문입니다. 그리고 다윗이 아버지라는 말을 입 밖으로 내기도 전에 여러분은 여러분이 그의 아버지임을 알고 다윗 역시 자신이 여러분의 아들임을 압니다. 모든 이의 가슴 속에서 오래도록 간절히 갈망하던 그 관계가, 마침내 실현된 것입니다.

이것을 직접 경험하게 되면, 드라마는 이제 막을 내립니다. 그것으로 우리가 이 땅에서 하고자 했던 모든 일은 끝마쳐졌습니다. 그 일이란 아들을 찾는 것이며, 그렇게 찾아낸 아들은 우리가 하나님 아버지임을 확고히 깨닫게 해 줍니다. 하나님은 인류라는 깊은 잠 속에 곤히 빠져있기에 우리는 우리가 하나님임을 알지 못합니다. 인간이 위로부터 다시 태어난 순간조차, 자신이 하나님이라는 사실을 여전히 인식하지 못합니다. 오직 아들이 모습을 드러낼 때에만, 자신이 누구인지를 깨닫게 됩니다.

그래서 성서에는 이렇게 적고 있습니다.

아버지 외에는 그 누구도 아들이 누군지 알지 못하고,
아들과 아들이 아버지를 나타내고자 선택한 자 외에는
그 누구도 아버지가 누군지 알지 못한다.

-누가복음 10장 22절

그래서 어떤 사람들은 "나는 예수가 하나님의 아들인 것을 알아요"라고 말합니다. 그러면 여러분은 그 사람들에게 물어보십시오.

"정말 그걸 알아요?"

그러면 사람들이 "네. 물론입니다. 난 예수 그리스도를 봤고, 그분이 하나님의 아들인 것을 봤어요"라고 대답할지도 모릅니다.

그러면 그 사람에게 아주 진솔하고 간단하게 이렇게 말해줄 수 있습니다.

"그러면 당신은 분명 하나님입니다."

제가 그렇게 말하면, 저에게 화가 나기는 하겠지만, 아직까지 맞은 적은 없습니다. 그런데 여기 성서에 이렇게 적혀 있습니다. 성서에서는 아들 외에는 그 누구도 하나님을 보지 못하고, 아들 외에는 그 누구도 아버지가 누구인지 알아보지 못한다고 합니다. 이 성서의 말을 따라본다면, 만약 어떤 사람이 아들이 누군지 안다고 말한다면 그가 보고 있는 것은 아들이고 그렇게 아들을 보고 있는 사람은 아버지임에 틀림없습니다. 오직 아버지만이 아들을 알기 때문입니다.

그러므로 아들을 알면서 여러분이 하나님을 알지 못한다고 말하는 것은 성서와 모순됩니다. 왜냐하면 여러분은 아들을 알면서 아버지를 모를 수 없기 때문입니다. 성서에서 말하듯, 사람들이 여러분을 죽이고, 회당에서 쫓아내면서 하나님을 위한 일을 한다고 생각할 때, 그들은 "내 아버지도 나도 알지 못하기 때문에" 그렇게 하는 것입니다. "그들이 만약 내 아버지를 알았다면, 그들은 나도 알았을 것이지만, 그들은 내 아버지도 나도 알지 못합니다."

성경 속의 예수는 어떤 순간에는 아버지로서, 또 어떤 순간에는 아들로서 말씀하십니다. 이것이 바로 신비입니다. 하지만 진리를 이야기의 형태로 담아내지 않았다면, 과연 그것이 인간의 낮은 문을 통해 전해질 수 있었을까요?

우리는 그 이야기를 들을 때, 그 이면에 무엇인가 깊은 뜻이 있음을 직감합니다. 그러나 그 신비를 진정으로 이해하기 위해서는, 반드시 그것을 직접 경험해야 합니다. 이 신비는 언젠가 우리 모두 안에서 펼쳐질 것입니다. 그리고 바로 그때, 우리는 자신이 하나님임을 알게 됩니다. 이 신비는 이야기 형태로 전해지고 있고, 우리 인류가 이번 주에 겪게 되는 부활절에 대한 이야기입니다. 하지만 많은 사람들은 이야기 속에 감추어진 진리를 보지 못해, 결국 그 의미를 온전히 깨닫지 못합니다.

자, 이제 이사야 55장을 보도록 하겠습니다.

내가 너희에게 약속할 것이다

지금 그는 여러분 모두에게 말하고 있습니다.
약속이란 바로 다음을 말합니다.

다윗에 대한 나의 흔들리지 않는 확고한 사랑이다.
나는 그를 모든 민족에게 증인으로 삼았노라.
-이사야 55장 4절

그는 모든 사람들에 대한 나의 증인입니다. 그러면 그가 목격하게 되는 것은 무엇인가요? 하나님 말씀의 진리입니다. 하나님의 말씀은 성경이고, 여기서 말하는 성경은 구약입니다. "그 말씀은 진리"입니다. 나는 이제 그를 모든 사람들에게 증인으로 삼았으며, 그에 대한 나의 사랑은 영원토록 변치 않습니다. "그것은 그대에 대한 나의 약속이다." 주가 우리에게 말했습니다.

이제 공판장으로 시선을 돌려, 빌라도 앞에 선 예수를 보겠습니다. 예수는 빌라도에게 고개를 돌리고 말했습니다.

이것을 위하여 나는 태어났고,
그리고 이것을 위하여 세상에 왔으니,
그것은 곧 진리를 증거하기 위해서다.
-요한복음 18장 37절

그리고 예수는 자신이 이 세상에 속하지 않는다고 말하며 다음과 같이 덧붙입니다.

너희가 위로부터 태어나지 않는다면
하늘나라의 왕국에 들어갈 수 없으리라.

물론 세상의 성직자들은 이 태어남을 어머니의 배에서 태어나는 것이라 말할지도 모릅니다. 하지만 예수가 말했던 태어남은 그런 육체적인 것이 아닌 완전히 다른 탄생, 즉 "피로도, 육신의 의지로도 아니요, 인간의 의지로도 아닌, 하나님에게서 태어난" 것을 말합니다.

이렇게 말합니다.

하나님 계획의 성취

나는 위로부터 왔고, 그대는 아래로부터 왔다.

그가 말하는 것은 하나님인 여러분에게 하는 말이 아니라 이 땅에 묶여 있는 육신에 대고 하는 말입니다. 육신이 밑에서부터 왔다고 말합니다. 육신은 내 어머니의 자궁으로부터 나왔습니다. 하지만 내 안에는 세상의 어떤 어머니도 낳을 수 없는 "I Am"이 존재합니다.

그것은 위로부터 태어나야만 합니다. 그것은 제 두개골 안에 묻혀 있고, 여러분의 두개골 안에 묻혀 있습니다. 여기서 말하는 두개골은, 우리 모두를 품고 있는 '신의 두개골'을 뜻합니다.

시편 87편에서는 "이 사람이 여기에서 태어났고, 저 사람은 저곳에서 태어났다"라고 말합니다. 모두는 하나의 거대한 두개골 안에 있으며, 이는 '시온'이라 불립니다. 시온은 곧 예루살렘의 또 다른 이름입니다. 그래서 바울은 이렇게 말합니다.

위로부터 온 예루살렘은 우리의 어머니이며,
그녀는 자녀들을 자유인으로 태어나게 한다

반면에 아래로부터 온 예루살렘은 우리를 노예 상태로 만듭니다.

제 육체적 어머니는 열 명의 자식을 낳고 길렀는데, 어머니는 육신의 옷을 지었던 것입니다. 이 육신의 옷들은 아래로부터 온 것이고, 그것은 그녀의 자궁으로부터 자식들을 노예상태로 만듭니다. 왜냐하면 지금 우리는 우리가 걸치고 있는 육신의 노예이기 때문입니다.

하지만 그 노예의 육신 안에 자리 잡고 있는, 위로부터 온 또 다른 예루살렘이 있고, 그녀는 바로 우리를 자유와 해방으로 이끌어줄 어머니입니다. 여러분은 여러분의 두개골, 신성의 두개골로부터 나오게 될 것이고 자유를 찾게 될 것입니다.

그런데 여러분은 도대체 무엇을 증거하기 위해 이 세상에 왔습니까? 바로 진리를 증거하기 위함입니다. 그래서 성경에서는 "나는 그를 모든 백성들의 증인으로 만들더라"라고 말합니다.

그렇다면 그가 지금 무엇의 증인으로 만들려 합니까? 그것은 성서의 진리를 증거하는 것이며, 곧 하나님이 아버지라는 사실입니다. 이것이 바로 그분이 제게 말씀하신 진리입니다. 그리고 "나는 주의 명령을 전하리라"라고 말했던 것처럼, 주의 명령을 이행하기 위해서입니다.

시편 2편에서는 "그가 내게 이르시길, 그대는 나의 아들이다. 오늘 내가 그대를 낳았다"라고 말합니다. 만약 성서가 잘못된 것이 아니라면 여러분이 제가 볼 수 있게끔 제 앞에서 어떤 다른 아들을 들어 보일 수 있겠습니까?

수많은 화가들은 예수의 초상화를 그리면서 이것이 바로 내가 본 예수의 모습이라고 말했던 것처럼 여러분도 상상 속 예수의 모습을 보고는 "나는 그를 봤다"라고 말할 수도 있겠죠.

하지만 그 화가나 조각가에게 물어보십시오. "당신이 상상 속

하나님 계획의 성취

에서 그분을 봤을 때 지금 보고 있는 사람이 하나님의 아들인 것을 알고 있었습니까?" 만약에 "네"라고 말한다면, 그 사람들은 자신들이 하나님임을 알아야만 합니다. 아버지 외에는 그 누구도 아들을 보지 못하고, 아버지 외에는 아들을 알지 못하기 때문입니다.

따라서 누군가가 하나님의 아들을 보고 있다고 말한다면, 오직 하나님만이 아들을 볼 수 있기에, 그를 보는 사람은 하나님이 틀림없습니다. 이것이 성경에 근거한 대로 말한 것인데 그들은 무어라고 항변할 수 있을까요? 성경은 결코 깨질 수 없습니다. 마태복음 11장을 잘 읽어보십시오.

> 아버지를 제외하고는 그 누구도 아들을 알지 못하고,
> 아들과 아버지를 드러내고자 아들이 선택한 자가 아니고서는
> 그 누구도 아버지를 알지 못하더라.

그래서 저는 이 위대한 신비를 실제 경험했기에 저 자신을 크리스천이라고 부릅니다. 그러나 어머니 무릎에서나 학교에서 그것을 알게 된 것은 아닙니다. 우리는 주일학교에 다녔고, 저는 어릴 때부터 성경과 함께 자랐습니다. 그 말씀은 그곳에 항상 있었지만 저는 그것을 보지 못했고 제 선생님들도 보지 못했습니다. 제 어머니도 보지 못했고, 제 아버지도 보지 못했으며, 제가 만난 어느 누구도 그것을 보지 못했습니다. 그래서 저는 그것이 제 안에서 일어날 때까지 알지 못했습니다.

그 일이 제 안에서 일어난 후, 저는 사람들이 가르친 성경의 해석이 실제 경험과 맞지 않음을 깨달았습니다. 그래서 저는 성경을 꺼내서 다시 읽어야 했습니다. 역시 성경 안에는 처음부터 그 모든 패턴들이 기록되었는데 오직 깨어난 그리스도만이 성서를 해석할 수 있었습니다. 오직 내 안의 다윗이 깨어나 나 자신을 아버지라고 말하게 된 깨어난 자만이 성서를 해석할 수 있습니다.

자, 다음의 말에 귀를 기울여보세요.

때가 무르익었을 때 하나님은 아들의 영을, 우리의 마음에 보내시어, '아버지'라고 외치게 하셨더라.

무르익었다는 그때는 과연 무엇일까요? 여러분이 그 무거운 짐을, 거대한 짐을 짊어졌을 때입니다. 우리는 그 짐을 짊어지고 우리에게 주어진 시간 동안 가야만 하고, 만약 이것을 거부한다면 하나님이 우리에게 오지 않습니다.

그리고 우리가 길의 끝에 이르러 그 짐을 짊어졌을 때, 그의 아들의 영이 우리 안으로 들어와, 그가 우리 안에서 깨어납니다. 우리는 우리의 아들을 부활시키고, 그 아들은 하나님의 아들입니다. 따라서 우리는 하나님입니다.

그러나 자신이 하나님임을 깨달은 이후에도, 우리는 여전히 '육신'이라는 작고 덧없는 의복을 두르고 있습니다. 하나님임을 자각하면서 육체라는 작은 의복을 걸친 사람에게 이제 남은 일이란, 내면의 하나님이 깨어나, 마침내 우리 모두가 하나님임을 자각하게 될 그 순간이 온다는 약속을 전하는 일뿐입니다.

성경의 올바른 가르침에 오염된 공기가 스며들어 본래의 맑음을 흐리게 했고, 수세기 동안 배 주변에 조개껍데기가 붙듯, 잘못된 해석들도 본래의 의미를 왜곡했습니다. 이제 그 탁한 공기를 정화하고 오랜 시간 달라붙은 그 조개껍데기들을 긁어내야만 합니다. 제가 하는 일은 예수를 작게 만드는 것과는 거리가 먼, 그분 본래의 위치를 되찾게 하는 것입니다. 그분은 하나님입니다. 하나님의 아들이 아니라, 하나님의 상징인 주(主)입니다. 여러분은 어떻게 말하실지 모르지만 그분은 어떤 여인에게서도 태어나지 않았습니다. 그분을 낳은 유일한 어머니는 바로 "I Am"이고 성경에서 말하는 위로부터 온 예루살렘입니다.

"나는 마리아이며, 그리스도를 낳아야만 한다. 그래야 지금부터 영원히 은총된 삶을 살 수 있으리라." 우리 모두도 아들을 낳아야만 합니다. 그런데 우리가 낳는 아들은 모두 다른 존재가 아닌 하나의 같은 존재입니다. 오직 하나의 아들만이 있습니다.

우리가 아들을 보게 되었을 때 우리는 어떤 의심도 들지 않고, 또 누군가가 그가 누구인지, 그리고 우리가 누군지에 대해 말해줄 필요조차 없습니다. 마치 오랜 기억상실증 끝에 기억을 되찾은 것처럼, 나 자신이 누구인지 갑자기 깨닫게 됩니다. 바로 우리가 하나님 아버지였던 것입니다.

이것은 여인의 몸에서 태어난, 이 세상의 모든 자녀들이 겪게 될 일입니다. 그 누구도 버려지지 않을 것입니다. 한 사람, 한 사람 모두 이 영광을 입을 것이고, 그 중 단 한 사람의 낙오자도 없을 것입니다!

지금 그 영광된 존재를 덮고 있는 육신은 정신적 장애를 겪고 있거나, 아둔한 형태를 띠고 있을 수도 있습니다. 하지만 그건 중요치 않습니다. 이 육체는 이 세상에서 잠시 빌려 쓰고 있는, 아주 일시적인 경험일 뿐입니다. 여러분의 진짜 뇌는 조금도 손상되지 않습니다. 지금 현재 발달되지 않은 뇌를 가지고 있다 하더라도 그것은 삶이란 왜곡된 거울에 잠시간 비친 모습일 뿐입니다. 50년, 60년 동안 왜곡된 뇌로 살아갈 수도 있습니다. 하지만 제가 말하는 진정한 뇌는, 여러분이 실제로 지니고 있는 '신의 뇌'를 뜻합니다.

자녀가 정상적으로 행동하지 못하고 정신착란 현상을 겪고 있다면 아이를 키우는 입장에서 그 모습을 보는 것이 얼마나 힘든지 이해합니다. 하지만 그건 여러분의 책임이 아닙니다. 그리고 여러분의 자녀라고 부르는 이 작고 균형에서 벗어난 가면 뒤에는 완벽한 존재인 예수가, 즉 "I AM"이 있다는 것을 알아야 합니다. 정상적이지 않은 모습은 완벽한 존재인 I AM이 일시적으로 짊어진 짐일 뿐입니다. 비록 그가 잠시 쓰고 있는 가면은 불균형 속에 있지만 진정한 그는 조금도 흐려지지 않고, 조금도 더럽혀지지 않습니다. 세상에서 아무리 끔찍한 일이 벌어지더라도, 그는 결코 해를 입지 않습니다.

그리고 어느 날, 그 완벽한 존재는 깨어날 것입니다. 그 깨어난 곳은 다름 아닌 무덤입니다. 그래서 바울은

> 내가 그리스도와 함께 십자가에 못 박혔으나, 이제는
> 내가 사는 것이 아니요 오직 내 안에 그리스도께서 사시는 것이라
> 이제 내가 육체 가운데 사는 것은
> 나를 사랑하여 나를 위하여 자신을 내어주신
> 하나님의 아들을 믿는 믿음 안에서 사는 것이라.
> -갈라디아서 2장 20절

라고 말했습니다. 여기서 말하는 아들은 다윗입니다.
이 말을 들어보세요.

> 나는 이새의 아들, 다윗을 찾았으니,
> 그는 내 뜻을 모두 행할 내 마음에 합당한 자이더라.

여기서 "이새"의 뜻은 "여호와가 존재한다"입니다. 이새는 아버지인데 누구의 아버지입니까? 바로 다윗의 아버지입니다. 그렇다면 이새는 누구입니까? 여호와입니다. 그리고 예수는 누구입니까? 그분 역시 여호와이며, 곧 주입니다. 하지만 그 누구도 성령에 의하지 않고는 예수를 주라고 말할 수 없습니다.

그렇다면 성령이란 무엇입니까? 성령은, 우리 안에 잊혔던 기억을 회복시켜주는 자입니다. 아들이 우리 앞에 서게 됐을 때 기억이 돌아와 우리는 우리가 그의 아버지임을 기억하게 됩니다. 오직 이 기억의 회복을 통해서만 여러분은 그 진실을 알게 될 것입

니다.

그러면 누군가 여러분을 찾아와 예수는 주이며 아버지라고 말할 필요조차 없게 됩니다. 왜냐하면 영 안에서 다윗이 그를 "나의 주여"라고 불렀기 때문입니다. 다윗은 그를 왜 나의 주라고 불렀나요? 주라는 명칭은 아버지를 일컫는 말입니다. 그런데도 다윗은 예수를 "나의 주"라고 불렀습니다. 예수는 여러분 안의 "I AM", 이 세상 모두 안에 존재하는 "I AM"입니다. 그래서 우리는 예루살렘으로 올라갈 것이고 인간의 아들(예수가 자신을 가리킬 때 사용하는 명칭)에 대해 실제로 기록된 모든 일들이 이제 이루어질 것입니다.

성경의 모든 사건이 예루살렘에서 이루어졌기에, 나 또한 그곳으로 향합니다. 그곳은 두개골이고, 위로부터의 예루살렘이라고 말해집니다. 나는 예루살렘으로 가고 있으며, 이는 내려가는 것이 아닙니다. 이제 사람의 아들에 관해 말해진 모든 것들은 이루어질 것입니다. 그렇게 나는 올라가고 두개골 안에서 모든 것들이 펼쳐집니다.

그곳이 바로 우리가 깨어나고 폭발하게 될 곳입니다. 다윗이 나올 때 우리의 머리 안에서 폭발이 일어납니다. 그건 마치 머리에 설치했던 다이너마이트가 폭발해 전체가 날아가는 듯합니다. 그리고 그 모든 것들이 잠잠해질 때 다윗은 여러분 앞에 섭니다. 다윗은 다른 곳에 있다가 갑자기 찾아온 것이 아니라, 우리 안에 묻혀 있었습니다.

성서에서는 "나는 그대 안에 잠들기 위해 나 자신을 눕혔다"라는 구절이 있습니다. 이 말은 과연 누가 한 것일까요? 이는 영혼 깊은 곳에서 주께서 하신 말씀입니다.

> 나는 그대 안에 나를 눕혀 잠들었고, 잠든 동안 하나의 꿈을 꾸었다.

정말 저는 꿈을 꾸었습니다. 하나님은 나라는 꿈을 꾸고 있습니다. 그리고 그 꿈이 끝났을 때 "하나님"과 "나"는 더 이상 둘이 아닌 하나입니다.

더 이상 "하나님"은 나를 분리된 바깥 세상의 무언가로 여기지 않을 것입니다. 나는 더 이상 그에게서 분리된 존재가 아니라, 그와 완전히 하나 된 존재가 됩니다.

하지만 나는 하나님에게서 나온 존재일지라도, 그 꿈이 끝날 때까지는 그분의 아내일 뿐입니다. 잠이 끝날 때에야 드디어 우리는 더 이상 둘이 아닌 하나입니다. 그 긴 잠은 어느 순간 끝자락에 다다릅니다. 그리고 결국 저는 깨어났고, 깨어난 곳이 무덤임을 발견했습니다. 저는 분명 누군가 저를 죽은 자로 여겨 이 무덤에 묻었다고 생각했습니다. "어떻게 내가 여기 있는 걸까?", "누가 나를 이곳에 둔 걸까?" 하는 의문이 들었습니다. 제가 깨어난 곳은 무덤이었고, 그곳은 분명 죽은 자들이 묻히는 곳이기 때문입니다. 분명 누군가 나를 그곳에 묻었지만, 누군지는 모릅니다. 하지만 때가 되면, 그 일을 저지른 것은 다른 사람도 아닌 나의 의도적인 행동이었음을 알게 됩니다.

자, 여기에서 요한복음 10장의 말을 인용해보겠습니다.

> 그 누구도 나의 생명을 앗아가지 못하니 나는 스스로 내려놓을 뿐이다. 내게는 그것을 내려놓을 힘도 있고, 다시 취할 힘도 있다.

그럼에도 불구하고, 인류는 이 땅에 태어나지도 않았던 예수를 죽였다는 이유로 한 민족을 수세기 동안 비난해 왔습니다. 예수는 저 바깥세상 어딘가에서 살다, 누군가에 의해 목숨을 빼앗긴 사람이 아닙니다. 모든 사람들 안에 존재하는 예수이고, 만약 그가 없다면 우리는 숨 한번 내쉴 수가 없습니다. 그는 인간 안에 존재하는 진정한 숨결이며, 인간의 정신이자, 인간의 "I Am", 곧 경이로운 상상력입니다. 이것이 바로 예수이자 하나님입니다.

만약 예수를 죽였다는 이유로 한 민족을 비난하는 사람이 있다면 요한복음 10장을 주의 깊게 보시기 바랍니다.

> 그 누구도 나의 생명을 앗아가지 못하니 나는 스스로 내려놓을 뿐이다. 내게는 그것을 내려놓을 힘도 있고, 다시 취할 힘도 있다. 내가 부활이고 생명이기 때문이다.

그래서 그는 스스로 죽음의 문 안으로 들어가, 인간의 두개골이라는 무덤에 자신을 눕히고 삶이라는 꿈을 꿉니다. 그 꿈은 어느 날 막바지에 이르고, 마침내 깨어나게 됩니다. 어디에서 깨어날까요? 그가 들어갔던 무덤 안에서 깨어납니다. 그는 그곳에서 자신을 발견합니다. 그것은 매우 긴 꿈이었습니다. 수천 년 동안 그는 이 꿈을 꾸었습니다. 당신은 70년 전쯤 어머니의 자궁에서 태어난 것이 아닙니다. 그것은 단지 당신을 위해 짜인 옷, 외형일 뿐입니다. 당신은 영원한 존재입니다. 시작도 없고 끝도 없습니다.

우리가 무한하지 않았던 적은 한 순간도 없었기에, 앞으로도 우리의 존재가 끝나는 시간 역시 오지 않을 것입니다. 우리가 시작과 끝이라고 여기는 것은 단지 하나의 꿈, 하나의 환상에 불과합니다. 우리의 눈에는 세상에서 말하는 시작과 끝이 정말 실제처럼 보이겠지만 그것은 단지 꿈에 불과합니다. 지금 눈을 가리고 있는 환상의 장막을 지워버렸을 때 우리는 시작도 끝도 없다는 것을 알게 되고, 성서에서 하나님 아버지라고 부르는 가장 위대한 존재가 바로 우리 자신임을 깨닫게 됩니다.

하지만 제가 말씀드릴 수 있는 것은, 여러분이 실제로 '나는 예수다', '나는 아버지다'라고 느끼지 않을 것이라는 점입니다. 그렇게 느껴지지 않습니다. 여러분은 예수를 느끼지 않습니다. 여러분은 하나님을 느끼지 않습니다. 여러분은 여호와를 느끼지 않습니다. 이것들은 인간이 부여한 이름들입니다. 하지만 여러분이 실제로 느끼게 되는 것은 자신이 아버지라는 것입니다. 그래서 신약의 위대한 계시는 하나님이 아버지라는 것입니다. 이것이 모든 것의 기초입니다. 여러분이 아버지가 아니라면 자녀도 없습니다. 그래서 아버지와 아들의 관계는 기독교 신앙의 기본입니다. 자녀가 없다면 아버지도 있을 수 없습니다. 그리고 아버지가 있다면, 반드시 자녀가 있어야 합니다. 그것은 아들을 찾는 여정입니다. 그리고 아들이 발견될 때, 아버지는 자신이 누구인지 알게 됩니다.

하지만 이런 자각은 아들이 다시 부활하기 전까지 생기지 않습니다. 그래서 시편 2편, 16편, 110편을 보면 부활과 연관되어 있습니다. 시편 16편에서, 다윗은 "주께서 내 영혼을 지옥에 버려두지 아니하시리라"라고 말합니다. 그는 확신 속에서 자신이 지옥에 남겨지지 않고 일으켜질 것임을 알고 있습니다. 왜냐하면 "나는 다윗에게서 내 변함없고 확실한 사랑을 거두지 아니하리라"라고 말해지기 때문입니다.

그것은 온 세상에 행한 "나"의 약속입니다. 나는 다윗을 온 세상 사람들에 대한 증인으로 만들었습니다. 나는 그에 대한 나의 사랑을 빼앗지 않을 것입니다. 그래서 그가 죽어 묻힐지라도 나는 그를 다시 일으켜 세웁니다. 아버지가 아들을 다시 일으켜 세울 때, 아들이 묘지에서 돌아왔기에 아버지의 얼굴에는 미소가 가득합니다. 다윗은 하나님의 영원한 아들이며, 여러분이 인간으로서, 즉 인간으로서의 하나님인 여러분이 이 세상에서 경험하는 모든 경험의 결과적 상태입니다. 그래서 하나님은 내가 그분과 같이 될 수 있도록 나와 같이 되었습니다.

이것은 성서의 이야기로 그 전부가 구약에 들어있지만 사람들은 이해하지 못했습니다. 구약 안에는 우리에게 펼쳐질 청사진과 대략적인 윤곽이 들어있습니다. 그리고 신약은 구약을 해석한 것이며, 그 반대가 아니라는 점을 유의해야 합니다. 어쨌든 그 일이 여러분 안에서 일어났을 때 느끼게 되는 기쁨은 말로는 도저히 설명할 수 없을 것입니다. 마치 무언가에 홀린 사람처럼 됩니다.

그 꿈 같은 일을 겪은 이후, 우리는 그 꿈 안을 걷게 됩니다. 그러고 나면 그 외의 것들에는 관심이 생기지 않습니다.

아주 잠깐 동안 소박한 파티에 갈 수도 있겠죠. 큰 파티는 아마 지루하게 느껴질 것입니다. 몇몇 좋은 친구들과의 만남은 아마 좋아할 것입니다. 그런데 너무 많은 군중들은 싫어하게 될 것입니다. 그런 것들은 더 이상 흥미를 끌지 못합니다.

좋아하는 몇몇 친구들과 함께하는 자리라면 참석하겠지요. 하지만 정말 바글바글한 사람들 사이에서는 소음만을 느끼며 나오게 될 것입니다. 하지만 그 일이 일어난다면 다른 것들에 관심이 생기지 않을 것입니다. 그리고 여러분의 꿈은 더 이상 꿈이 아닙니다. 그 깨어남 이후, 여러분의 밤은 더 이상 이전과 같지 않습니다. 여러분은 깨어나게 되는데, 그것은 단순한 잠에서의 깨어남과는 전혀 다릅니다. 잘 자고 나서 일어나는 일상의 깨어남과 이 깨어남은 비교할 수 없습니다. 그것은 완전히 다른 것입니다. 마치 여러분이 삶에서 단 한 번도 깨어난 적이 없었던 것처럼 느껴집니다. 실제로 그렇게 느끼게 됩니다. 차원이 다릅니다. 그리고 여러분은 주위를 둘러보고, 천 년 전, 이천 년 전, 삼천 년 전에 쓰인 그 모든 것이 바로 당신에 대한 이야기였음을 알게 됩니다. 단지 그것을 몰랐을 뿐입니다.

우리는 이제 예루살렘으로 향합니다. 그가 말했습니다. "그리고 선지자들이 인간의 아들에 대해 기록한 모든 것이 성취될 것이다." 성서의 모든 일들은 우리에게 이루어질 것입니다. 예수는 제자들에게 성서를 설명하기 시작합니다.

> 모세와 율법, 모든 선지자들과 시편에서 시작하여,
> 그는 성서에서 자신에 관한 모든 것을 제자들에게 해석해주었다
> -누가복음 24장 27절

이제 다가오는 금요일에 여러분이 예배에 참석하신다면 십자가 위에서 예수가 했던 말을 듣게 될 것입니다. 모든 말씀은 구약에서 가져온 것입니다. 그 관점에서 봤을 때 여러분은 성서 속에서 자신이 누구인지를 알게 될 것입니다. 십자가에 못 박힌 채 예수가 했던 말은 다윗의 말과 같습니다.

다윗은 아버지에게 자신을 온전히 맡기려 했습니다.

> 아버지의 손에, 저의 영을 맡기나이다.
> 그대는 저를 구원하셨나이다.
> 오 주여, 신실하신 하나님.

이 구절은 시편 31편에서의 다윗의 외침인데, 누가복음에서 예수의 마지막 외침을 비교해보겠습니다.

> 아버지여, 제 영을 아버지 손에 맡기나이다

그리고 예수는 아버지의 손에 온전히 자신을 맡깁니다. 그는 이제 하나님을 '아버지'라고 부릅니다.

하나님 계획의 성취

아버지여, 그대의 손에 제 영을 맡기나이다.

이것은 시편 31편에서 다윗의 말과 같습니다. 이제 성서 속 모든 이야기가 이 땅의 인간 안에서 펼쳐집니다.

제가 오늘 연단에 들어서기 전에 저의 매우 소중한 친구가 자신의 이야기를 해줬습니다. 그건 마치 저와 세상 사람들 모두에게 한 고백처럼 들렸습니다. 그분은 미국인이지만, 동시에 백 퍼센트 아일랜드인의 기질도 지녔다고 말했습니다. 그분이 정의한 아일랜드 사람이란, 자신이 무엇을 원하는지도 몰라 그것을 찾아내기 전까지는 계속 불안정한 상태에 있는 사람이라고 했습니다. 물론 정확한 표현은 아니고, 그가 훨씬 더 멋지게 표현했지만, 요점은 그것입니다. 그는 자신이 무엇을 원하는지 모르며, 그것을 찾기 전까지는 평화가 없다는 것입니다.

이 세상 사람들 모두 같은 문제에 직면해 있을 것입니다. 한번 옆에 있는 사람에게 무엇을 원하는지 물어보세요. 아마 그 사람도 대답을 잘 못할 것입니다. 그 이유는 우리 모두가 궁극적으로 찾고 있는 것이 '아버지'이며, 그 아버지를 찾기 위해서는 먼저 아들을 찾아야 하기 때문입니다. 기본적으로 우리는 삶에서 일어나는 일들의 원인이 무엇인지 밝히려 합니다. 과연 무엇이 나의 세상에서 일어나는 원인일까요?

친구는 저를 만나기 몇 해 전부터 하나의 상상을 자주 했다고 말했습니다. 그것은 라디오나 TV에서 강연하는 장면이었다고 합니다. 그리고 시간이 흐른 어느 날 갑자기, 오하이에 있는 그의 레스토랑에 한 손님이 찾아와 그에게 이곳 뉴멕시코에서 시리즈 강연을 제안했다고 합니다. 그리고 그녀는 다른 일정도 그의 스케줄에 맞춰 조정할 수 있었고, 그렇게 상상의 장면은 순조롭게 현실이 되었습니다. 그런데 중요한 건, 이 신사분이 그 백일몽을 기억했다는 것입니다.

우리 대부분은 그것을 기억하지 못해 수확물을 현실에서 만나게 되었을 때도 그것이 예전에는 상상의 씨앗에 불과했다는 사실을 받아들이지 못합니다.

이 세상에는 우연한 사건 따위는 없습니다. 이 세상에서 원인을 찾을 수는 없습니다. 이 자연의 결과는 영적인 원인을 갖고 있는데 그건 상상을 뜻합니다. 우리가 이 세상에서 원인으로 꼽은 것은 단지 그렇게만 보일 뿐이고 퇴색해가는 우리의 기억력이 만들어낸 망상입니다. 우리는 그 원인을 실제로 작동시켰던 때를 기억하지 못합니다. 친구는 샌프란시스코에서 저를 만나기도 훨씬 전에 일어났던, 그의 백일몽을 기억해냈습니다. 친구의 세상에 갑자기 한 낯선 이가 나타나 우연히 친구가 하는 이야기에 귀를 기울였고, 그에게 백일몽이 실현되는 기회를 열어줬습니다. 이 일이 현실에서 이루어지는 동안, 친구는 아무것도 하지 않았고 모든 것은 저절로 움직였습니다.

그래서 저는 말합니다. 고귀하고 아름다운 꿈을 꾸세요. 그 꿈이 오늘 밤 이루어지지 않더라도, 내일도, 다음 주에도 이루어지지 않더라도 계속 그 꿈을 꾸십시오. 마치 그 일들이 현재 일어나고 있는 것처럼 그 꿈속에 자신을 놓고 그 안에서 살도록 하십시오. 그 꿈에 사로잡히고, 마음속 진짜 꿈을 품은 채 이 시저의 세상에서 그것이 펼쳐지는 것을 지켜보십시오.

그러나 진정한 꿈이 성취될 때에만 삶이라는 꿈도 끝날 수 있습니다. 그 이야기는 우리가 깨어났을 때 완성됩니다. 왜냐하면 부활이란 깨어남이기 때문입니다. 부활이란 죽은 자를 다시 불러내서 그것 위에 살점을 올려놓는 것이 아닙니다. 그것은 곧 깨어남을 의미합니다.

우리는 아주 깊은 잠에서 깬 것처럼 깨어나게 되고, 우리가 있는 곳이 무덤인 것을 깨닫게 됩니다. 하지만 깨어난 자는 그 무덤의 속박을 뚫고 나올 힘이 있습니다. 그리고 사람들이 당신의 시신을 찾으러 왔을 때, 그 시신은 이미 사라지고 없습니다. 사람들이 당신을 알아볼 수 있었던 것은 당신이 두르고 있던 육신 때문인데, 그것이 사라진 것입니다. 그래서 사람들은 깨어난 자를 볼 수 없습니다.

> 사람들이 그를 보지 못하더라.

사람들은 깨어난 자를 보지 못하지만 깨어난 자는 자신을 둘러싼 모든 것을 완벽하게 인식합니다. 그리고 그곳에서 성서의 모든 상징들이 자신 앞에 펼쳐지는 것을 보면서 자신이 그 드라마의 주인공임을 알게 됩니다. 그곳에 보이는 사람들은 예수에 대해 말하는 것이 아니라 자신에 대해 말하고 있습니다.

우리 모두는 개성을 부여받았고 영원히 더 위대한 개성을 향해 나아가고 있습니다. 그 깨어남의 비전 속에서 사람들은 저를 하나님이라든가, 주라든가, 예수라고 부르지 않고 그냥 네빌이라고 불렀습니다. 그리고 그들은 포대기에 싸인 아이를 보며 "네빌의 아이"라고 말했습니다.

물론 저는 "나"에 대한 인식을 잃었거나 나에 대한 정체성을 잃지도 않았습니다. 그러다가 다윗이 제 앞에 섰습니다. 저는 1905년에 태어났습니다. 그런데 기원전 1000년에 태어난 다윗이 제 앞에 모습을 드러냈을 때, 저는 제가 그의 아버지임을 깨닫게 되었습니다. 그리고 성경에서는 하나님이 다윗에게 "너는 내 아들이다"라고 말했습니다. 이제 저는 제가 다윗의 아버지라는 사실을 알게 되었습니다. 그리고 그때서야 저는 제가 누구인지에 대한 확신을 얻게 되었습니다.

우리는 우리의 정체성을 잃지 않는 가운데 우리가 하나님 아버지임을 인식합니다. 성서의 가장 달콤한 이름은 아버지입니다. 우리는 온갖 고통과 끔찍한 일들을 겪고 있지만, 그래도 그는 우리의 사랑하는 아버지입니다. 이 삶은 악몽입니다. 그런데 그 악몽은 밤에만 머무르지 않고, 낮에도 계속되는 '낮의 악몽'이기도 합니다. 그렇기에 그 끝은 단연코 보상이 아닌, 승리일 것입니다.

우리는 우리 자신을 무덤 아래에 눕히기도 전에 모든 것을 계획하고 준비했습니다. 우리는 누구에게 돌아가기 위해 준비했을까요? 바로 우리 자신에게 돌아가기 위해서였습니다. 나는 아버지에게서 나와 이 세상에 들어왔고, 다시 아버지께 돌아가고 있습니다. 이것이 이번 주, 우리가 겪는 부활의 이야기입니다.

여러분은 어쩌면 성금요일에 고난의 예수를 생각하며 눈물을 흘릴지도 모릅니다. 하지만 이제 성서의 참된 뜻을 안다면, 그 눈물은 아껴두십시오. 십자가형은 이미 끝났고, 그 행위는 여러분이 여러분 자신에게 내린 의도적인 일입니다. 삶이라는 꿈을 꾸기 위해 스스로를 무덤에 눕히고, 그 꿈속에서 고통을 겪는 것입니다. 물론 그렇게 고통받을 것을 여러분은 아주 잘 알고 있었습니다. 누가복음 24장을 보면 그 이야기가 나오고 또 18장에도 나옵니다. 24장을 보면 이렇게 적고 있습니다.

오, 어리석고 마음이 더딘 자들아, 예언자가 그리스도에 대해 기록하고 말했던 모든 것을 이해하지 못하는구나.
그리스도가 그의 영광과 하나 되기 위해 이런 고통들을 겪는 것이 마땅히 필요하지 않았겠느냐?

이런 삶의 고난은 모두 우리를 단련시키는 일이고, 바로 용광로입니다.

내가 그대를 고난의 용광로에서 단련하였노라.

왜 이런 일을 했을까요? 나를 위해서입니다.

나를 위해서 나는 그 일을 하니,
어떻게 나의 이름이 불경하게 되리요?
내 영광을, 나는 다른 누구에게도 주지 아니하리라

내 이름은 아버지입니다. 그것이 바로 내 이름입니다.

그것이야말로 이 세상에서 하나님의 진짜 이름입니다. 그런데 "하나님"이란 단어를 들으면 우리의 마음은 무의식적으로 바깥의 무언가를 생각하지만, 진짜 이름은 아닙니다. '엘로힘'은 일반적으로 '하나님'으로, "Jod He Vau He"는 '주'라고 번역됩니다. 하지만 계시된 명칭은 아버지입니다. 창조주가 바로 아버지입니다. 우리 모두는 이 아버지를 찾는 여정 속에 있습니다.

그리고 언젠가 그는 자신을 아버지로 드러낼 수 있는 단 하나의 존재를 발견하게 될 것입니다. 그가 바로 아들 다윗이며, 우리를 아버지로 드러내 줄 것입니다.

지금 제가 하는 이 말은 많은 사람들에게 충격적으로 들릴 수도 있습니다. 사람들은 이 말을 받아들이기 힘들 수도 있지만 저는 지금 하는 말이 진실임을 알기 때문에 조금도 철회하지 않겠습니다.

어떤 사색을 통해서 유추한 것이 아니라, 직접 체험한 것이기 때문입니다. 제가 체험한 모든 것은 성경이라 붙리는 그 책 안에 항상 담겨 있었지만 그것을 체험하지 못했을 때는 그 내용을 볼 수 없었습니다.

너희는 눈이 있으나 보지 못하며, 귀가 있으나 듣지 못하더라.

우리는 눈과 귀를 가지고 있으나, 그것이 막혀 있었기에 진리를 보지도 듣지도 못했습니다. 그래서 우리에게 고난의 용광로가 필요합니다. 그것은 우리를 위해 우리의 눈을 트이게 해줄 것이고, 우리를 위해 우리의 입을 열어줄 것이고, 우리를 위해 우리의 귀를 뚫어줄 것입니다. 그렇게 우리의 눈과 귀와 입이 열렸을 때 그 모든 일들이 우리 안에서 펼쳐지는 것을 볼 수 있게 됩니다.

성서는 하나님에 관한 이야기이기 때문에 우리에 대한 이야기이기도 합니다. 왜냐하면 우리가 깊은 잠에 빠진 하나님이기 때문입니다. 그리고 하나님이 내 안에서 나로서 깨어날 그날은 다가오고 있으며, 아주 가까이 있습니다. 그날 나는 하나님의 아들이라고 주장하는 아들을 만나게 될 것이고, 그로써 그가 나를 아버지라고 부르는 날, 나는 내가 하나님임을 깨닫게 됩니다. 이것이 바로 성경의 진실한 이야기이고 우리 모두의 이야기입니다.

침묵 속으로 들어가겠습니다.

Fundamentals

변화를 이끄는 세 가지 기초

Chapter 13 Fundamentals
변화를 이끄는 세 가지 기초

진정한 형이상학자의 길은 어떤 은둔의 길이 아닌,
삶이라 부르는 것 한가운데에 놓여있습니다.
우리가 진리를 단순히 '듣는 자'를 넘어, 진실로 '행하는 자'가 되려 한
다면, 우리는 항상 일상에서 자아의 관찰, 목표에서 생각하기,
그리고 부정적인 감정과 생각으로부터의 분리를 해야만 합니다.

형이상학에는 다양한 주제가 있으므로, 이를 몇백 자로 요약해 설명하기는 쉽지 않습니다. 하지만 지금 우리에게 직면한, 그래서 우리가 집중해서 살펴봐야 할 것을 세 가지 기본적인 형태로 이야기해 보겠습니다. 바로 이 세 가지는 자아 관찰, 목표의 명확함, 그리고 분리입니다.

형이상학의 진정한 목표는 개개인의 다시 태어남, 즉 근본적인 내면의 변화입니다. 그런데 자신이 지금 어떤 모습인지를 발견하기 전까지는, 형이상학의 진정한 목표인 근본적인 내면의 변화가 일어나지 않습니다. 게다가 이런 자아의 발견은 오직 삶에 대한 자신의 반응을 있는 그대로 관찰할 때에만 이룰 수 있습니다.

나의 삶에 대한 반응들의 총합은 나의 의식 상태를 규정짓습

니다. 그리고 이런 나의 의식 상태가 내 삶에 나타나는 상황과 환경을 끌어옵니다.

그래서 형이상학의 실천적 측면의 출발점은 바로 "자아 관찰"이며, 이를 통해 삶에 대한 자신의 반응, 즉 인생의 현상을 만들어내는 숨겨진 자아를 발견하는 것입니다.

"인간은 언제나 자신의 진실한 모습으로 스스로를 에워싸고 있다… 우리가 볼 수 있는 것은 오직, 우리가 어떤 존재인지뿐이다"라는 에머슨의 말에 저도 동의합니다.

외부 세상의 모습과 내면의 모습 사이에는 분명한 연결 고리가 있습니다. 그래서 우리의 외부 세상의 삶을 끌어당기는 것은 언제나 내면의 상태라고 말할 수 있습니다. 그러므로 변화의 시작은 언제나 자기 자신이어야 하며, 변화해야 할 대상은 바로 자기 자신입니다.

어떤 사람은 자신에 대해 매우 만족한다고 말하지만, 그것은 자기 내면 깊숙한 곳에서 들려오는 불만과 혐오의 목소리를 알아차리지 못하는 무지에서 비롯된 것입니다. 반대로, 자신의 불만족을 인식하고 있는 사람들조차도 대개는 그 원인을 불쾌한 외부 환경이나 주위를 맴도는 불편한 타인에게서 찾습니다.

사람들은 문제의 원인을 언제나 외부 환경이나 타인에게서 찾습니다. 그러나 실제로 그 불만족의 뿌리는, 자신이 가장 좋아한다고 여긴 바로 그 "자기 자신"에게 있습니다.

인간은 언제나 자신의 진실한 모습으로
스스로를 에워싸고 있다.

...

우리가 볼 수 있는 것은 오직, 우리가 어떤 존재인지뿐이다.

우리는 이 진리를 깨닫지 못합니다. 그래서 세상의 부조리를 보며 누군가가 자신을 속일 수 있다고 생각하지만, 그 원인은 자기 안에 자리한 자신의 기만하려는 성향이라는 사실을 모릅니다. 이 진실을 깨닫게 되었을 때 우리는 충격을 받습니다.

자아 관찰은 우리 안에 숨겨진 기만적인 자아를 드러내며, 진정한 변화를 이루기 위해서는 이 자아를 먼저 받아들여야 합니다.

지금 이 순간, 여러분의 내면 상태를 주의 깊게 살펴보십시오. 여러분은 어떤 생각에 동의하고 있습니까? 여러분은 어떤 느낌을 자신이라 생각합니까? 여러분은 반드시 내면에서 자신이 어디에 있는지를 항상 주의 깊게 살펴야 합니다.

대부분의 사람들은 자신을 친절하고 자애로우며, 관대하고 아량이 있으며, 남을 비난하지 않는 고귀한 존재라고 생각합니다. 그러나 삶에 대한 반응을 있는 그대로 관찰해보면, 실제로는 그렇지 않다는 사실을 발견하게 됩니다. 이 자아가 바로 우리가 먼저 받아들인 후에 바꾸기 시작해야 할 대상입니다.

다시 태어남은 우리가 바깥 세상에서 어떤 일을 하느냐에 달린 것이 아니라, 우리의 자아 안에서 어떤 일을 하느냐에 달려 있습니다. 이 자아를 변화시키지 않는다면 그 누구도 다시 태어날 수 없습니다. 삶에 대한 반응들이 완전히 새롭게 변화되어, 그것이 내 삶이 될 때, 다시 말해 의식의 변화가 찾아왔을 때, 바로 이때 영적인 탄생이 이루어집니다.

삶에 대한 여러분의 반응을 있는 그대로 관찰해 변화시켜야 할 자아를 발견했다면, 이제는 하나의 목표를 명확히 설정해야 할 차례입니다. 다시 말해, 여러분은 보이지 않는 곳에 숨어 있던 여러분의 실제 모습 대신에, 여러분이 되고자 하는 모습을 명확히 해야 합니다. 이렇게 아주 뚜렷해진 목표를 가지고, 여러분은 깨어 있는 동안 행해지는 모든 반응을 이 목표와 관련지어 주의 깊게 살펴보아야 합니다.

이렇게 하는 이유는, 우리 모두가 삶에 대한 반응들의 총합으로 이루어진, 고유한 의식 상태 안에서 살아가기 때문입니다. 따라서 하나의 목표를 명확히 함으로써, 여러분은 하나의 의식 상태를 명확히 한 것입니다. 그리고 그 의식 상태는 다른 의식 상태처럼 삶에 대한 고유의 반응을 지니고 있습니다.

예를 들어보겠습니다. 어떤 소문이나 무익한 평가가 한 사람에게는 걱정을 일으키지만, 다른 사람에게는 아무런 반응도 일으키지 않는다면, 이는 두 사람이 서로 다른 의식 상태에 있다는 명확한 증거입니다.

만약 만물이 의식 상태라는 것을 이해하고, 여러분의 목표를 고귀하고, 관대하며, 담대한 사람이 되는 것으로 정했다면, 매일 일상에서 일어나는 사건에 대한 자신의 반응을 살펴봄으로써, 목표에 부합하는 삶을 살고 있는지 쉽게 확인할 수 있습니다.

여러분의 반응이 그 목표한 상태와 일치한다면, 여러분은 이미 그 목표 안에 있으며, 그 안에서 생각하고 있는 것입니다. 왜냐하면 여러분은 여러분의 목표와 하나가 되었기에 "목표에서부터 생각"할 것이기 때문입니다. 반면에 여러분의 반응이 여러분의 이상과 일치하지 않았다면 여러분은 이상과 분리되어 있는 것이고, 오직 "그것을 생각"하고 있다는 명확한 증거입니다. 이제 여러분은 여러분이 되고자 하는 사랑스러운 존재라는 것을 받아들이십시오. 그런 후에 일상에서 여러분의 반응을 그렇게 받아들인 모습과 비교하여 살펴보십시오. 여러분의 반응은 여러분이 현재 어떤 의식 상태에서 활동하고 있는지를 보여줄 것입니다.

여기서 세 번째 기본 요소인 "분리(Detachment)"가 등장합니다. 모든 것은 의식이 모습을 드러낸 것임을 깨닫고, 우리가 눈에 보이게 만들고 싶은 특정한 상태를 명확히 했다면, 이제 해야 할 일은 그 상태에 들어가는 것입니다. 변화하고자 한다면 우리는 정신적인 현 위치에서, 목표로 삼은 정신적 위치로 옮겨가야 하기 때문입니다.

분리를 연습하는 목적은 삶에 대한 우리의 현재 반응으로부터 우리를 분리해서 우리가 목표한 것과 하나 되기 위함입니다. 연습을 통해 이런 내면의 분리가 계발되어야 합니다.

  처음 이것을 할 때는 우리가 원하지 않는 상태에서 우리 자신을 분리시킬 힘이 없는 듯 느껴집니다. 그동안 우리는 모든 감정과 반응을 자연스럽게 받아들이며, 그것들을 곧 자신의 존재라고 여겨왔기 때문입니다. 우리의 현재 반응들이란 우리 자신과 분리시킬 수 있는 하나의 의식 상태에 지나지 않는다는 것을 모르기 때문에, 우리는 문제를 내부의 상태가 아닌 외부 상황이라 여기면서 문제에 둘러싸인 채, 계속해서 제자리걸음을 했습니다.

  우리는 삶에 대한 습관적 반응의 사슬에서 벗어나기 위해, 내적 분리를 연습합니다. 바로 이것이, 우리가 왜 목표를 명확히 한 후에 그 목표의 관점에서 우리 자신을 계속해서 관찰해야 하는지를 말해 줍니다.

  제가 여러분에게 말하고자 했던 것은 첫째, 자아 관찰에서 시작해, 둘째, "원하는 것이 무엇인가?"라고 묻는 것입니다. 그런 후에 모든 부정적인 상태로부터 분리해서, 여러분이 목적으로 삼은 것과 하나 되는 것입니다. 최종적 단계인 "목표와 하나 됨"은, 소망이 이미 이루어졌다는 느낌을 자주 경험해보는 것으로 이루어집니다.

  우리는 일상의 모든 분쟁과 사건 속에서, 우리의 부정적인 감정과 생각으로부터 우리 자신을 분리하는 것을 해봐야 합니다. 현재의 반응으로부터 자신을 분리하여 목표와 하나 되지 않는다면, 그 누구도 지금의 모습에서 단 한 발짝도 나아갈 수 없습니다. 여러분은 삶의 모든 축복과 저주 속에서, 부정적인 상태에 대한 분리, 그리고 소망이 성취된 느낌을 가져보기를 반드시 연습해야 합니다.

진정한 형이상학자의 길은 은둔의 길이 아닌, 삶이라 부르는 것 한가운데에 놓여 있습니다. 우리가 진리를 듣는 자를 넘어서 진실로 진리를 행하는 자가 되려 한다면, 우리는 항상 자아의 관찰과 목표에서 생각하기, 그리고 부정적인 감정과 생각으로부터의 분리를 해야만 합니다.

이 세 가지 기본을 꾸준히 실천하십시오. 그러면 여러분은 더 높은 의식의 차원에서 깨어나게 될 것입니다.

항상 기억하십시오.
여러분의 삶을 이끌어 온 것은 다름 아닌, 여러분의 의식 상태입니다.

저 높은 곳으로 오르십시오!

You Can Forgive Sin

당신은 죄를
용서할 수 있습니다

Chapter 14 YOU CAN FORGIVE SIN
당신은 죄를 용서할 수 있습니다

위미경 옮김

*14장은 번역자가 다르므로, 일부 용어나 표기가 기존 장들과 다를 수 있습니다

그리고 중풍환자에게 말씀하셨다.
"내가 말하는 대로 하여라. 일어나 요를 걷어가지고 집으로 가거라."
중풍환자는 사람들이 보는 앞에서 벌떡 일어나 곧 요를 걷어가지고 나갔다. 이것을 보고 무리는 두려워하는 한편
"사람"에게 이런 권한을 주신 하느님을 찬양하였다.

성서의 말을 변형해서 "당신이 죄를 용서할 수 있습니다"라고 말한다면 사람들은 이를 불경하다고 생각할지 모릅니다. 우리는 우리에게 일어나는 여러 가지 부정적인 상황들(병, 여러 가지 삶의 고민들)의 원인을 현재 우리를 둘러싼 환경과 세상 탓으로 돌리곤 합니다.

우리에게 생기는 병과 삶의 여러 고민들은 사실 우리의 죄에서 비롯되었음에도, 우리는 이게 부족해서, 저게 없어서라고 말하며 외부적인 것에 핑계를 대곤 합니다. 또한 그런 핑계를 정당화하기 위해 우리를 죄에서 구원해 줄 예수가 우리 가운데 왔고, 오

직 예수만이 우리를 죄에서 구할 수 있다고 말합니다.

그런데 죄란 과연 무엇인가요?

죄란 삶에서 "과녁을 빗나가는 것", "길을 잃어버리는 것", "목적을 놓치는 것"입니다. 그래서 만일 삶에 목표라는 과녁조차 없다면 우리는 죄를 짓고 싶어도 짓지 못합니다. 그렇지만 만일 우리가 어떤 목표를 갖고 있는데 그것을 실현하지 못해 그 목표한 것을 놓친다면 죄를 짓고 있는 것입니다.

이처럼 목표를 놓치고도 그것조차 인식하지 못하는 우리에게 예수 그리스도가 온 이유는, 과거의 어떤 죄도 비난하지 않으며, 우리가 앞으로 어떻게 하면 죄를 짓지 않을 수 있는지를 알려주기 위해서였습니다.

당신의 죄를 말해보십시오. 당신의 목표를 말해보십시오.

당신에게 하느님의 말씀을 전해드리겠습니다. 하느님은 이렇게 말씀하십니다.

예수가 이 세상에 온 유일한 이유는 인간이 이렇게 하면 그의 목적을 놓치지 않고 그 안에서 온전하게 믿음을 유지할 수 있는지 보여주기 위해서다.

마르코 복음과 마테오 복음에서 말하는 중풍환자에 대해 말해 보겠습니다.

예수께서는 그들에게 하느님의 말씀을 전하고 계셨다. 그때 어떤 중풍환자를 네 사람이 들고 왔다. 예수께서 그들의 믿음을 보시고 중풍환자에게 "안심하여라. 너의 죄가 용서받았다"라고 말씀하셨다. 그러자 율법학자 몇 사람이 속으로 "이 사람이 어떻게 감히 이런 말을 하여 하느님을 모독하는가? 하느님 말고 누가 죄를 용서할 수 있단 말인가?" 하며 중얼거렸다. 예수께서 그들의 생각을 알아채시고 이렇게 말씀하셨다.

"어찌하여 너희는 그런 생각을 품고 있느냐? 중풍환자에게, '너는 죄를 용서받았다' 하는 것과 '일어나 네 요를 걷고 걸어 가거라' 하는 것 중 어느 편이 더 쉽겠느냐?"

그리고 중풍환자에게 말씀하셨다.

"내가 말하는 대로 하여라. 일어나 요를 걷고 집으로 가거라."

중풍환자는 사람들이 보는 앞에서 벌떡 일어나 곧 요를 걷고 나갔다. 이것을 보고 무리는 두려워하는 한편 "사람"에게 이런 권한을 주신 하느님을 찬양하였다.

-마르코 복음 2:1-12

여기서 말하는 그 "사람"이 바로 우리입니다. 우리는 죄를 용서할 수 있는 권한을 부여받은 존재입니다. 사람들이 흔히 생각하듯, 죄를 용서하는 권한은 특별한 능력을 지닌 사람만의 것이 아닙니다. 그 권한은 모든 사람에게 동일하게 주어졌습니다. 그렇다면 우리는 어떻게 죄를 용서할 수 있을까요?

이제 우리는 "죄"라는 것이 과녁을 빗나가는 것을 의미한다는 사실을 압니다. 예수는 진리만이 우리의 죄를 용서할 수 있다고 말합니다. 요한복음에 이런 말이 있습니다.

> 나는 진리이다.
> 너희가 내 말을 마음에 새기고 산다면
> 너희는 진리를 알게 될 것이고 진리가 너희를 자유케 하리라.

예수는 성서의 모든 곳에서 이 진리를 말하고 있습니다. 그리고 이제 예수는 자기 자신을 "진리"라고 부르고 있습니다. 여러분께 묻겠습니다. 여러분은 이 세상에서 무엇이 되고 싶습니까? 그것이 무엇이건 간에, 심지어 불가능해 보이더라도 그것에 이름을 붙여보세요.

"나는 무엇이 되고 싶습니다."

그렇다면 여러분은 이미 그 존재입니다. 지금 여러분은 그 "되고 싶은 존재"입니다. 이 말을 듣고 이렇게 반문할 수도 있을 것입니다.

"내가 지금 그 존재라고요? 말도 안 돼!"

그러나 그렇게 말하는 순간, 여러분은 진리를 부정하고 있는 것입니다. 예수는 말했습니다.

나는 (I AM) 진리이다.

"I AM"은 이 세상의 모든 것입니다. "I AM"은 인간이 상상할 수 있는 모든 것을 말합니다. 그래서 여러분은 여러분이 원하는 모습을 상상해야 합니다. 만일 여러분이 되고 싶다고 상상한 모습에 대해 믿음도 확신도 없다면 여러분은 죄를 짓고 있는 것입니다.

여러분은 어떤 모습이 되고 싶습니까? 만일 내가 그것이 사실인 것처럼 믿음을 유지한다면 이 세상 어떤 것도 내가 그 일을 이루어내는 것을 멈추게 하지 못합니다.

어떻게요? 저에게 묻지 마십시오. 한 가지 확실한 것은, 이 세상의 모든 것이 나의 목적을 이루기 위해 자신들이 무엇을 하는지도 모른 채 스스로 움직이기 시작한다는 사실입니다. 어떻게 이루어낼 것인가 방법을 알고 모르고는 아무 문제가 되지 않습니다. 내가 나의 목적에 대해 믿음을 유지한다면 나의 목적을 이루어주기 위해 모든 우주가 헌신합니다. 여기에는 어떠한 예외도 없습니다!

자. 그렇다면 여러분이 원하는 모습의 사람이 이미 되었다면, 어떤 모습이겠습니까?

제가 오늘 밤 여러분에게, 여기 이 방안에 부자인 사람이 있냐고 물었을 때, 부자가 여러분의 목표가 아니라면, "나는 부자입니다"라고 말하지 않을 것입니다. 하지만 만약 그것이 여러분의 목표인데도 현재의 가난한 상태만 보고 "나는 부자입니다"라고 말하지 못한다면, 여러분은 목적을 놓치고 있는 것입니다.

만약 유명한 사람이 되고 싶어 하는 사람이 이 자리에 있는데 지금 현재 그런 모습이 아니라고 해서 "저는 유명한 사람입니다"라고 말하지 못한다면 이것 역시 목적을 놓치고 있는 것입니다.

요한복음 8장에는 이런 말이 있습니다.

> 너희는 자기 죄 속에서 죽을 것이라고 내가 말하였다.
> 정녕 내가 그임을 믿지 않으면 너희는 자기 죄 속에서 죽을 것이다.

여기서 "내가 그임을 믿지 않으면"은 우리가 걸치고 있는 이 육체가 아닌 우리 안에 있는 영혼을 말하는 것입니다. 만일 "I AM"이 내가 되고자 하는 그 존재임을 믿지 못한다면 나는 나의 목적을 놓치고 있는 것이고, 나는 죄를 짓고 있는 것입니다.

내가 삼은 목적은 외부의 영향에 의해 좌우되지 않습니다. 외부에서 그 원인을 찾을 수도 없습니다. 나의 건강상 문제는 외부적인 상황과 환경에 의해 생긴 것이 아닙니다. 그것은 단지 지금 내가 목적을 놓치고 있다는 죄를 지었기 때문에 생긴 것입니다. 과녁을 명중시킬 수 있는 사람은 오직 하느님 한 분입니다.

이사야에서 이렇게 말합니다.

> 나는 주, 너의 하느님, 너의 구원자이다. 내가, 바로 내가 주님이다.
> 나 이전에 신이 만들어진 일도 없고,

나 이후에 어떤 신도 존재하지 않으리라.

나 말고는 구원해주는 이가 없다.

하느님만이 나를 용서하실 수 있는 분입니다. 즉, 당신을 용서할 수 있는 존재도 바로 당신 자신입니다. 이 세상에서 당신을 구할 수 있는 유일한 것은 당신의 의식, 즉 "I AM"입니다. 당신이 당신 스스로를 구원합니다. 지금 당신이 원하는 모습이 되었다면, 어떤 기분이 들겠습니까? 그 감정과 상태에 대한 믿음을 확고히 하며, 이미 그 상태에 있는 것처럼 믿음으로 걸어가십시오. 그렇게 한다면 세상 어떤 것도 당신을 멈출 수 없습니다. 이 세상 어떤 것도요! 하느님보다 더 위대한 존재는 없습니다.

그렇다면 하느님이 누구입니까?

"나는(I AM)"이라고 말할 때 그것이 하느님입니다. 혹시 지금의 자신의 모습을 기준으로, 대통령이나 여왕, 대기업 회장과 같은 지위를 가진 이들이 당신보다 더 위대하다고 느끼고 있습니까? 그렇다면 당신은 지금 과녁을 놓치고 있는 것입니다. 당신이 어떤 존재인지 안다면 그 어떤 사람도 당신보다 위대하다고 생각할 수 없습니다. 당신은 그 어떤 것에도 지배당하지 않는 존재이며, 그 어떤 것도 당신보다 크지 않습니다.

이제 다시 중풍환자의 이야기로 돌아가 보겠습니다. 제가 이 중풍환자의 의미에 대해 설명한다면 아마 놀랄 것입니다. 중풍환자는 네 사람에 의해 실려 왔다고 성경에 적혀있습니다. 여기서 말하는 네 사람은 무엇을 상징할까요? 우리는 보통 감각을 오감으로 나누지만, 고대 학자들은 네 가지 감각으로 구분했습니다. 그들은 접촉에 의해서 알 수 있는 감각인 미각과 촉각을 하나로 간주했습니다. 맛보는 것과 만지는 것은 먼저 접촉이 있어야 하기 때문입니다. 이렇게 미각과 촉각을 하나의 감각으로 간주하고 이외 시각, 청각, 후각을 구분하였습니다. 이 네 가지 감각(미각과 촉각, 시각, 청각, 후각)을 성서에서는 네 명의 사람으로 표현한 것입니다. 우리는 이 외부적인 네 가지 감각에 의해 오늘 이곳에 실려 왔습니다.

예를 하나 들어보겠습니다. 나는 내 은행 계좌의 잔고를 알고 있습니다. 그리고 2주 후 미국 정부는 내 계좌에서 세금을 가져갈 것이라는 사실도 알고 있습니다. 나는 미국 정부가 어떤 존재인지, 어디에 있는지도 모르지만, 2주 후 일정 금액의 세금을 내야 합니다. 지금 내가 어떤 상황에 있든지, 나는 그 세금을 위해 돈을 준비해야 합니다. 나는 네 가지 감각을 통해 내 은행 잔고를 인식합니다. 그리고 그것이 내 세계 안에서 실제로 일어난 일이라는 것도 알고 있습니다. 그렇기에 나는 오늘, 네 사람의 어깨에 실려 이곳에 왔다고 말할 수 있습니다.

그때 예수 그리스도는 제게 말합니다.

너의 죄는 용서받았다. 그러니 네 스스로 걸어 나가라.

하느님 외에 누가 나의 죄를 용서할 수 있겠습니까? 오직 하느님만이 죄를 용서하실 수 있습니다. 그리고 그 하느님의 이름은 "I AM"입니다. 그렇습니다. 나는 죄를 용서받았습니다.

만일 내가 어떻게 해야 2주 후 세금을 낼 수 있을까 생각한다면 나는 나 스스로 걸어 나갈 수 없습니다. 대신 나는 죄를 용서받았기 때문에 내가 내야만 하는 세금이 이미 모두 지불된 것을 나의 세상에서 봅니다. 나는 죄를 용서받았기 때문에 그런 모습을 볼 수 있습니다. 이것이 나 스스로 걸어 나가는 것입니다.

지금 내가 일자리가 없다고 가정해 보겠습니다. 나는 세금을 내야하고 음식을 살 돈마저 없어 그 돈을 빌려야 하는 상황입니다. 나는 여기 네 명의 남자에 의해 중풍환자인 채로 실려 왔습니다. 예수 그리스도는 나에게 나의 죄는 용서받았으니 침상을 걷어, 일어나 걸으라고 합니다. 중풍환자의 모습으로 여기 네 남자의 등에 실려 온 나는 어떻게 그렇게 할 수 있을까요? 외부적인 감각들, 그 네 가지 감각들이 주는 것들을 무시하면, 나 스스로 일어나 걸을 수 있습니다. 나를 중풍환자로, 내가 실업자라고 느끼게 해주는 그 외부적인 증거들을 무시하고 걸어 나갑니다. 나는 외부 감각이 전해주는 상황들을 무시한 채, 내가 원하는 모습이 이미 실현되었다는 믿음으로 걸어 나갑니다.

절대 외부적인 네 가지 감각들이 전해주는 것들에 휘둘리지 말고, 일어나 걸어가세요! 그리고 이 세상 모든 것이 나의 모습을 이루어주기 위해 움직이고 있음을 믿으세요.

나는 이곳에 중풍환자로 왔지만 지금은 나 스스로 다시 걸어 나갑니다. 이것이 이 이야기가 주는 핵심입니다.

이 세상의 모든 존재들은 스스로 일어나 걸어 나갈 수 있습니다. 왜냐하면 하느님이 당신의 죄를 용서했기 때문입니다. 당신이 이전에 무엇을 했든 상관없이, 예수는 인간을 죄로부터 자유롭게 하기 위해 이 세상에 왔습니다. 뒤를 돌아보지 마세요. 당신이 원하는 모습이 되었다고 믿고, 그것만 보고 걸어 나가세요. 그러면 당신의 죄는 용서받을 것입니다.

누가 용서합니까? 하느님이 용서합니다. 하느님이 당신을 용서합니다. 나는 확신합니다. 누가 확신합니까? "내가(I AM)" 확신합니다. 내가 그 하느님입니다. 나는 내가 이 세상에서 원하는 모습이 되어있다고 확신합니다. 나는 그것을 하느님이라 부르고 그 상태에서 걸어갑니다. 하느님 외에는 아무것도 없습니다. 당신이 무엇을 했든, 과거는 잊어버리세요. 단지 당신이 원하는 모습을 꿈꾸고 그것을 확실하게 믿으세요.

이제 블레이크가 한 말을 보겠습니다.

예수라는 영혼은 우리의 죄를 끊임없이 용서하고 있다.

우리의 죄는 매 순간 용서받고 있습니다. 오늘 밤 우리가 집으로 돌아와 침묵 속으로 들어가는 순간 우리는 서로를 용서할 수 있습니다. 나는 이 세상 모든 사람들이 그들 자신을, 친구를, 주변 사람들을 용서했다는 이야기를, 다시 말해 이 세상 모든 사람이 자신의 목적을 찾고 그 안에 온전하게 머물게 되었다는, 이 세상에서 가장 아름다운 이야기를 들을 수 있습니다.

여러분 모두가 그 가장 아름다운 이야기를 하고, 저는 연단에서 그걸 듣기를 바랍니다. 만일 제가 그런 이야기를 듣는 것에 대한 믿음을 가지고 오늘 밤 이 곳을 걸어 나간다면 저는 그렇게 할 수 있을 것이라고 믿습니다. 어떤 것도 그것을 막을 수 없습니다. 누군가가 그런 일은 결코 일어나지 않을 것이라고 말해도 저는 개의치 않을 것입니다. 제가 확신하는 한, 그 일은 반드시 일어나게 되어있다는 것을 믿으니까요.

씨앗이 뿌려지고 약속한 시간이 지나면 꽃은 피어나게 됩니다. 꽃이 피기까지의 시간이 길게 느껴질지도 모릅니다. 그러나 꽃은 더 늦게도, 더 빠르게도 아닌 정확히 제 시간에 피어납니다. 이것은 결코 어긋나지 않는 법칙입니다.

성서에서 "죄"를 또 다르게 표현한 말은 "trespass(길에서 벗어남)"입니다. 주의 기도에 보면 "우리가 우리에게 죄 지은 자(trespass)를 용서한 것 같이 우리의 죄(trespass)를 용서하시고"라는 구절이 있습니다. 여기서 "죄 지은 자"는 "Trespass"이며, 자신의 가고자 하는 길에서 일시적으로 벗어나 있는 상태를 말합니다.

당신과 제가 어떤 사람에 대해 이야기한다고 가정해보겠습니다. 그는 실업자입니다. 우리는 그가 실업자라는 상태를 알고 이야기를 시작합니다. 물론 상황은 나쁩니다. 그는 어쩌면 지금 일을 구하기에 어려운 상태에 있을지도 모릅니다. 하지만 문제는 지금 그가 실업자라는 외부적인 현실이 아니라, 우리가 그를 실업자인 상태를 전제해서 이야기를 하는 것입니다. 네 가지 감각에 의해 이야기 하는 것, 이것이 지금 죄를 짓고 있는 것입니다. 그는 그가 가질 수 있는 수많은 상태 중 현재 단지 실업자라는 한 상태에 있을 뿐입니다. 그러나 우리는 현재의 상태가 전부인 듯 해석하는 이 보잘것없는 덫에 매일, 매순간 걸리고 있습니다. 이것이 매순간 죄를 저지르는 것입니다.

우리는 신문을 통해 대통령이 되었다거나 특별한 업적을 이루었다는 이유로 위인이라 불리는 사람들의 이야기를 자주 접합니다. 그리고 평론가들이 그에 대해 쓴 글을 읽고는, 그것을 하나의 기준으로 삼아, 그 사람을 그 기준에 맞춰 판단하기 시작합니다. 그렇다면 당신은 죄를 짓고 있는 것입니다.

주여, 우리가 우리에게 죄 지은 자를 용서하듯이 우리 죄를 용서하시고

이 구절을 다시 생각해보세요. 우리는 이 세상에서 읽고, 듣고, 본 것을 기준으로 세상을 만들고 있습니다. 바로 이것이 죄를 짓는 것입니다.

실업자에 대해 이야기 해보겠습니다. 그가 진정으로 원하는 것이 무엇일까요? 직업과 그에 따른 얼미의 보수를 원합니다. 나의 세상에서 나는 그가 스스로 원하는 직업을 얻고, 원하는 금액을 받고 있다고 확신합니다. 나는 그가 그런 상태가 된 것에 대해 기쁨을 느낍니다. 그렇게 하면 그는 현실에서도 원하는 직업

을 얻고 수입도 얻게 됩니다. 이것은 진실입니다. 이것은 절대 실패하지 않는 진리입니다.

여러분과 제가 주의 기도의 "우리의 죄를 용서하시고" 이 부분을 그저 문맥 그대로 하느님께 자비를 보여 달라고 말하는 것으로 이해할 수도 있습니다. 그러나 성경을 다시 잘 읽어보세요. 중풍환자는 네 명의 등에 실려서 이곳에 왔습니다. 중풍환자를 데리고 온 네 명의 남자는 예수가 중풍환자를 치유할 수 있을 것이라는 믿음을 가지고 그를 예수 앞에 데리고 왔습니다. 예수는 그 중풍환자를 데리고 온 네 남자와 중풍환자에게 "너희의 믿음이"라고 말합니다.

여기에 대리믿음이라는 것이 있습니다. 만일 여러분이 어떤 일에 대한 믿음이 없다고 해도 제가 여러분 대신 여러분을 위해 믿음을 가질 수 있습니다. 마찬가지로 제가 제게 어떤 믿음이 없다고 할 때 여러분이 저를 대신해 제가 원하는 것이 이루어지는 것에 대한 믿음을 대신 가질 수 있습니다.

이 "대리믿음"은 종종 본인 스스로 믿는 것보다 더 큰 힘을 발휘합니다. 만약 제가 원하는 것이 있는데, 그것이 이루어지는 것에 대해 믿음도 부족하고 실패를 예상하고 있더라도, 당신이 저를 대신해 제가 소망이 이루어진 것을 상상한다면 그 일은 이루어집니다. 중풍환자를 예수 앞에 데리고 온 네 명의 남자는 그 행동으로서 그들의 믿음을 보여주었습니다. 하느님은 그들의 믿음을 보았고, 그래서 그 중풍환자에게 이렇게 말씀하십니다.

> 나의 아들아. 너의 죄는 용서받았다.

　이러한 해석을 불경스럽다고 느낄지도 모릅니다. "감히 누가 죄를 용서할 수 있다고 말하는 거야?" 이렇게 생각하시면서요. 하지만 집에 돌아가면 이것을 꼭 해보세요. 여러분의 이웃이 간절히 바라던 일이 이루어졌다고 기쁜 소식을 전해준다고 상상해보세요. 그 소식을 듣고 여러분도 함께 기뻐하며 축하하는 모습을 마음속에 그려보는 것입니다. 그리고 그것이 실제로 일어난 일처럼 느껴진다면, 세상은 반드시 그 소망을 실현시켜 줄 것입니다. 반드시 그렇게 됩니다.

　이 이야기는 우리가 죄를 용서하는 능력을 가지고 있다는 것을 말해줍니다. 어떤 사람들은 사람에게 그런 권한이 있다고 하는 것이 하느님의 말씀을 어기는 것은 아닐까 두려워합니다. 그러나 이 말을 기억하세요.

> 너희가 땅에서 매면 하늘에서도 매여 있고,
> 땅에서도 푼다면 하늘에서도 풀려있다.

　나는 누군가를 보고 그를 나의 네 가지 감각에 의해 판단해 버립니다. 이것이 내가 땅에서 매고 있는 것입니다. 그러나 나는 그가 원하는 모습이 되어있는 것을 보고, 그가 스스로 걸어 나가는 것을 봅니다. 나는 내 감각들이 전해주는 것들을 버립니다. 나는 그런 감각들이 전해주는 것은 버린 채 그가 직업을 구했고,

사랑하고, 사랑받는 모습을 봅니다. 그리고 그 모습이 진실이라고 믿습니다. 그에 대한 나의 이런 믿음을 유지할 때 그것은 이 세상에서 진실이 됩니다.

　이것이 우리의 힘입니다. 우리는 죄를 용서할 수 있는 힘을 가지고 있습니다. 만일 당신에게 어떤 목적조차도 없다면 당신은 죄를 지을 수 없습니다. 죄라는 것은 이 세상 사람들이 말하는 도덕적인 규범을 어기는 것을 말하는 것이 아닙니다. 당신에게 목적이 있습니까? 이 세상에서 어떤 구체적인 목적을 가지고 있습니까? 그럼 그것을 느껴보세요. 그것이 이미 이루어졌다고 몸과 마음 깊은 곳에서 느껴보세요.

　로마서에 이런 말이 있습니다.

　육체가 아닌 영으로 걸어라.

　육체는 나의 감각입니다. 나의 감각은 내가 되고자 하는 모습이 되어있다는 것을 거부합니다. 당연하죠. 지금 눈을 떠서 주변을 본다면 나는 내가 원하는 모습이 아니니까요. 그러나 여러분은 이런 육체에 의존해 걷지 마세요. 우리는 영적인 감각으로 걸어 나가야 합니다. 나의 영혼은 나의 상상 속에서 내가 원하는 것이 되어있다는 것을 확실하게 알고 있습니다. 그러니 오늘 이 강연이 끝나고 집에 돌아갔을 때 이런 결핍을 나타내는 상황과 맞닥뜨리더라도 실망하지 말고, 믿음을 유지하세요. 내가 상상하는 것을 믿는다면 그것은 반드시 이루어집니다. 그리고 당신이 그것을 믿는다면 그것은 사실이 되어 나타납니다.

내 모든 감각들이 그것은 이루어지지 않을지 모른다고 나에게 말해줄지도 모릅니다. 우리는 그것을 무시해야 합니다. 이제부터 우리는 외부적인 상황을 전해주는 네 가지 감각으로 걷는 사람이 아닌 영적으로 걷는 사람입니다. 여러분이 꼭 이것을 해보기를 바랍니다. 여기엔 어떤 실패도 없습니다. 당신의 목표를 인식하고 이것을 꼭 해보기를 바랍니다.

오늘 아침 저는 3개월 전쯤 청중석에 앉아있던 한 남자로부터 멋진 내용의 편지를 받았습니다. 직장에서 인정받고, 열심히 일하는 그는 올해 그 성과에 걸맞은 많은 보너스를 원했습니다. 그러나 그가 받고자 했던 보너스는 사장의 애인에게 돌아갔습니다. 저는 그와 함께 그가 더 높은 연봉의 직업을 구한 것을 상상하기로 했습니다. 그런데 오늘 그가 보낸 편지에는, 더 많은 돈을 받고 더 많은 기회가 주어지는 직장을 구했다는 소식이 담겨있었습니다. 그가 그 편지를 쓰고 있던 바로 그 순간, 다른 곳에 있던 저는 이미 그가 보너스를 많이 받는 좋은 직장을 갖게 되었다고 믿고 있었습니다. 저는 그가 제게 그렇게 말해줄 것이라 확신했고, 그 상상을 하는 동안 단 한순간도 의심하지 않았습니다.

제가 여러분들에게 요구하는 것은 당신이 원하는 것이 어떤 상태이든, 그 상태에서 온전하게 머무르라는 것입니다. 모든 사람들 속에 하느님이 있습니다. 모든 사람들은 말을 할 때 "나는(I

AM"이라는 말을 해야만 합니다. 그것이 하느님입니다.

"나는" 아인슈타인입니다.

"나는" 네빌입니다. "나는" 하느님입니다.

네빌이라는 것은 하느님이라는 존재의 작은 일부입니다. "나는 부자입니다"라고 할 때도 하느님의 일부입니다. 하느님은 무한하고, 하느님은 모든 것입니다. 말을 하려면 우리는 항상 "I AM"이라고 해야 하며, 그렇게 말하는 순간 우리는 감각이 전하는 중풍환자를 마음속으로 불러오게 됩니다. 그러나 당신은 당신 마음에 있는 중풍환자가 전부라고 여기지 마세요. 네 가지 감각으로 외부에서 전해지는 감각들을 무시하고 중풍환자가 스스로 걸어 나가는 것을 보세요.

당신이 하느님의 이름을 말할 때는 단지 "하느님"이라고 할 때만은 아닙니다. 당신은 하느님의 이름으로 항상 기도하고 하느님의 이름으로 말하고 있습니다. 즉, "나는(I AM = GOD) 건강하다, 나는(I AM = GOD) 부자다, 나는(I AM = GOD) 안전하다"처럼 말이죠.

만일 당신이 하느님의 이름으로 말하고, 그것을 진심으로 믿는다면 당신이 이전에 보지 못한 세상이 펼쳐질 것입니다. 이 법칙은 이 세상에서 국적이나 피부색에 상관없이 모두에게 적용됩니다. 이 모든 것이 하느님입니다. 모든 사람들은 말을 할 때 "나는 (I AM)"이라고 말해야만 합니다. "나는 이것입니다." "나는 남자입니다." "나는 미국인입니다." "나는 중국인입니다."

당신은 무엇이 되고 싶습니까? 그리고 그것을 말해보세요.

"I AM"이 그것을 이루어줄 것입니다. 하느님 이외에는 아무것도 없고 내가 하느님이라는 생각이 당신의 모든 꿈을 이 세상에서 이루도록 해줄 것입니다.

우리 모두는 오늘 여기 네 명의 남자에 의해 실려 온 중풍환자입니다. 그리고 우리의 모든 순간, "I AM"이 존재하고 있습니다. 이제 나를 용서하세요. 내가 원하는 것이 이루어졌다는 확신을 함으로써 나 스스로를 용서하세요. 이렇게 나 스스로를 용서할 때 이 세상 어떤 것도 그 소망의 실현을 막을 수 없다는 것을 우리는 알게 됩니다.

죄에 대해 말하면서 다른 사람들에게 공포감을 심어주지 마세요. 예수는 죄 지은 자를 용서하기 위해 왔습니다. 예수의 유일한 관심은 죄를 지은 사람들입니다. 소위 말하는 도덕 따위는 잊어버리세요. 저는 여러분에게 죄에 대해 두려운 생각을 심어주는 사람들을 벌주라는 것이 아니고, 그들을 잊어버리라고 말하는 것입니다. 모든 것들은 스스로 정리될 것입니다.

우리 인류는 무한한 상태 안에 존재합니다. 지금 저 사람이 어떤 모습으로 보일지라도 그것은 그가 존재할 수 있는 무한한 상태 중 한 모습일 뿐, 그 상태가 그의 전부는 아닙니다. 그가 어떤 상태에 머무르려고 할 때 우리는 이렇게 말해야 합니다.

"당신은 무엇이 되고 싶습니까?"

이렇게 물으면 그는 어떤 상태가 되고 싶다고 말할 것입니다. 당신은 그에게 그가 원하고, 되고 싶어 하는 상태를 물음으로써 그를 무한한 상태로 만들어 놓을 수 있습니다. 그리고 그가 그 원하는 상태에서 벗어나 있더라도 당신이 그 사람에 대해 대리민

당신은 죄를 용서할 수 있습니다

음을 가질 수 있습니다. 그가 원하는 모습이 이루어진다면 그는 어쩌면 이렇게 말할지도 모릅니다.

"뭐, 어쨌든 그게 이루어지긴 이루어졌네요!"

모든 사람들에게 그들이 원하는 상태가 무엇인지 물어보세요. 만일 그들이 믿는다면 우리는 이렇게 말할 수 있습니다.

만일 그대가 내가 그임을 믿지 않는다면
그대는 죄 속에서 죽을 것이다.

당신은 예수 그리스도의 이 말을 들으면서, "나는 하느님이고, 당신은 아니다"라는 뜻으로 생각했을 수도 있습니다. 하지만 그렇지 않습니다. 성경의 모든 이야기는 인간의 영혼 안에서 일어나는 이야기입니다. 이제 그가 우리에게 진리를 말합니다.

"그대는 진리를 알아야 하고 진리가 그대를 자유롭게 하리라."

사람들은 말합니다. "우리는 이미 자유인인데 뭐가 우리를 자유롭게 한다는 겁니까?"

사실 그들은 속박되어 있습니다. 그런데도 그들은 자신들이 육체적으로 자유롭기 때문에 그것이 자유라고 믿고 있습니다. 맞습니다. 우리는 육체적으로 자유롭습니다. 하지만 그것이 진정한 자유일까요? 집세를 내지 못하고 음식도 살 수 없는 상황일지라도, 자유롭다고 느낄 수 있습니다. 어떻게요? 나는 죄를 용서함으로 자유로워질 수 있고, 그 죄를 용서할 수 있는 사람은 하느님, 즉 "I AM"입니다.

오늘 우리 세상에서는 수많은 사람들이 물질적인 감옥에 갇혀 있습니다. 수많은 사람들이 실업 상태이고 집세도 못 내고 있습니다. 저는 그들에게 성서에 쓰인 대로, 하느님이 말씀하신 대로 그들을 자유롭게 한다고 말합니다. 그들은 자신이 누구인지 안다면 자유로워질 수 있습니다. 이것은 단지 감옥에 있는 사람들에게 하는 말이 아닙니다.

누군가에게 이름과 나이를 묻는다면 이렇게 대답할 것입니다.

"나는 존 스미스입니다. 나는 30살입니다."

그는 자신에 대한 이야기를 하기 전에 항상 "나는"이라는 말을 해야만 합니다. 그 "I AM"이 하느님입니다.

마태오 복음에 이런 말씀이 있습니다.

이 일을 보고 군중은 두려워하며,
사람들에게 그러한 권한을 주신 하느님을 찬양하였다.

샌프란시스코에서 제가 이 이야기를 전했을 때 청중 중에 한 여성분이 있었는데, 그녀의 동생은 군사 재판에 회부되어 6개월의 중형을 받았습니다. 그녀는 저의 이 강의를 듣고 자신의 아파트로 돌아가 의자에 앉아, "만일 이 남자가 하는 말이 진실이라면 나는 내 동생을 풀어줄 수 있을 거야"라고 말하면서 완벽한 상상을 하기 시작했습니다.

그 완벽한 상상 속에서 그녀는 벨소리를 들었고, 계단을 내려가 현관을 열었습니다. 그리고 그곳에 서 있는 남동생을 안았습니다. 그녀는 이것을 일주일 동안 했습니다. 그리고 그 다음 주 일요일 아침 그녀가 제 강의에 오기 전에 이 일은 현실이 되었습니다. 그녀는 흥분을 감추지 못한 채 저의 강의에 와서, 천 명이 넘는 청중 앞에서 자신의 체험을 생생하게 들려주었습니다.

그녀의 남동생은 재판에 회부되어 중형을 선고 받았음에도 불구하고 명예제대를 했습니다. 모든 사람들은 죄를 용서받을 수 있습니다. 그 남동생이 어떤 일을 해서 어떤 선고를 받았든 간에, 그녀는 상상 속에서 동생을 원하는 모습으로 인식했고, 그 결과 그는 전혀 다른 사람이 되었습니다.

만약 내가 이 세상에서 가장 끔찍한 일을 저질렀던 사람을 사랑스럽고 인정 많은 사람으로 보기로 결심한다면, 그는 내 세상에서 친절하고 자애로운 행동을 하게 될 것이고, 더 이상 내가 알던 그 사람이 아니게 될 것입니다. 그는 이미 내 상상 속에서 새로운 모습으로 존재하고 있습니다. 나는 외부 감각이 전해주던 상태에서 벗어나, 그가 이미 원하는 모습이 되었다는 인식을 유지하며 그 상태에 머무릅니다.

오직 하느님만이 죄를 용서할 수 있습니다. 하느님은 그 능력을 바로 당신에게 주셨습니다. 당신은 죄를 용서할 수 있습니다. 당신이 하느님이고 당신만이 죄를 용서하는 자비를 베풀 수 있습니다. 하느님은 자비롭습니다. 이 세상에서 당신보다 더 자비로운 존재가 있을까요? 당신보다 더 이 세상을 아름답게 변화시킬 존재가 있을까요? 아뇨. 없습니다.

당신만이 할 수 있습니다.
정말 소름끼치도록 아름답지 않나요?
조금만 인식을 바꾸면 이 세상을 변화시킬 수 있는 힘을
당신이 가지고 있다는 것이!

여러분이 직접 해보면 알겠지만 이 법칙에 절대 실패는 없습니다. 주의 기도에서 말하는 "우리가 우리에게 죄 지은 자를 용서하듯이"라는 구절을 꼭 기억하세요. 우리는 죄를 짓습니다. 우리는 외부에서 전해지는 많은 이야기를 듣고, 잘못된 일을 하기도 합니다. 우리는 모든 곳에서 "죄를 짓지 말라"는 포스터들을 보지만 죄를 저지릅니다. 이제는 그러지 마세요.

당신이 어떤 것을 듣고 보든, 그것이 사랑스러운 것이 아니면 쳐다보지 마세요. 당신이 원하는 상태에 대해서만 말하고, 그 상태에 있다는 믿음을 유지하세요. 당신 자신을, 소망이 이미 이루어진 상태에서 행복해하고 있는 모습 속에 놓아두십시오. 이것이 바로 죄를 짓지 않는 것이며, 지금까지 당신이 지은 죄를 용서하는 것입니다. 꼭 해보세요. 당신은 절대 실패하지 않을 거라고 장담합니다.

이제 침묵으로 들어가겠습니다.

Yours for the Taking

나의 것으로 취하라

Chapter 15 YOURS FOR THE TAKING
나의 것으로 취하라

계시록을 보면 우리는 뜨겁거나, 혹은 차갑거나 둘 중 하나가 되어야 한다고 말하며, 그 중간의 미지근한 것은 없다고 말합니다. 만약 이 법칙을 직접 시험해 볼 정도로 저를 믿지 못한다면 여러분은 미지근한 것입니다. 상상이 현실을 창조한다는 것을 믿거나, 아니면 이 사실을 거부해야만 합니다.

여러분은 뜨겁거나 그것이 아니라면 차라리 차가워야 합니다.
차가운 것은 미지근한 것보다 훨씬 낫습니다.

삶의 모든 현상들, 그 이면에는 오직 한 가지의 원인이 있을 뿐입니다. 그것은 하나님입니다. 여러분 안에 거하고 있는 그 하나님은 말 그대로 인간입니다. 저는 경험으로 하나님이 제 안에 있다는 것을 알게 되었습니다. 제 말을 믿으세요.
　유일한 창조자인 하나님은 여러분 영혼의 깊은 곳에서 일을 하고 있는 순수한 상상력입니다. 하나님은 여러분 안에서 선한 일을 하기 시작했고, 여러분 안에서 하나님의 권능이 여실히 그 모습을 드러내는 날, 하나님은 자신의 일을 완성하게 됩니다.

성서에서는 하나님의 창조의 힘과 지혜를 그리스도라 부르고 있습니다. 여러분 안에서 그리스도가 모습을 드러낼 때, 바로 여러분이 하나님의 권능이자 하나님의 지혜라는 사실을 깨닫게 될 것입니다.

경이로운 여러분의 상상력, 즉 하나님은 여러분의 인식을 포함한 모든 활동의 기초가 되며, 창조적이고 생산적인 비전의 상태라는 가장 투명한 형태로 표면 의식(surface mind) 속으로 흘러 들어옵니다.

여러분이 현재 삶의 한계를 극복하기 위해 무엇을 할 수 있는지를 자신에게 묻고 있다면, 여러분은 방법에 머물러 있는 것입니다. 하나님은 여러분이 방법에 머물러 있는 것을 원하지 않습니다. 단지 목표하는 것만을 뚜렷하게 하기를 요구합니다.

하나님은 욕망이라는 매개체를 통해서 여러분에게 이렇게 질문하고 있습니다.

"그대가 나에게 원하는 것이 무엇인가?"

하나님은 여러분에게, 길과 방법은 걱정하지 말라고 말씀하십니다. 왜냐하면 하나님의 길은 우리가 헤아릴 수 없기 때문입니다. 그것은 우리의 이성으로 이해할 수도, 찾아낼 수도 없습니다. 이 구절은 로마서 11장에서 찾을 수 있습니다. 그러니 하나님이 그 목표를 어떻게 이루어낼 수 있을지에 관해 고심하지 마시고 단지 그분(우리 내면의 권능)이 그 일을 해낼 것이란 것만 아셔야 합니다. 여러분은 여러분의 욕망이 반드시 실현된다고 믿을 수 있습니까? 정말 그것이 진실이라고 확신하십니까? 만약 그러실 수 있다면 그것은 당신의 것입니다. 믿는 자에게는 그 무엇도 가능하기 때문입니다.

이제 제가 여름에 들었던 경험담 세 가지를 함께 나누고자 합니다. 첫 번째 편지는 제 친구 베니의 이야기입니다. 그는 얼굴을 침대에 묻고 엎드려 있을 때, 누군가가 어깨를 붙잡고 들어 올리는 듯한 느낌을 받았다고 했습니다. 그리고 그 순간 "결정하라!"라는 목소리가 들렸습니다.

그는 상상이 현실을 창조한다는 것을 믿을지 말지를 선택하라는 뜻임을 직관적으로 알았습니다.

성서에서는 이렇게 말합니다.

나와 함께 하지 않는 자는 나에게 대항하는 것이다.

그곳에는 중간의 길은 없습니다.

내가 세상에 화평을 주러 온 줄 생각하지 말라.
나는 화평을 주러 온 것이 아니라 칼을 주러 왔노라.
내가 온 것은 아들을 아버지에게서, 딸을 그 어머니에게서,
갈라놓으려 함이라.

왜 아름다운 성경에는 이런 말이 있는 걸까요? 인간의 적은 바

로 안에 있기 때문입니다. 모든 사람은 결정을 내려야 합니다. 상상으로 현실을 창조할지, 아니면 그저 떠도는 상상 속에 잠길지를 선택해야 합니다.

며칠이 지나, 베니가 명상을 할 때 뒤에서 세 명의 남자가 자신을 잡는 것을 느꼈습니다. 그들이 베니를 일으켜 세웠을 때, 음성이 그의 귓가에 들려왔습니다.

"보라!" "인식하라!"

그는 제 책인 『믿음으로 걸어라(원제:Your Faith is Your Fortune)』의 한 구절을 떠올렸습니다.

이 진리를 알게 된 그대는,
원하는 모습으로 만들려고 애쓰는 미숙한 노동자가 아닌,
이미 원하는 모습이 되어 있는 것을 인식하는
위대한 예술가가 될 것이다.

이 일이 있은 후, 한 친구가 베니에게 자신을 위해 기도해 달라고 말했습니다. 그는 자신이 몇 년간 근무해온 회사에서 자산 관리자라는 직책을 맡기를 원했습니다. 해마다 승진에서 제외되던 그는 베니에게 소언을 구했고, 베니는 그가 이미 그 직책을 맡았다는 말을 듣는 장면을 상상하라고 했습니다. 몇 달이 지나자 그 자리는 공석이 되었고 베니의 친구가 그 자리를 얻게 되었습니다. 더 높아진 연봉과 보다 커진 책임감을 갖게 된 친구, 그

것은 베니가 상상했던 친구의 모습 그대로였습니다.

베니가 한 일은 무엇일까요? 그는 단지 상상했을 뿐입니다! 그가 간청한 대상은 다름 아닌, 자신의 경이로운 상상력이었습니다! 모든 생명을 만든 창조자인 하나님은 바로 여러분 안에 있는 순수한 상상력입니다. 그것은 지각과 감각을 포함한 여러분의 모든 기능들의 근본입니다. 그분, 즉 하나님의 말씀은 창조적인 상상의 형태를 한 채 여러분의 표면 의식 속으로 흘러 들어갑니다.

베니는 입장을 정했습니다. 그는 친구를 위해 기도했고, 자신의 기도가 응답되었음을 믿었습니다. 그는 자신을 시험했고, 하늘나라의 창문을 열어 모든 사람이 볼 수 있도록 축복을 쏟아부었습니다. 이제 베니는 하나님에게 모든 것이 가능하다는 것을 압니다.

하나님은 여러분의 거대한 자아입니다. 그분은 자신을 비우고, 노예의 형체를 취하여 인간의 모습으로 나타났습니다. 스스로의 권능을 포기한 채, 순수한 상상력은 육신의 한계를 자신에게 입히고 인간이 되었습니다.

여러분의 모든 욕망을 3차원 현실로 만들어주는 것은 바로 하나님입니다. 여러분의 소망이 악하든 선하든 상관없이, 하나님은 가장 효과적인 방식으로 신속하게 그것을 실현시켜 줍니다.

히틀러나 스탈린의 마음에 생각을 불러일으킨 존재와, 교황이나 대주교의 마음에 생각을 불러일으킨 존재는 동일합니다. 이 세상에는 두 분의 하나님이란 없습니다. 오직 한 분입니다!

시편 14편과 53편에서는, 다음과 같이 말합니다.

어리석은 자는 진심으로 어디에도 신은 없다고 말하지만, 주님은 하늘 나라에서 지혜롭게 행동하고 주님을 찾는 자가 있는지 보고 계신다

이 구절을 통해 우리는 하나님의 시야에서 볼 때 '지혜'란 곧 '주를 구하는 것'과 같은 의미임을 알 수 있습니다. 하나님이 유일한 지혜이고, 유일한 권능이라면 주를 구하는 것이 아닌 것은 모두 어리석은 것입니다. 여러분은 위대한 수학자가 될 수도, 어쩌면 위대한 과학자나 가장 지혜로운 자가 될 수도, 커다란 명성을 얻을지도 모릅니다. 그런데 여러분이 찾는 것이 하나님이 아니라면, 그분의 시야를 통해 볼 때 여러분은 여전히 어리석은 자일 것입니다.

"창조된 것의 원인을 찾으라"고 했는데, 여러분은 삶의 현상들 안에 빠져 있지는 않습니까? 어떤 일이 일어났을 때 그 원인을 여러분의 생각에서 찾아보십시오. 그러면 여러분이 경험한 것의 원인들이 여러분의 경이로운 상상력임을 발견하게 될 것입니다. 왜냐하면 하나님은 한 인간이기 때문입니다. 지금 이 순간, 제게 그분은 '네빌'이라는 가면을 쓰고 있지만, 여러분에게 말하고 있는 이 존재는 자신이 '고대의 나날(The Ancient of Days)'임을 알고 있습니다.

세상의 모든 존재들은 하나님의 가면일 뿐입니다. 그분은 인간 안에 존재하는 인간의 상상력입니다.

생각이 행동으로 이어졌다면, 그것은 이미 상상이라는 형태로 작동한 것입니다. 아주 두려운 지진이 일어날 거라고 생각한다면 하나님이 그것을 여러분에게 가져다 줄 것입니다. 전쟁을 상상한다면 마찬가지로 하나님께서 그것을 세상에 내놓을 것입니다. 평화를 상상한다면 그것을 얻게 될 것입니다. 여러분이 건강을 원한다면 하나님이 그것을 갖다 줄 것입니다. 성공을 상상한다면 그것을 얻게 될 것입니다. 여러분이 지금 생각하고 있는 바로 그 순간, 상상력에 양분을 주고 있는 것입니다. 상상력은 인간입니다. 제가 인간이라는 단어를 의도적으로 사용하는 이유는 여러분이 바로 인간이기 때문입니다. 여러분이라는 인간은 하나님이 쓰고 있는 가면입니다. 왜 그런 일을 하셨을까요? 인간을 하나님의 위치로 올리기 위해서입니다.

제가 받은 또 다른 편지를 이야기해 보겠습니다. 이 편지를 썼던 여성분은 샌프란시스코에서 60마일 정도 떨어진 곳에 살고 있습니다. 이분은 갑자기 로스앤젤레스에서 열리는 제 강연에 참석하고자 하는 충동을 느꼈습니다. 그녀는 직장에 '로스앤젤레스로 가기 위해 샌프란시스코 공항으로 간다'는 짧은 메모만 남긴 채 먼 길을 떠났습니다. 그리고 로스앤젤레스에서 친구를 만나 제 강의에 참석했습니다.

강연이 끝난 후 여성 네 분, 남성 한 분과 함께 커피를 마시게 되었고, 그녀는 그날 점심과 저녁을 굶은 상태였기 때문에 배가 고프다고 말했습니다. 그곳에 계셨던 신사분이 "제가 스테이크를 대접하고 싶은데요"라는 말을 해왔습니다. 그 남자 분의 얼굴을 보고 있을 때, 내면에서 하나의 음성이 들렸습니다. "바로 너의 남편이다."

이 여성은 네 번의 이혼 경험이 있었기 때문에, 배우자에 대한 구체적인 조건이 있었습니다. 바로 이 진리에 맞춰서 사는 남자와 행복한 결혼생활을 하고자 했습니다. 또한 자신뿐만 아니라 17살의 어린 아들도 사랑해주는 사람이기를 원했습니다. 9월에 이런 남자와 결혼하는 상상을 한 후에 10월에 제 강의에 참석하게 된 것이었고, 이듬해 1월 이곳에서 만났던 그 신사분과 결혼했습니다.

그 신사분은 그녀에게 편지로 이런 이야기를 했습니다.

"저는 결혼한 상태를 상상하면서, 지난 9월 전당포에 가서 금으로 된 반지를 왼손 넷째 손가락에 끼었어요. 매일 그 반지를 끼고, 매일 밤 행복하게 결혼한 상태의 감정 속에서 잠에 들었죠."

그는 물질적인 반지의 도움이 없이는 결혼한 느낌을 가질 수 없었습니다. 그래서 반지를 끼고 상상을 했던 것입니다. 그러나 어떤 감정 상태를 만들기 위해 상상력이 아닌 외부 사물의 도움을 받을 필요는 없습니다.

그 신사분은 한때 알코올중독이었기 때문에, 미래의 아내가 자신의 과거를 언급하지 않는 모습을 상상했습니다. 왜냐하면 최근 9년 동안 술을 입에 댄 적이 없었을지라도 그 남자는 하나님을 갈망하는 과정에서 대가를 치렀기 때문입니다. 아시다시피, 세상의 모든 갈망은 진리에 대한 갈망이 왜곡된 형태로 표현된 것입니다. 술에 대한 중독도 마찬가지입니다. 갈망, 즉 그는 술이라는 형상 속에서 거짓된 영을 찾으려 했던 것입니다.

하지만 언젠가 술을 찾아 헤매던 사람들 역시 물질적인 빵으로는 채워지지 않는 내적 갈증을 겪게 될 것입니다. 이제는 그 갈망을 술 한 잔에서 찾으려는 실수를 더 이상 반복하지 못할 정도로, 더 깊은 갈망을 느끼게 될 날이 찾아올 것입니다. 술에 대한 갈증은 잘못된 여정이기에 술이 채워진 상태에서도 여전히 갈증은 남아 있게 됩니다. 그때 진정한 배고픔과 진정한 갈망을 알게 됩니다. 다름 아닌 하나님의 말씀에 대한 배고픔과 갈망입니다.

이제 세 번째 편지를 소개해 드리겠습니다. 한 신사분은 이렇게 적었습니다.

저는 은행에서 돈을 빌렸기 때문에 매달 그 돈을 변제할 때 제 계좌의 총액에서 갚을 액수만큼 뺐습니다. 어느 날, 변제할 수표를 적을 때, 저는 눈을 감고, 계좌 잔액의 끝에 숫자 0이 두 개 더 붙어 있는 장면을 상상했습니다. 변제가 이미 완료되었다는 상상을 하자, 저는 안도의 한숨을 내쉬었습니다. 다음 세 달 동안 저는 잔액이 늘어나고 빚이 모두 상환된 상황을 계속 상상하며 기쁨을 느꼈습니다.

그러던 중 뜻하지 않은 일이 생겼습니다! 회사에서 지급된 중간 보너스는 예상보다 큰 금액이었고 모든 채무를 상환하고도 돈이 더 남아, 은행에 저축할 수도 있었습니다.

이 신사분도 수중의 돈을 모두 써버리는 버릇이 있는 걸 보니, 저와 닮은 점이 있다는 생각이 듭니다. 대부분의 사람들이 하는 것처럼 돈을 은행에 넣어두는 대신, 이분은 그것을 어떻게 써야 하는지에 대해 생각하기 시작했습니다. 물론 그 상상은 스스로를 펼쳐낼 자신만의 길을 찾게 되었습니다.

그가 대출금을 갚기 원했을 때 누구에게 간청했나요? 바로 하나님에게 했습니다! 그렇다고 무릎을 꿇고 바깥에 존재하는 하나님에게 기도하지 않았습니다. 교회에 가서 랍비나 목사님에게 상담받은 것도 아닙니다. 진리의 교사라고 불리는 사람들과 만났던 것도 아니고, 그저 눈을 감은 채 잔액 뒤에 0이라는 글자 두 개가 더 붙은 것을 봤습니다. 그러자 회사에서는 난생처음으로 중간 보너스를 지급했습니다. 이런 일이 일어났던 것은 그가 법칙을 사용했기 때문이고, 하나님이 누구인지 알았기 때문입니다.

하나님을 찾는다고 해서 모두가 그분을 찾는 것은 아닙니다. 그러나 빌립처럼, 어떤 이들은 하나님을 발견하자 자신의 형제 나다나엘을 데려옵니다. 안드레도 예수님을 만난 후, 형제 베드로를 그분께 데려왔습니다. 여러분도 상상력을 실천함으로써 예수님을 발견하게 될 것이며, 여러분이 사랑하는 사람을 '그분의 인식' 앞으로 데려갈 것입니다.

만일 여러분이 큰 횡재를 하게 된다면 가까운 사람들뿐 아니라 여러분의 아내 (혹은 남편), 아이들이 그 부로부터 이득을 얻지 않겠습니까? 마찬가지로 그들이 횡재를 하게 된다면 여러분도 이득을 보지 않겠습니까? 이처럼 우리가 하나님을 발견하고 직접 시험하게 되면, 서로에게 이로움을 주게 됩니다.

> 내가 네 행위를 아노니 네가 차지도 아니하고 덥지도 아니하도다.
> 나는 네가 차든지 덥든지 하기를 원하노라.
> 네가 그처럼 미지근하여, 차지도 아니하고 덥지도 아니하기 때문에
> 내가 너를 내 입에서 토해 내겠노라.
> -요한계시록 3장 15-16절

요한계시록은 우리가 뜨겁거나 차갑거나, 둘 중 하나가 되어야 하며 미지근해서는 안 된다고 말합니다. 이 법칙을 직접 시험해 볼 만큼 저를 신뢰하지 않는다면, 여러분은 미지근한 상태에 머물러 있는 것입니다. 언젠가 여러분들도 제 친구 베니처럼 단호한 입장을 취해야 합니다. 왜냐하면 성경에서는 나의 편에 서지 않는 자는 나와 대항하는 자라고 말하기 때문입니다. 상상이 현실을 창조한다는 것을 믿거나, 아니면 이 사실을 거부해야만 합니다. 여러분은 뜨겁거나 그것이 아니라면 차라리 차가워야 하며, 그것이 미지근한 것보다 훨씬 낫습니다.

제가 사람들 마음속에 자리 잡은 '예수 그리스도'라는 우상을 빼앗으려 한다고 처음에는 저를 싫어하던 분들이 저의 훌륭한 학생이 된 것을 보게 됩니다. 많은 사람들이 예수 그리스도를 믿는다고 말하지만, 정작 예수 그리스도가 누구인지 알지 못합

니다. 그래서 그들은 예수를 특정한 시대와 장소에만 가둬두려 하기에, 제가 "그리스도는 여러분 안에 계시며, 그분이 곧 영광의 소망이다"라고 말하면 이를 받아들이지 못하고 반발합니다. 많은 비난을 한 후에, 심지어 어떤 경우에는 굉장히 난폭하게 굴기도 합니다. 그러나 그들도 언젠가 모세와 예언자들이 말했던 예수 그리스도를 발견하게 되고, 입장을 바꾸며 주의 축복에 휩싸이게 될 것입니다.

저는 이 강연을 1930년대에 시작했고, 지금은 1960년대입니다. 지난 30여 년 동안 제 말에 반대하거나 혼란을 겪으며, 그것이 틀렸음을 증명하려 애썼던 사람들을 지켜보았습니다. 하지만 그들은 그것을 증명하지 못해서 그들 역시 하나님이 자신의 경이로운 인간의 상상력임을 깨달았습니다.

성경은 오직 인간의 상상력에게 말을 걸어옵니다. 블레이크가 트러슬러 박사에게 보낸 편지에서 그는 이렇게 언급합니다.

왜 성경은 다른 여타의 책들보다 더 흥미롭고 교훈적인가?
그것이 우리의 이해력과 이성에게 말하는 것이 아니라
영적인 감각인 상상력에게 말하기 때문이 아닐까?

성경은 상상력의 교훈입니다. 그 이야기가 여러분 안에서 펼쳐진다면, 이 세상의 그 무엇보다도 더 실제적인 것이 됩니다. 그것은 오직 상상력일 뿐입니다. 왜냐하면 하나님은 오직 상상력일 뿐이고, 인간 역시 상상력이기 때문입니다. 인간의 불멸의 몸은 상상력이고 그것은 하나님 그분입니다. 오직 예수라 불리는 하나의 몸만이 있을 뿐이고, 그분은 여호와 주 하나님입니다.

이렇게 말하겠습니다. 하나님은 인간이 되었습니다. 그 이유는 인간을 하나님의 위치까지 끌어올리기 위함입니다. 아무도 하나님의 생명을 빼앗은 것이 아닙니다. 하나님은 스스로 그것을 내려놓으셨습니다.

> 나는 그것을 내려놓을 힘과 또 그것을 다시 일으켜 세울 힘이 있다.

분리된 공간으로의 하강, 즉 '실락(失落)'은 하나님의 의도된 계획이었습니다. 그렇게 내려온 그는 우리 모두를, 한 사람 한 사람씩, 오직 사랑으로만 이루어진 하나의 몸으로 모을 수 있는 힘을 지니고 있습니다.

그분의 몸은 성별이라는 범주를 넘어서 있고 그것 안에는 그리스인도 유대인도, 속박도 자유도, 남자도 여자도 없습니다. 여러분이 그 몸을 입게 될 때, 바울의 다음 말을 비로소 이해하게 될 것입니다.

> 지금 현재의 고난은
> 나에게 펼쳐질 영광에 비하면 아무것도 아닐 것이라고 생각한다

그 몸 안에서 여러분은 진정한 자신이 누구인지 알게 되며, 이 육신이라 불리는 것은 아무것도 아님을 알게 될 것입니다. 여러

분은 결코 남자도 여자도 아니고, 언제나 하나님이었음을 깨닫게 될 것입니다.

기억하십시오. 이 세상의 모든 것은 여러분의 것입니다. 그것을 원한다면, 기꺼이 가지십시오. 만약 여러분이 자신을 위해 그것을 주장할 수 없다면, 친구에게 도움을 요청하세요. 만약 여러분이 행복하게 결혼하고 싶다면, 제 친구들이 한 것을 하세요. 여러분의 빚을 모두 청산하고 싶으신가요? 여러분의 욕망이 무엇이든, 그것은 여러분의 것입니다. 여러분이 해야 할 유일한 일은, 그것을 이미 가지고 있다고 상상하는 것입니다. 여러분이 믿고 원하는 만큼, 이 세상의 모든 것은 여러분의 것이 될 수 있습니다.

침묵 속으로 들어가겠습니다.

Power Called "The Law"

법칙이라 불리는 힘

Chapter 16 Power Called The "LAW"
법칙이라 불리는 힘

제 친구처럼 많은 돈을 받는 것을 상상하세요.
여러분이 그것들을 이미 받았다고 믿는다면 여러분은 그렇게 될 것입니다.
그리고 여러분이 깨달은 것을 다른 이들과 나누며, '성서는 현재의 삶에 대해 말하고 있다'는 사실을 그들에게 보여주십시오.
그 이후의 삶(약속)에 관해서 먼저 말하지 마십시오.
여러분은 법칙을 말한 후에 '약속'에 관해 말할 수 있을 것입니다.

어떤 이론을 제시할 때에는, 그것이 지금 이 삶과 관련되어 있다는 점을 반드시 보여주어야 합니다. 왜냐하면 세속적인 우리는 미래보다는 현재에 훨씬 더 관심이 많기 때문입니다. 그러므로 사람들에게 진리에 관심을 갖게 하려면, 먼저 지금 이 순간 체험할 수 있는 힘에 호소해야 합니다.

그 약속이 너무나도 뜬구름 잡는 이야기처럼 들릴 경우, 먼저 듣게 된다면 오히려 등을 돌릴지도 모르기 때문입니다. 지금 여기에서 무엇을 할 수 있는지를 보여주어야 합니다. "법칙"이라 불리는 그 힘에 관심을 갖게 하십시오. 그러면 그들은 언젠가 약속에 대해 알고 싶어질지도 모릅니다.

　이번 주에 한 신사분이 제게 들려준 이야기를 여러분과 나누고자 합니다. 그는 이렇게 말했습니다.

　열흘 전쯤, 아내가 어떤 여자아이 이야기를 들려주었습니다. 그 아이는 겨우 열네 달밖에 안 된 아이였는데, 목에 혹이 생겼다고 했습니다. 의사가 그 혹 중 하나를 잘라서 검사했더니 암의 징후가 있었다고 합니다. 세 명의 전문의에게 추가로 검사를 받았지만 모두 아이가 암에 걸렸다고 진단했습니다. 다만 한 명의 의사만이 검사 결과를 보고 그 진단에 의문을 제기했지만, 아이는 계속 병원에 머물며 추가 검사를 받게 되었습니다.

　아내가 그 이야기를 들려줄 때, 저는 마음속으로 그녀의 목소리를 줄여, 거의 들리지 않게 만들었습니다. 이야기를 들으면서 저는 마음속에서 그 이야기를 새롭게 재구성하여, 그것이 이미 변한 이야기처럼 들리게 했습니다. 그날 밤 잠들기 전에도 아내가 저에게 그렇게 새롭게 쓰여진 이야기를 하는 것을 다시 들었습니다.

　며칠 후, 의사들이 또 다른 혹을 추가로 검사했을 때, 이번에는 모두 암이 아니라고 신난했습니다. 병원에서 이이는 아무런 치료도 받지 않았기 때문에, 의사들은 애초부터 암이 아니었을 것이라고 결론지었습니다. 치료 없이 암을 극복했다는 것을 그들이 받아들이기에는 힘들었기 때문입니다. 아내는 아이가 새로운 진단을 받았다는 이야기를 듣고는, 제가 상상 속에서 어떤 일을 했었는지에 대해 할머니와 어머니에게 이야기를 해줬습니다. 그러나 그들은 상상 속 행위가 현실의 원인이라는 사실을 끝내 믿지 못했습니다.

상상이 현실을 창조한다는 사실을 믿는다고 말하면, 세상 사람들은 여러분을 미쳤다고 말할 것입니다. 그러나 신비가들은 모든 현실의 결과에는 영적인 원인이 있음을 압니다. 세상에서 일어나는 모든 일은 그저 그렇게 보일 뿐이며, 실상은 이 세상의 착각에 불과합니다. 인간의 부족한 기억력으로 인해 지금 일어나고 있는 일이 과거의 상상과 연결된 것임을 깨닫지 못할 뿐입니다.

언제나 물질적 원인을 찾으려는 우리 인간은, 자신이 상상했던 것이 이런 물질적 결과를 낳았다는 사실을 도저히 믿지 못합니다. 그러나 단호히 말할 수 있습니다. 여러분이 홀로 앉아 상상할 때, 바로 그 순간 원인을 창조하고 있는 것입니다. 이후 상상이 창조한 결과를 보게 되었을 때, 여러분은 그 원인이 상상이었다는 사실을 부정할지도 모릅니다.

여러분의 "지금"이 살아 있고 현실의 실체를 지닌 이유는, 오직 여러분이 상상했기 때문입니다. 이것 외의 다른 이유는 없습니다. 상상력이 만물을 움직입니다. 하지만 불완전한 기억력으로 인해 상상이 삶을 창조한다고 주장하는 사람을 미쳤다고 말합니다. 그러나 블레이크는 이성주의자를 '어리석다'고 했을 뿐, 상상력을 행사하는 사람을 어리석다고 말하지 않았습니다.

친구는 또 이렇게 말했습니다.

며칠 전 퇴근길에 운전하면서 세금을 내야 할 것이 있어서, '돈이 조금 더 있었으면 좋겠다'고 생각했습니다. 그러면서 저는 지폐가 제 위로 쏟아지는 장면을 상상했습니다. 약 1분 동안 푸른 지폐가 쏟아지는 상상에 푹 빠져 있었습니다. 곧 운행 중이라는 사실을 깨닫고 다시 운전에 집중했고, 상상했던 장면은 금세 잊어버렸습니다. 4월 15일 아침, 제 사무실에 상사가 오더니, '자네는 4월 1일부터 소급 적용되는 10프로 급여 인상을 받게 되었네.'라고 말하면서 수표를 제게 건넸습니다.

오늘 밤 여러분에게 한 가지 주의를 당부드립니다. 상상은 반드시 집에서 하시기 바랍니다. 운전 중에 지폐가 쏟아지는 것을 상상하는 것보다는, 침대 위에서 상상을 하는 것이 훨씬 좋습니다! 어쨌든 상상은 꼭 하십시오! 왜냐하면 모든 것이 다 상상의 활동이기 때문입니다. 원인은 물질적인 곳 안에 있지 않습니다. 모든 것은 상상입니다.

세상은 이것을 받아들이지 못합니다. 세상 사람들은 상상력을 사용하는 사람을 비웃지만, 상상이 현실을 창조한다는 것이 거짓임을 밝히지도 못합니다. 누군가 다른 이를 때렸다고 한다면, 겉으로 보기에는 육체적인 것이 원인이고, 맞은 것이 결과로 보입니다. 그래서 모든 것이 물질적인 것이라고 말합니다. 하지만

법칙이라 불리는 힘

이렇게 물어보겠습니다. 그렇게 때리기 전에, 때리고자 하는 충동은 무엇이었습니까? 그 충동이 보이지 않는 원인이며, 그것이 곧 상상 행위였습니다. 세상은 상상력에 의해 창조되었고, 상상력에 의해서 유지됩니다. 만일 상상력이 무언가를 더 이상 유지하지 않으면, 그것은 아무 흔적도 없이 사라집니다. 복음은 이런 관점에서 봐야만 합니다. 만약 이런 진리에 대해 관심이 생기고, 직접 실험해서 이 진리가 진실임이 증명된다면, 그 후에 약속에 대해서도 귀를 기울이게 될 것입니다.

이제 다시 그 어린아이의 이야기로 돌아가 보겠습니다. 인간의 기준에서 본다면 아이가 걸치고 있는 육신은 겨우 열네 달밖에 되지 않았습니다. 하지만 그 육신을 걸치고 있는 존재는 시작도 끝도 없는 하나님과 같이 영원한 존재입니다.

우리가 어머니의 뱃속에서 태어날 때가 우리의 시작이 아니었으며, 이 세상이 창조되기 전부터 그분은 우리를 선택하셨습니다. 물질이 창조되기 이전부터, 여러분과 저는 일정한 목적을 지니고 그분 안에서 선택되었습니다. 만약 죽음이 모든 것의 끝이라면, 이 세상의 어떤 것도 의미를 지닐 수 없습니다.

세상의 많은 폭군들은 죽음이 끝이라고 믿었습니다. 그런 생각을 가졌다면 폭군이 되는 것도 당연해 보입니다. 여러분 또한 죽음이 끝이라고 믿는다면, 그들처럼 행동할 수밖에 없을 것입니다. 세상이 그랬다면, 셰익스피어가 『맥베스』에서 "그것은 바보가 들려주는 이야기, 소리와 분노로 가득 찼지만 아무 의미도 없다"라고 말한 것처럼, 약속도, 목적도, 의미도 없는 세상일 것입니다.

하지만 그들이 '법칙'에 관심을 갖고 시험해 보아서 '법칙'이 작동한다는 것을 확인하게 되면, 그들은 이제 세상에서 가장 위대한 이야기를 들을 준비가 된 것입니다. 그들은 이제 그 말을 듣고 믿기 시작할 것입니다.

외부 세상에서 예수 그리스도에 대한 증거를 찾을 수는 없습니다. 오직 비전을 본 자들만이 예수 그리스도를 알 수 있습니다. 저는 이 썩어 없어질 육신 안에 살고 있으며, 세상 사람들은 저를 이 육신이라는 가면으로만 인식할 뿐입니다. 하지만 예수 그리스도의 경이로운 이야기가 제 안에서 펼쳐졌습니다. 저는 여러분들을 신뢰하기에, 여러분이 제가 겪었던 이야기를 믿기를 바라며, 제가 겪었던 이야기들을 말씀드렸습니다.

여러분은 저를 한 명의 살아 있는 사람으로 보고 있습니다. 그런데 저는 십자가에 못 박히고, 묻히고, 부활하는 것이 무엇인지 압니다. 천상의 몸을 두르고 있을 때, 저는 여러분 중 한 사람을 선택하여, 내면으로 향하는 '불멸의 눈'을 주었습니다. 그녀를 통해 제가 했던 말이 진실이라는 증거가 드러나게끔 말입니다.

그녀는 제가 십자가에 못 박힌 모습을 보았습니다. 십자가가 불타 무너진 자리에는, 금빛 액체처럼 빛나는 광채가 남아 있었습니다. 제가 말한 그대로 그 일이 그녀에게 비전으로 주어졌습니다. 아무도 그녀에게 그것이 그저 환상이 있을 뿐이라고 말하지 못합니다. 누군가 저에게 제가 본 것이 그저 환상일 뿐이라고 말해도, 저도 물론 그 말을 받아들이지 않을 것입니다.

이제 이 여성분은 예수가 누구인지 압니다. 그녀는 육신의 나

법칙이라 불리는 힘

약함과 한계를 지닌 저를 잘 알고 있으면서도, 비전을 통해 이가면 너머를 보게 되면서 예수가 진정 누구인지를 보았습니다. 하나님께서는 그분의 뜻의 신비를 제게 밝혀주셨습니다. 그것은 그리스도 안에서 세워진 목적에 따라, 정해진 때에 이루어질 계획이며, 그 계획 속에서 하늘과 땅의 모든 것이 하나로 묶일 것입니다. 예수 그리스도는 하나님 구원의 계획이며, 그 계획은 제 안에, 여러분 안에도 있습니다. 제 안에서 그 계획이 터져 나왔을 때, 저는 이 자리에 모인 여러분과 그 경험을 나눴습니다. 그리고 저의 책 『부활』에서도 그 이야기를 전했습니다.

오직 비전을 본 자, 오직 불멸의 눈을 지닌 자만이 예수 그리스도가 누구인지 알 수 있습니다. 왜냐하면 예수는 위로부터 온 자이며, 전혀 이 세상에 속한 분이 아니기 때문입니다. 예수 그리스도는 이렇게 말했습니다. "너희는 아래에서 왔고, 나는 위에서 왔다. 너희는 이 세상에 속했지만, 나는 이 세상에 속하지 않았다."

그럼에도 불구하고 우리 인류는 여전히 중동 땅에서 예수의 흔적을 찾고 있습니다. 비전을 경험하지 못한 그들은 예수가 걸었던 길을 찾았으며, 그가 매달렸던 십자가 조각을 가지고 있다고 주장합니다. 그들은 과거의 관습을 계속해서 고수하고 있으며, 그것은 마태복음 15장에서 말하듯 하나님의 말씀을 무효로 만드는 일입니다. 육신의 예수의 관습적 생각만을 유지하려 한다면 진리가 무효화될 수밖에 없습니다.

예수는 육체적 존재가 아닌, 모든 사람 안에 묻혀 있는 구원의 본보기입니다. 그 본보기가 제 안에서 펼쳐져 나왔을 때, 저 또한 누구보다 놀랐습니다. 저는 비록 지금도 이 연약한 육신을 입고, 세상의 모든 유혹을 겪기도 하고, 고통받고 있기도 하지만, 저는 제가 겪었던 비전을 결코 부정할 수 없습니다.

저의 불멸의 시선을 한 분에게 전해주었습니다. 그녀는 그것을 또 다른 분에게 전했고, 그분은 또 다른 분에게 전하게 될 것입니다. 그렇게 하여 모두가 '목격자'가 되는 것입니다. 누가복음에서 누가는 이런 말을 합니다.

> 우리 중에 일어난 일들을 이야기로 엮으려는 이들이 많았는데, 처음부터 눈으로 보고 목격했던 자들이 우리에게 전해준 그대로이다. 그리고 말씀의 전달자들이었던 이들이 있었다. 존경하는 데오빌로여, 우리 가운데 일어난 일들에 대해 나 또한 이야기로 엮는 것이 좋을 듯하여 이렇게 씁니다.

누가는 하나님을 사랑하는 모든 이들을 뜻하는 데오빌로에게 진리를 전할 수 있었습니다. '목격자'들 중 하나이기 때문입니다. 하지만 목격자들이 세상을 떠나자 말씀의 전달자들만 점점 늘어나게 되었습니다. 그들은 비전이 없는 자들로, 목격자들이 목격했던 예수 그리스도를 알지 못하는 자들입니다. 육신을 걸치고 있으면서 자신의 불멸의 눈을 다른 이들에게 전해준 이들은 예수 그리스도에 대한 이야기가 자신 안에서 펼쳐지는 것을 목격했습니다.

그리고 그들이 세상을 떠나자 오직 '말씀의 전달자'만이 남았습니다. 그들은 단체를 만들고 하나님의 구원의 계획을 경험했던 한 인간을 작은 신으로 만들어버립니다. 그들은 그 패턴이 내면에서 펼쳐져 나오는 사건들에 대해서는 알지 못하기에 어떤 말도 하지 못하고, 오직 외부의 인간에 대해서만 말합니다. 그러나 그것은 외부 세상의 예수가 아닙니다.

예수라는 인물에 대한 역사적 증거를 찾으려 해도, 이 세상이 끝날 때까지 결코 그것을 발견할 수 없을 것입니다. 하지만 그분은 실재합니다. 그분은 바로 여러분의 참된 존재이며, 여러분 안에 있는 영광의 소망입니다.

여러분 안에 예수 그리스도가 계신 것을 알지 못합니까? 예수 그리스도를 여러분의 의식의 차원에서, 즉 '법칙'이라 불리는 창조의 힘으로 시험해 보십시오. 제 친구가 부드러운 새 지폐가 머리 위로 쏟아져 내리는 장면을 상상했던 것처럼 말입니다. 그리고 이미 받았다고 믿으십시오. 그러면 그것을 받게 될 것입니다. 그 후, 여러분이 깨닫게 된 이 진리를 다른 이들과 나누십시오. 그러면서 성경이 우리의 이 현실과 분명히 연결되어 있다는 것을 보여주십시오. 이 삶 이후의 이야기는 나중에 전해도 괜찮습니다. 그리고 반드시 기억하십시오. 상상력에는 불가능이 없으며, 세상 또한 상상력 안에서 창조된 것임을요.

이성적인 존재로 살아가는 사람은, 일어나는 모든 일에 대해 자신의 책임이 없다고 여깁니다. 하지만 상상력의 존재로서 살아간다면, 여러분은 그 일이 이미 이루어졌다고 상상해야 합니다. 친구는 암에 대해 아무것도 모릅니다. 현미경으로 암을 본다고 해도 전혀 구별하지 못합니다. 의사가 아니기에, 인간의 몸에 대해 잘 알지 못합니다. 그가 알았던 것은 단 하나, 진단이 바뀌어 아이가 건강하다는 소식을 듣게 될 경우, 아내가 자신에게 어떤 말을 전할지입니다. 아내가 그녀의 친구에게 남편이 상상한 것에 대해 이야기했을 때, 세상 사람들이 다 그렇듯, 그녀의 친구도 그 말을 무시했습니다. 왜냐하면 세상의 모든 원인이 마음에서 비롯된다는 것을 믿을 수 없었기 때문입니다. 아내의 친구가 생각하기에는, 모든 것에는 물질적 원인이 있을 뿐이기에, 치유란 것도 물질적인 세상에서 이루어져야 한다고 느꼈습니다. 하지만 저는 말합니다. 우리의 삶 자체는 상상력의 세상 안에서 걸어 나가는 여정입니다.

제 친구는 아내로부터 아이가 암이라는 이야기를 들었습니다. 친구는 자신이 듣고 싶은 말을 알았기 때문에, 상상 속에서 아내의 말을 바꿔버렸습니다. 이것이 친구가 한 일 전부입니다. 그 말은 헛되이 돌아오지 않았으며, 그가 내면에서 목적한 바를 반드시 이루어야 했습니다. 아이를 고치기 위해 그가 외부적으로 어떤 일을 한 것이 아닙니다. 단지 자신이 상상한 것에 끝까지 믿음을 유지했을 뿐이었습니다. 그러자 그 일은 현실이 되었습니다.

여러분이 직접 이 법칙을 시험해 보십시오. 그리고 성공한 후, 주변 사람에게 이렇게 물어보십시오. "이 세상이 겉으로 드러난 것에서 비롯된 것이 아니라, 눈에 보이지 않는 상상 속 활동에서 비롯되었다고 생각해 본 적 있으신가요?" 이렇게 한다면 그들도 관심을 가질 것입니다. 정말 그들이 관심을 갖는다면, 그들에게 한번 시도해 보라고 말하십시오. 그들도 직접 시험해서 그것이 이루어지는 것을 목격한다면, 이제 그들도 약속에 대한 이야기를 들을 준비가 된 것입니다.

약속, 그것은 그들의 나약한 육신의 옷이 어떻게 변화되는지, 그리고 죽음에서 일어나 영원한 생명으로 들어가는 것에 관한 이야기입니다. 저는 단언합니다. 여러분은 인간의 얼굴과 손, 음성을 지니고 있지만 전혀 새로운 존재로 변화될 것입니다. 하지만 여러분이 두르게 되는 그 형체는 빛이라는 것 외에는 달리 표현할 수 없습니다.

인간을 다른 피조물들과 구분 짓는 한 가지가 있습니다. 바로 '손'입니다. 원숭이는 손을 가지고 있지 않습니다. 원숭이의 손은 무언가를 빚어 만들 수 있지 않습니다. 하지만 손이 있는 여러분은 만드는 자입니다. "YOD HE VAU HE"라는 이름에서 첫 번째 단어는 손을 의미합니다. 그것은 창조자의 손이며, 만물을 빚어내는 손입니다. 만약 자신의 몸에 걸칠 옷 한 벌조차 만들 수 없다면 벌거벗은 채 살아가야 했을 것입니다. 다행히 손이 주어졌기에, 자기 자신을 아버지의 형상으로 변화시킬 수 있습니다. 그 형상은 불타는 존재이며, 여러분은 마침내 그 존재로 깨어나 자신이 바로 그임을 알게 됩니다.

대부분의 사람들은 여러분의 말을 들으려 하지 않을 것입니다. 그들은 자신이 알고 있는 작은 존재로 남기를 원하며, 하루에도 여러 번 화장실에 가야 하는 이 육신의 옷을 벗지 않으려 합니다. 만약 이 회복이라는 과정이 계속된다면, 그것은 정말 지옥 같을 것입니다.

그러나 여러분이 하나님임을 알게 되었을 때 입게 될 몸은 이런 육신이 아닙니다. 완전히 다릅니다. 그것은 하늘의 몸입니다. 불과 공기의 몸이며, 여러분에게 운명지어진 몸입니다. 우리 모두는 결국에는 그 하나의 몸 안에서 우리 자신을 인식하게 될 것입니다.

하지만 이 세상에 머무는 동안, 법칙을 무시하지 마십시오. 매 순간마다 법칙을 사용하십시오. 이 상상의 능력 바깥에 있는 것은 없습니다. 그것을 현실로 만들 책임은 당신에게 없습니다. 그저 이미 그것이 그렇게 되었다고 상상하고, 그 일이 일어나도록 내버려 두십시오. 이 세상도 그런 방식으로 생겨난 것입니다.

저를 판단하기에 앞서, 제가 드린 말을 시험해 보십시오. 직접 시험해 보지 않고 판단하는 것은 어리석은 일입니다. 어떤 분들은 먹어보지도 않고 그것을 싫어한다고 말하기도 합니다. 그런데 단언컨대, 어떤 맛이든 다 들일 수 있습니다.

제가 처음 굴을 먹었을 때를 기억합니다. 제가 열한 살쯤 되었을 때, 어머니와 함께 세인트크로익스(Saint Croix)라는 작은 섬을 방문했습니다. 당시 그곳에는 호텔이 없었고, 하숙집뿐이었습니다. 그곳에서는 모두가 한 식탁에 모여 식사를 했습니다. 그곳 사람들은 모두 덴마크어를 사용했기 때문에 그들이 무슨 말을 하는지 알아들을 수 없었습니다. 그래서 저는 그들이 하는 것을 그대로 따라할 수밖에 없었습니다. 제 앞 접시에는 조개껍질에 담긴 여섯 개의 작은 무언가가 놓여 있었습니다. 처음 보는 것이어서, 저는 여주인의 행동을 유심히 지켜봤습니다. 그녀는 작은 포크를 집어들고서는 그것 중 하나를 찔러서 입에 넣었고, 얼굴에는 환한 미소가 번졌습니다. 저도 그런 표정이 나오기를 기대하며 입 안에 하나를 넣었습니다. 하지만 목으로 넘길 수도, 그렇다고 뱉어낼 수도 없었습니다. 마치 마비된 것처럼 정지 상태에서 '차라리 죽더라도 삼켜야 해.'라는 생각과 함께, 억지로 겨우 넘겼을 때, 접시 위에 아직 남아 있는 다섯 개의 굴을 보고는 사색이 되었습니다. 그러나 결국 다 먹어냈고, 지금은 어떤 방식으로 조리된 굴이라도 다 좋아합니다.

그러므로 저는 이렇게 말합니다. 이 세상의 것이든, 저 천상의 것이든, 우리는 무엇이든 익숙해질 수 있습니다. 법칙부터 시작하십시오. 법칙이 작동하는 방식을 배우십시오. 그리고 실제 해봐서, 그것이 작동한다는 것을 경험한 후에는, 예수 그리스도가 진정 누구인지 알고 싶어질 수도 있습니다. 마리아라 불리는 한 여인이 하나님에 잉태된 후, 예수 그리스도라는 육신을 가진 아들을 낳았다고, 당신은 배웠을 것입니다.

저는 평범한 사람입니다. 정규 교육을 받지 않았고, 이혼한 적이 있으며, 두 자녀를 둔 사람입니다. 그러나 저는 이렇게 말합니다. 그 평범한 제가, 복음서에서 예수 그리스도에 대해 말해진 모든 것을 직접 경험했습니다. 그리고 저는 저의 불멸의 시선을 다른 한 사람에게 주었습니다. 그녀는 두 번 결혼했으며, 두 남자로부터 자녀를 둔 사람이었습니다.

그녀는 제가 불타는 십자가에 매달린 모습을 보았습니다. 그 십자가는 불길에 휩싸인 후, 금빛 액체로 변화되었습니다. 그녀는 침대 위에 놓여 있던 제 몸이 십자가에 매달리는 것을 보았던 것입니다. 그렇게 그녀는 제가 밤마다 입는 몸을 보게 되었고, 이제는 예수 그리스도가 누구인지 진정으로 알게 되었습니다. 예수 그리스도는 당신이 지금 걸치고 있는 이 작은 육신의 옷이 아닙니다. 예수 그리스도는 그 육신의 옷 안에 잠들어 있는, 영원한 구원의 본보기입니다. 그 본보기(패턴)는 네빌이라는 이름으로 세상에 알려진 한 육신 안에서 깨어났습니다. 그리고 그 본보기가 깨어난 지금, 저는 곧 그분이며, 그분은 인간이 되셨고, 인간은 그분을 통해 하나님이 된다는 것을 압니다.

지금 당신 안에 하나님이 잠들어 있습니다. 그분은 깨어나실 것이며, 그때 당신은 복음서에서 예수 그리스도가 겪었던 그 일을 경험하게 될 것입니다. 왜냐하면 당신 안에 잠든 예수 그리스도 외 다른 예수는 없으며, 앞으로도 결코 없을 것이기 때문입니다. 당신이 가르친 '법칙'으로 삶이 풍요로워진 이들이 당신에게서 돌아설 수도 있습니다. 왜냐하면 관습은 쉽게 사라지는 것이 아니기 때문입니다. 그래서 마태복음 15장에서는 이렇게 말합니다.

너희의 관습이 하나님의 말씀을 무효로 만들었다.

이 세상에서는 빨갛고 자주색으로 된 우스꽝스러운 옷을 입으면서 전통을 지키려고 애씁니다. 그러면 생각 없는 사람들은 그가 지나갈 때 그의 옷자락에 손만 대어도 복을 받는다고 믿습니다. 아니면 높은 사람이 집전하는 미사와 예배에 참석하면 축복을 받는다고 여깁니다. 그러나 이러한 전통적 믿음은 하나님의 말씀을 무효로 만들고 있습니다.

저는 말씀드리는 것은 실제로 경험한 것입니다. 제 말을 진지하게 받아들여 주시기 바랍니다. 저는 곧 이 세상을 떠나게 될 것입니다. 하지만 내면의 시선을 지닌 여러분은, 제가 말씀드린 장면을 직접 보게 될 날이 올 것입니다. 그리고 여러분도 이 세상을 떠날 때가 올 것입니다. 그러면 이제 남는 것은 '말씀의 전달자'들뿐입니다. 그들은 저의 경험을 또다시 단체의 교리로 둔갑시키고는, 또다시 하나님의 말씀을 무효로 만들어버릴 것입니다.

오늘 밤, '법칙'을 사용하여 당신이 상상하는 바로 그 사람이 되십시오. 하지만 '약속'을 잊어서는 안 됩니다. 약속이 없다면, 온 세상을 다 가진들, 무슨 의미가 있겠습니까?

최근에 스탈린의 딸이 쓴 책을 읽었습니다. 그녀는 그 책에서 아버지가 죽던 순간 자신이 그 자리에 있었다고 밝혔습니다. 아버지는 그때 몸의 한쪽이 마비되었고, 뇌도 기능을 상실했으며, 앞을 보지 못하는 상태였다고 합니다. 그 상태에서 무언가를 보면서 그것을 향해 멀쩡하게 손을 저으며 강한 증오가 담긴 표정을 지었다고 합니다. 마치 눈앞에 선 악마와 싸우려는 듯한 모습이었다고 합니다. 어쩌면 그가 본 것은 그가 죽였던 2천만 명의 생명이 하나의 인격체로 형상화된 것이었는지도 모릅니다. 그것이 그의 움직이지 못하던 손을 분노로 치켜들게 했고, 결국 죽음을 맞게 한 원인이었을지도 모릅니다. 스탈린은 사후세계를 믿지 않았습니다. 생명이 다시 회복될 것이라고 믿지 않았기 때문에, 자신이 원하는 일은 할 수만 있다면 무엇이든 했습니다. 발코니에 서서 수천 명이 자신을 향해 환호할 때, 그는 "바보들!"이라 말했습니다. 그는 그들을 인생의 쭉정이로 보았습니다. 오늘날 이 쭉정이로 여겨지던 사람들은 스탈린을 역사의 중요한 인물로 부풀리고 있습니다.

그러나 그는 이제 자신을 마주해야 합니다. 더 이상 '스탈린'이라는 배역을 연기하지 않고, 지금은 젊고 건강한 존재로 다시 살아가고 있습니다. 그리고 그는 자신의 삶과 조화를 이루는 어떤 일을 하고 있으면서, 자신 안에 숨겨져 있던 '예수'라 불리는 구원의 계획을 실현시키고 있는 중입니다. 비록 그가 생전에 그것을 부인했을지라도 말입니다.

저는 여러분이 이 '법칙'이라 불리는 힘을 실제로 사용해 보시기를 바랍니다. 단순합니다. 원하는 것이 무엇인지를 정하고, 그것을 이미 성취했다는 것을 내포하는 장면을 상상하면 됩니다. 그 장면의 느낌 속으로 들어가십시오. 오감을 동원하여 그 장면과 하나 되십시오. 그 상황에서 현실이라는 느낌을 받으며 편안하게 쉬십시오. 그것을 어떻게 이루는지, 수단에 대해서는 생각하지 마십시오. 당신의 소망은 이미 이루어졌으며, 당신은 지금 그것이 이루어진 것 안에서 기뻐하고 있다는 것만을 아십시오. 그런 후 믿음을 가지십시오. 믿음이란, 보이지 않는 현실에 대해 충실한 것입니다.

당신의 상상은 비록 눈에 보이지 않을지라도, 현실입니다. 왜냐하면 하나님이 한 것이기 때문입니다. "누가 그 상상을 했습니까?"라고 묻는다면, 당신은 "I AM"이라고 대답할 것입니다. 그렇습니다. I AM, 그것이 바로 하나님의 영원한 이름입니다.

아침, 점심, 저녁, 당신은 계속해서 상상 속에서 사는 법을 배우십시오. 오늘 밤 이야기 드렸던 경험담의 주인공인 그 신사분은, 처음 제 강연에 참석했을 때 저를 미친 사람이라고 생각했었습니다. 그분은 이성적으로 말도 안 된다고 여겼던 그것을 시도했고, 그것이 작동하는 것을 보게 되었습니다.

세상의 상식 선에서는 '법칙'과 '약속'이 전혀 말이 되지 않는 것으로 보일 수 있습니다. 하지만 저는 단언합니다. 여러분 안에는 구원의 계획이 묻혀 있으며, 일정한 때가 되면 폭발하듯 드러날 것이고, 그때 여러분은 성경 속에 기록된 예수 그리스도의 이야기를 실제로 경험하게 될 것입니다. 그러면 당신은 예수가 결코 육체적 존재가 아닌, 하나의 '계획'을 나타내는 이름이었다는 것을 알게 될 것입니다. 예수는 여호와이며, 여호와는 곧 당신의 놀라운 "I AM", 바로 당신 자신입니다.

에베소서 1장에서 '모으다'라는 단어에 쓰인 그리스어 어근은 '머리'를 의미합니다. 바로 그곳, '머리'에서 우리가 모두 하나로 모이게 될 것입니다. 왜냐하면 우리는 모두 그곳에서 십자가에 못 박혔고, 그곳에 묻혔으며, 다시 그곳에서 부활하게 될 것이기 때문입니다. 이 외부의 세계에서 되돌아갈 때, 우리는 모두 다시 그 '머리' 속에 있는 하나의 상태로 함께 모이게 됩니다.

제임스 진(James Jean)은 이렇게 말했습니다.

무한한 하나의 전체를 창조한 자는 마치 무한한 두뇌와 같으며,
우리는 그 꿈꾸는 존재의 마음속에 있는 뇌세포일 뿐이다.

그리고 뇌세포는 그 하나의 두뇌 안에서 지금도 확장되고 있는 중입니다!

자, 이제 침묵 속으로 들어가겠습니다.

The State of Vision

비전의 상태

Chapter 17 THE STATE OF VISION
비전의 상태

무엇을 해야 하는지 아는 것만으로는 부족합니다.
그 일이 정말 일어나게 하기 위해서는,
반드시 여러분의 상상력을 비전의 상태까지 끌어올려야만 합니다.
그런 후에 무엇을 할까요? 아무것도 필요 없습니다!
그냥 여러분의 세상에서 펼쳐지는 사건들을 보십시오.

오직 상상력을 비전의 상태로 끌어올려라.
그러면 그 일은 이루어진다
- 윌리엄 블레이크

그것을 상상하십시오! 여러분과 제가 해야 할 일은 그것이 전부입니다. 원하는 것이 무엇이든, 우리가 할 일은 상상력을 비전의 상태로 끌어올리는 것이 전부입니다. 그러면 그 일은 이루어집니다!

고대의 예언자들이 성서에서 "비전(vision)"이라는 말을 사용했을 때, 그것은 다섯 감각 전체 혹은 개별적 감각들을 의미했습니다.

이사야는 이렇게 시작됩니다.

아모스의 아들, 이사야의 비전이라.
들어라, 하늘아! 귀를 기울여라 땅아! 주께서 말씀하시나니.

그리고 오바댜에서는 이렇게 말합니다.

오바댜의 비전이라.
주 하나님께서 이렇게 말하셨나니.

여기서 비전은 소리에 관한 것으로 나오지만, 성서에는 시각, 청각, 후각, 미각, 촉각에 관한 비전이 모두 기록되어 있습니다.

욥기의 마지막 장에서는 "저는 이제껏 귀로 당신에 대해 들었었지만, 이제는 당신을 눈으로 보나이다"라고 쓰여 있습니다.

우리가 실제로 보기 위해서는, 상상력을 시각의 수준까지 끌어올려야 합니다. 성서에서는 청각을 사용하는 것이 가장 보편적으로 나타나 있지만, 야곱의 이야기에서는 촉각에 관해서 나옵니다.

야곱의 아버지인 이삭은 눈이 멀어서 앞을 보지 못합니다. 야곱의 쌍둥이 형인 에서는 어머니의 자궁에서 첫 번째로 세상에 나왔습니다. 털로 덮여 있었고, 첫째가 상속권을 갖는다는 법 때문에 상속권은 에서의 몫이었습니다.

에서보다 늦게 세상에 모습을 드러낸 야곱은 매끄러운 피부를 한 소년이었는데 촉각을 이용해 아버지 이삭을 속입니다. 야곱은 양 떼 중 하나를 죽여, 그 가죽을 자신의 팔에 감쌌습니다. 아버지 이삭이 야곱을 만졌을 때, 그는 그것을 에서처럼 느끼고 야곱에게 상속권을 주었습니다.

이 이야기는 눈먼 사람과 어머니의 뱃속에서 태어난 두 아들의 이야기가 아니라 우리 내부에서 펼쳐진 드라마입니다. 여러분이 이성과 감각으로 알고 있는 세상, 그것이 바로 에서입니다. 지금 이 방이 곧 에서입니다. 반면에 여러분 마음속에 간직한 소망은 여러분의 야곱입니다.

털로 덮인 피부를 두르고 있기에, 에서는 바깥 곧 객관적인 세상을 상징하며, 이는 여러분의 소망인 야곱이 차지하려고 호시탐탐 노리는 곳입니다. 당신은 아버지 이삭으로서, 그 주관적 상태에 실재성을 부여할 수 있는 힘을 갖고 있습니다. 이제 그 소망을 가까이 불러, 그것이 바깥세상만큼 실제로 느껴지는지 확인해 보십시오.

이삭은 청각을 사용하기보다, "네게는 에서의 냄새가 나는구나"라고 말했던 것처럼, 후각과 촉각을 선택했습니다. 이런 두 가지의 감각을 이용해서 야곱은 이삭에게 객관적 현실이 될 권리를 받았습니다. 그래서 블레이크가 "상상력을 비전의 상태로 들어올리면 그것이 이루어진다"고 말했을 때, 그는 다섯 감각 중 하나 혹은 그것의 조합을 말하고 있는 것입니다.

여러분은 어쩌면 청각이 가장 발달해 있을 수도 있습니다. 그렇다면 여러분은 일정한 소리를 선택해서, 그 말이 진실이란 것을 스스로 믿게 될 때까지 뚜렷하게 들을 수 있습니다. 여러분은 다른 감각들을 차단한 채, 여러분이 듣고 있는 것이 사실이라 믿을 정도로 듣는 감각을 만들 수 있습니다.

그 말들이 현실의 분위기를 취해서 여러분이 그것을 사실이라고 믿는다면 상상 속의 사건은 여러분에게 수태됩니다. 이런 수태 후에 여러분은 무엇을 해야 하나요? 아무것도 없습니다! 여러분은 현실 속에서 여러분이 그렇게 뚜렷하게 들었던 것은 태어날 것이라는 앎만 단지 간직하면 됩니다. 수정된 달걀이 정확히, 언제 부화하게 되는지는 알지 못합니다. 저 역시 여러분의 소망이 객관적 현실이 되는 시간에 대해서는 모릅니다. 제가 아는 것은 단 하나, 여러분이 상상 속에서 보는 것이든, 듣는 것이든, 냄새 맡는 것이든, 맛보는 것이든, 만지는 것이든, 그것을 비전의 상태까지 끌어올리면 이미 그 일이 이루어졌다는 사실뿐입니다!

저는 아주 훌륭한 예술가를 아는데, 그의 작품들은 국제적인 갤러리에서 전시되고 있습니다. 그런데 그녀는 과거에는 동전 한 푼 없어 음식조차 살 수가 없었던 때가 있었습니다. YWCA에서는 무료로 급식을 해주는데, 하루는 그 음식을 먹으러 갈 힘조차 없었습니다. 그래서 그곳에 가는 대신, 소파에 누워서는 말했습니다.

"주여, 제가 단지 믿는다면 모든 것들은 가능하다고 당신께서는 말씀하십니다. 저는 지금 음식이 잘 장만되어 있다는 것을 믿습니다."

이 이야기를 들려주며, 그녀는 이렇게 덧붙였습니다.

"실제 음성이 들리지는 않았지만, '만약 네가 말한 것을 믿는다면, 음식이 차려질 식탁을 준비해야 하지 않을까?'라는 생각이 전해졌습니다."

그래서 그녀는 상상 속에서 식탁을 차리기 시작했습니다. 곧 나올 음식을 위해서 멋진 식탁보를 씌우고, 아주 좋은 접시들을 위에 놓고, 심지어는 초까지 켰습니다.

그녀는 잠에 빠졌고, 꿈이 펼쳐졌습니다. 꿈속에서 아름다운 접시의 덮개를 여는 순간, 실제 전화벨이 울려 잠에서 깼습니다. 전화를 건 사람은 어머니의 친구였는데, 몇 년 동안 만나지 못했었습니다. 그분은 말했습니다.

"갑자기 예전에 네가 너희 엄마랑 나를 위해서 만들어줬던 음식 생각이 간절히 나더라. 내가 재료들을 준비해갈 테니, 네가 다시 한번 그것을 만들어 줄 수 없겠니?"

이 예술가의 아파트에 부엌은 있었지만 음식이 전혀 없었습니다. 그녀가 식료품 가게에 갔을 때도 밀가루나 설탕 한 컵조차 살 수 없었습니다. 하지만 이제 음식을 준비할 재료들을 얻을 수 있게 된 것입니다. 한 시간이 채 걸리지 않아서 그녀는 이 예술가의 집에 재료들을 들고 왔고, 잠시 후 즐거운 만찬을 즐겼습니다. 그리고 식사가 끝났을 때에도 적어도 두세 번은 더 먹을 수 있을 재료들이 남아있었습니다.

이 숙녀 분은 훌륭한 예술가이지만 그녀가 사용한 것은 촉감이었습니다. 그릇과 은식기를 만지며 잠에 들었고, 음식이 차려진 큰 접시의 뚜껑을 열면서 잠에서 깨었습니다. 그녀의 이야기는 성서에서 이삭의 이야기로 표현되어 있습니다.

성서를 이해하기 위해서는 신비가의 눈으로 성서를 봐야 합니다. 블레이크는 말합니다.

왜 성경은 다른 책들보다 더 교훈적이고 흥미로운가?
그것이 우리의 이성에 말하는 것이 아니라
영적 감각인 상상력에게 말하기 때문이 아닐까?

여러분이 영적으로 무언가를 만진다면 외부 감각이 사실이 아니라고 거부하고 있는 것을 사실로 받아들이는 것입니다. 그리고 여러분이 상상력을 사용한다면, 여러분은 야곱의 손으로 만지고, 야곱의 눈으로 세상을 보고, 야곱의 귀로 듣는 것입니다.

시편 115편에서 저자는 우리가 하는 모든 일을 사실상 주께서 하신다고 말합니다. 그리고 주를 세상의 신들과 비교하면서 이렇게 말합니다.

그들의 신들은 은과 금으로 만들어졌으니.
그들은 입이 있으나 말하지 못하고, 눈이 있으나 보지 못하고,
귀가 있으나 듣지 못하고, 다리가 있으나 걷지 못하고,
손이 있으나 만지지 못한다.
그들의 신들이 그러하듯, 그들을 의지하는 자들도 그들과 같아지리라.

말하지도, 듣지도, 걷지도, 느끼지도 못하는 인간의 손으로 빚어낸 작은 물건을 믿는 사람은 잘못된 하나님과 잘못된 예수 그리스도를 지니고 있는 것입니다. 인간의 손으로 만들어졌다면, 그것은 소리를 낼 수도 없고, 여러분의 요청을 들을 수도 없습니다. 여러분에게 어떤 대답도 주지 못하고, 볼 수도, 들을 수도, 걸을 수도 없습니다. 그것은 단지 인간이 만들어 낸 것일 뿐입니다. 그래서 그런 것을 믿는 사람들은 만들어진 그것처럼 될 것입니다. 왜냐하면 그들은 내부의 인간, 즉 구약에서는 야곱이라 불렸고, 신약에서는 예수 그리스도라고 불린 내부의 인간을 사용하려는 마음을 갖지 못하기 때문입니다.

이제 에서를 사냥터로 보내고, 야곱을 사용하십시오. 여러분 안의 다섯 감각 전체를 이용하거나, 그중 하나를 선택하여 야곱에게 '현실 같은 분위기'라는 옷을 입히십시오. 여러분이 소망이 이미 이루어졌다고 스스로를 확신시킨다면, 현실의 다섯 감각이 그 소망을 부정할지라도 결국 그 소망은 현실이 될 것입니다. 저는 그것이 어떻게 이루어지는지, 언제 이루어지는지에 대해서는 모릅니다. 제가 아는 한 가지는 상상력이 비전의 상태로 솟아오른다면, 그것이 이루어졌다는 것뿐입니다.

사람들은 이런 담대한 주장을 했던 블레이크가 왜 가난하게 살았는지를 묻습니다. 그러나 블레이크는 명성이나 막대한 부에 대한 열망이 전혀 없었습니다. 그 당시 영국의 왕은 조지 3세였습니다. 그는 광기 어린 자였고, 지금까지 그가 기억되는 유일한 이유는 미국이 영국에게 독립전쟁을 했을 당시의 왕이었다는 이유밖에 없습니다. 블레이크가 살던 시대에 부와 명예를 누렸던 이들은 모두 잊혔지만, 블레이크는 시간이 흐를수록 더욱 위대한 존재가 되어, 그 시대의 모든 인물을 압도합니다.

블레이크는 돈도 없었고, 정규 교육도 받지 못했습니다. 하지만 독학으로 라틴어, 프랑스어, 이탈리아어를 할 정도로 언어에 능통했습니다. 이 위대한 인물은 인간이 누리는 사치에는 관심이 없었고, 오직 하나님의 일을 하는 것에만 관심이 있었습니다. 블레이크는 세상이 환상이라고 주장했고, 그의 위대한 작품인 『예루살렘』은 내면의 귀로 들은 것을 적은 것이라고 고백했습니다. 그는 예루살렘을 보지는 못했지만, 그것을 들은 것입니다. 그 단어들은 하나님의 영이 불러준 것이었으며, 블레이크는 그것을 자신의 가장 위대한 비전이라 불렀습니다.

여러분은 어쩌면 촉감이 가장 쉬울 수도 있습니다. 그렇다면 이삭처럼, 여러분의 소망을 만져보십시오. 그것이 에서(현실)처럼 느껴지는지 확인해 보십시오. 현실처럼 만져졌다면 이삭은 이렇게 말할 것입니다.

너에게는 에서의 냄새가 나는구나.
자, 이제 축복은 너의 것이다

왜 그렇습니까? 바로 그것이 이삭에게는 현실처럼 보였기 때문입니다.

돈에는 특유의 냄새가 있습니다. 눈을 감고 돈다발의 냄새를 맡아보십시오. 1달러, 5달러, 혹은 10달러 지폐라도 코에 닿는 순간 그것이 돈임을 알 수 있을 것입니다. 왜냐하면 돈에는 다른 종이와는 다른 무언가가 있기 때문입니다.

모든 것은 냄새를 갖고 있습니다. 제 형인 빅터는 성공한 사업가입니다. 형이 어떻게 성공했는지 물어보면, 이렇게 말합니다. "나는 사업의 냄새를 좋아해. 아침에 문을 열고 가게에 들어가면 그곳에서 풍겨오는 냄새가 너무 좋아."

저도 형과 함께 가게에 들어갔지만, 아무런 냄새를 맡을 수 없었습니다. 하지만 제 경우에는 블레이크의 책을 펴면, 날이 가는지 모를 정도로 흠뻑 빠져 지내는 것도 가능합니다.

최근에 바베이도스에서 블레이크의 글을 형에게 읽어준 적이 있습니다. 저는 완전히 몰입해서 그 달콤한 단어 하나하나를 읽었지만 형에게는 아무런 감흥도 줄 수 없었습니다. 형은 저와는 다른 방식으로 자신의 능력을 사용하고 있습니다.

여러분에게 가장 적합한 수단을 선택해서 그것을 사용하십시오. 아마도 사람들은 소리라는 것이 가장 쉬운 듯합니다. 그렇지만 누군가를 좋아한다면, 그 사람의 살결의 감촉이나 체취도 알게 됩니다. 만약 사람에게 그 구분되는 냄새가 없다면 어떻게 블러드하운드 같은 강아지가 특정한 누군가를 찾아낼 수 있겠습니까? 그런 능력은 동물에게만 있다고 생각하기 쉽지만, 사실 모든 이에게는 고유한 냄새가 있기 때문에 인간 역시 이를 활용할 수 있습니다. 복제된 목소리는 존재하지 않습니다. 목소리를 흉내낼 수는 있지만, 녹음하여 그래프로 분석하면 원본과는 다른 점이 분명히 드러납니다.

여러분은 유일무이한 존재입니다. 누군가를 진심으로 사랑한다면, 그 사람의 목소리와 촉감을 알고 있을 것이며, 그가 가까이 있을 때 그의 향기 또한 알아챌 수 있을 것입니다. 여러분의 기쁜 소식을 그들과 나누십시오. 여러분에게 들려오는 그 목소리에 귀를 기울이고, 그 소리를 즐기십시오. 여러분이 들었던 것을 사실로 받아들인다면, 그 메시지는 여러분의 자아 속에 수태된 것입니다.

최근에 한 친구가 소리를 이용해서 자신의 피부암을 치료했습니다. 그는 아침에 면도를 할 때마다 여전히 피부암의 흔적을 보았습니다. 그러나 그는 듣는 감각을 활용해, 사람들이 그에게 병이 나았다고 축하하는 소리를 상상했습니다. 친구는 자신의 촉각을 이용해서 피부가 완전해져 있는 것을 느끼지는 않았습니다. 여전히 피부암의 상태는 남아있었지만, 친구들의 축하 메시지를 계속 사실로 고집해 나갔습니다. 어느 날 암의 흔적들은 자취를 감췄습니다.

여러분 모두 이 법칙을 직접 시험해 보시기 바랍니다. 이런 일을 하는 데에는 어떤 비용도 들지 않습니다. 블레이크는 사무엘 파머라는 친구에게 이렇게 말했습니다.

"상상을 비전의 상태까지 끌어올리게. 그러면 그 일은 이루어지네."

여러분은 하나의 감각을 이용할 수도 있고, 여러 감각을 동시에 활용할 수도 있습니다. 지금 눈앞에 보이는 것처럼 상상 속에

비전의 상태

서도 볼 수 있고, 지금 듣고 있는 것처럼 상상 속에서도 들을 수 있습니다. 그러나 중요한 것은, 무엇을 보고 들을지는 여러분 스스로 결정해야 한다는 점입니다. 원하는 것만 보고 듣도록 하십시오. 소망이 성취된 것을 보고, 들으십시오. 그리고 여러분의 세상에 증거의 열매가 맺히는 것을 두 눈으로 확인하십시오.

성서에서는 하나님께서 가슴을 보신다고 적혀 있습니다. 그런데 이것은 신체적인 가슴을 말하는 것이 아니라, 개개인의 자아를 두고 하는 말입니다. 시편 4편에서는

> 그대의 잠자리에서 그대의 가슴과 이야기를 나누고 고요히 하여라.

라고 쓰였습니다. 다른 말로 하자면 여러분 자신과 이야기를 나누라는 것입니다. 여러분이 느끼고 있는 것들, 생각하는 것들, 바라는 것들 그리고 동기들, 이런 것들은 항상 여러분 자신에게, 즉 하나님 아버지에게 드러냅니다. 살과 피를 지닌 사람들에게는 여러분의 생각을 숨길 수 있을지 모르지만, 존재의 깊은 곳으로부터는 결코 감출 수 없습니다.

성서에서 하나님은 다른 형제들 모두를 거부했고 다윗만을 선택했다고 합니다. 이렇게 말했습니다.

> 다윗은 나의 마음에 합당한 자로, 내 모든 뜻을 행할 것이다.

즉, 다윗은 여러분의 생각과 느낌, 욕망과 동기 모두를 성취하

는 자입니다.

성서는 신비가의 눈으로 볼 때에만 이해될 수 있습니다. 다음 구절을 보겠습니다.

분노하되, 죄를 짓지 말라.
그대의 마음과 이야기를 나누고 고요해져라.

만약 누군가에게 어떤 분노할 것이 생겼다면 터뜨려서 가슴속에서 분노를 내보내세요. 그리고 나서 침착하게 자신과 대화하세요. 모든 것이 완전하다는 것을 암시하는 장면을 상상하며 마음을 가라앉히세요. 여러분이 세상에 실현하고자 하는 비전을 만들기 위해, 가능한 한 많은 감각을 활용해 여러분 자아의 가장 깊은 곳으로 들어가세요.

듣든, 보든, 만지든, 냄새를 맡든, 어떤 감각이든 모두 비전의 상태로 끌어올릴 수 있습니다.

저는 2차 세계대전 중에 군에 징집됐지만, 전쟁에 참가하길 원치 않았습니다. 그러나 제 요청은 받아들여지지 않았습니다. 저는 화를 내거나 상관에게 집요하게 찾아가지 않았습니다. 대신 침실에 누워 눈을 감고, 방 안의 50명을 마음속에서 모두 차단했습니다. 그리고 이곳이 뉴욕, 워싱턴 스퀘어에 있는 제 아파트라고 상상했습니다.

저는 침대에 누워 있었고, 옆에는 아내가 잠들어 있었습니다. 일어나 창밖을 내다보니, 거리에 아파트가 보였고, 그 아래로 워

싱턴 스퀘어가 펼쳐졌습니다. 거실과 응접실과 부엌을 걸었습니다. 이 상상 속에서 저는 가능한 한 다섯 가지 감각을 모두 활용해, 익숙한 사물들을 생생하게 느껴보았습니다. 새벽 4시가 되었을 때 저는 "내가 했던 것들은 이루어졌다. 더 이상 할 것은 없다"는 소리를 들었습니다. 누가 이런 소리를 냈을까요? 바로 나 자신이지만, 그 말은 외부에서 들려온 듯했습니다.

저는 제가 무엇을 했고, 무엇을 말했는지를 알기에 믿음을 가지고 9일 동안 행동했고, 외부적으로 어떤 일을 하지는 않았습니다. 10일째 되는 날, 저의 청원을 거절했던 대령이 자신의 사무실로 불러서는 명예 제대를 시켜줬습니다.

저는 감각을 비전의 상태까지 끌어올렸습니다. 제 침대와 아파트 안의 여러 물건들을 느끼며, 그곳에 있다는 기쁨 속에서 잠들었습니다. 대령은 아마 저를 명예 제대시키겠다는 생각을 스스로 했다고 믿을 것입니다. 그런데 사실 그 문제에 있어서 대령에게는 선택의 여지가 없었습니다. 이 세상은 상상이 외부에 그려진 것이며, 그 안의 사람들은 모두 제가 상상 속에서 행한 것들이 현실로 나타나도록 도와야만 했습니다. 저는 이 사실을 인식하며 상상했습니다.

무엇을 해야 하는지 아는 것만으로는 부족합니다. 그 일이 정말 일어나게 하려면, 반드시 여러분의 상상력을 비전의 상태까지 끌어올려야 합니다. 그런 후에 무엇을 할까요? 더 이상 해야 할 것은 없습니다! 그저 여러분의 세상에서 펼쳐지는 사건들을 보시면 됩니다. 기억하십시오. 창조의 힘은 여러분이 작동시켜야만 합니다. 그 힘은 저절로 작동되지 않습니다. 반드시 여러분의 활동이 필요합니다.

하지만 하나님의 축복인 약속을 얻기 위해서는 여러분이 해야 할 일이 없습니다. 하나님의 약속이 스스로 성취될 때, 그것은 갑자기 일어났고 너무 극적으로 일어나서 그 약속에 대해 생각할 겨를도 없습니다. 실제 여러분은 그 약속이란 것을 경험했던 어떤 사람으로부터 그것에 대해 듣지 않는 한, 약속이란 것을 인식하지도 못할 것입니다. 저의 경우에는 그 약속이란 것을 어떤 다른 사람에게서 들었던 적도 없었고, 성경의 이야기가 저를 두고 하는 이야기라고 본 적도 없었습니다. 하지만 하나님이 자신을 드러내는 과정 속에서 진리가 제게 주어진다는 것을 경험했습니다. 왜냐하면 하나님은 인간의 마음속에 감추어져 있고, 자신을 인간으로서 드러내고 있기 때문입니다!

이제, 시각·청각·촉각·후각·미각이라는 선천적 달란트를 함께든 따로든 적극 활용하십시오. 저에게 있어서는 촉각이 가장 강하게 느껴집니다. 만약 어떤 분이 자신의 소망을 제게 편지로 보냈다면 저는 그가 자신의 소망이 이미 이루어졌다고 믿으며 그 편지를 만집니다. 그들의 소망이 이루어진 편지를 느껴보고 그 내용들을 보면서, 저는 이런 행동들로 인해 그들이 바라는 행운들이 잉태되었다는 것을 입니다. 그리고 그것으로 인해 나 자신의 속박 또한 풀려 나고 있는 것입니다.

지금 당장, 친구에게 어떤 것이든 주십시오. 친구가 그것을 알지 못하거나 동의하지 않더라도 상관없습니다. 여러분은 다섯 감각을 가지고 있습니다! 그 감각들을 사용해, 야곱이라는 내면의 실체를 외부로 드러내십시오. 야곱에게 외적인 실재성의 옷을 입히고, 에서의 자리를 대체하게 하십시오. 여러분이 현재 가진 것은 여러분의 에서입니다. 여러분의 소망은 바로 야곱입니다. 그리고 여러분은 그들의 아버지, 이삭입니다. 상상력을 비전의 상태까지 끌어올려 야곱이 에서의 자리를 빼앗도록 하십시오. 그 후, 그렇게 사실로 받아들인 것 안에서 안식을 취한 채 여러분의 경이로운 세상 안에서 일어나는 변화를 보십시오!

침묵 속으로 들어가겠습니다.

Free or Slave

자유인인가? 노예인가?

Chapter 18 FREE OR SLAVE
자유인인가? 노예인가?

그래서 노예의 세상 안에 우리가 사는 동안 하나님의 법칙을 배우십시오. 나는 이 십자가를 내려놓기 전까지, 본래 나의 것이었던 위대한 유산을 진정으로 얻을 수 없습니다.
나의 유산은 하나님 그 자체이기에, 오점도 없고 영원합니다.

여러분의 경험담을 제게 들려주시기 바랍니다. 그렇게 해주신다면 모두가 법칙을 사용할 수 있는 자극제가 될 것입니다. 저는 성서를 경험하였기 때문에 개인적으로는 그 자극제가 필요 없지만 그 말씀을 경험하지 못한 분들에게는 필요합니다.

제가 "상상이 현실을 창조한다"라고 말할 때, 그 명제는 여러분이 일반적으로 받아들이는 것보다 더 큰 의미를 가집니다. 여러분의 소망이 현실인 것처럼 상상하세요. 무엇을 상상하든 상관없습니다. 설령 그 상상이 세상에서 가장 놀라운 것이라 해도, 현실처럼 상상하고 사실로 받아들이며 믿음을 유지한 채 그 상태 안에서 살 수 있다면, 반드시 현실이 될 것입니다.

저는 경험으로 이것이 진리임을 압니다. 그래서 여러분에게 여러분의 경험을 나눠주시길 부탁드리는 것입니다. 제가 이곳에 오는 사람들과 그것을 나눌 수 있도록 말입니다. 최근에 들은 이야기 하나를 소개하겠습니다.

한 신사분의 이야기입니다.

따분하게 사무실에 앉아 하나의 생각에 잠겼습니다. "분명 내가 지금 벌고 있는 것보다 두 배를 벌 수 있는 방법이 있을 거야." 그리고는 저는 바로 그 자리에서 그것을 상상하기로 결심했습니다. 며칠 동안 그 돈을 받는 것을 상상했는데, 세상 아무것도 변한 게 없더군요. 그래서 정말 그 일이 가능한지 의심이 들기 시작했습니다. 제 머릿속에서 그런 의심이 피어난다는 것을 알아채자마자, 즉시 부정적인 생각을 멈췄고 상상 속에서 제가 원하는 장면을 다시 반복했습니다. 그 장면은 제가 지금 벌고 있는 돈의 두 배를 버는 장면이었습니다. 다만 특별히 어떤 직업인지는 구체화하지 않고, 금액만 구체적으로 정했습니다.

2주가 지났을 때 3년 동안 그냥 안면만 있던 한 남자가 자신을 위해 일을 해달라는 부탁을 했습니다. 신기하게도 전에는 그런 제안을 했던 적도 없던 사람이 이번에는 계속 끈질겼습니다. 그런데 그가 제시하는 급여가 정확히 제가 지금 벌고 있는 것의 두 배라는 이야기를 듣고 딩징 일하기로 했습니다.

그런데 곰곰이 생각해보니 이런 생각이 들었습니다. '이건 정말 마법 같아. 그런데 왜 꼭 일을 해야 하지? 노동 없이 필요한 만큼 수입을 얻는 걸 상상해보면 어떨까?' 그래서 저는 이렇게 했습니다.

상상 속에서 우편함에 다가갑니다. 그리고 그것을 열어 봤을 때 그곳에는 일반 편지들과 함께 청구서들이 있고, 한 편에는 정체불명의 봉투가 있습니다. 집에 도착해 그 봉투를 열어보니, 오랜 기간 일을 하지 않아도 될 정도의 금액이 적힌 수표가 들어 있었습니다. 그리고 저는 은행에서 그 금액이 추가된 통장 잔고를 확인합니다. 잠에 들 때면 매일 밤 이 상상을 하며 잤습니다. 2주가 지날 때, 아무런 증거가 나타나지 않자, 마음속에서 '이거 내가 미쳐가고 있나? 왜 이런 바보 같은 짓을 하고 있는 거지?'라는 생각을 하게 됐습니다. 그리고 한 마디 혼잣말을 덧붙였습니다. "한때 내가 미쳤다고 생각했던 네빌처럼."

하지만 저를 미쳤다고 생각한 사람은 그뿐만이 아니었습니다. 성서 속에 나온 사람들은 깨어난 자조차 미쳤다고 말했습니다. 요한복음 10장의 내용입니다.

그 누구도 내 생명을 빼앗지 못하며, 나는 스스로 목숨을 내려놓는다. 목숨을 내려놓을 권능도, 다시 일으킬 권능도 내게 있다.

이 말을 들은 사람들은 이렇게 말했습니다. "왜 우리가 저 자의 말을 듣습니까? 그는 귀신들리고 미쳤습니다."
1939년 뉴욕 49번가에는 책방이 하나 있었는데 그곳에서 시간을 보내곤 했습니다. 당시에는 제 책이 출간되기 직전이었기에,

서점 주인은 유리벽에 제 사진을 붙여놨습니다. 제가 서점에 갔을 때 두 여성이 유리벽에 붙은 제 사진을 보고 있었습니다. 한 여성이 사진을 보더니 말했습니다.

"저 사람이 누군지 알아? 47번가의 미친 신비가야. 너는 그 사람이 하는 이야기를 들어봤어야 돼. 그 사람이 사람들한테 뭐라고 하는지 알아? 우리의 의식이 신이라고 주장해. 그리고 상상이 현실을 창조한다고도 말하고. 정말 세상에서 가장 어리석은 것 아니니? 너 언제 한번 가서 들어봐라."

수년 전의 일입니다. 그런데 이 신사분은, 예전에 저를 제정신이 아니라고 여겼던 것처럼, 이제는 자신이 제정신이 아닌 게 아닐까 고민하게 되었다고 합니다.

그의 이야기를 계속해보겠습니다.

2주 후였습니다. 제가 수개월 전에 친구와 약속한 날이 되어 친구를 만나러 갔습니다. 우리가 방문했을 때 친구는 자신이 알지도 못하는 친척에게서 큰 금액의 돈을 근래 상속받았다며 제게 얼마의 돈을 줬습니다. 그런데 그 돈은 바로 제가 상상했던 금액과 같았습니다. 그해 여름, 저는 살면서 하고 싶었던 모든 일을 했고, 여름 내내 해변에서 인생을 즐겼습니다.

그 후에 한 번도 본 적 없는 사람에게 전화기 와서 자신을 위해 일을 해달라는 부탁을 받았습니다. 그 사람에게, "저는 누구와도 일하고 싶지 않습니다"라고 딱 잘라 말했지만 그 남자는 굉장히 끈질겼습니다. 그래서 제 작업 일부를 갖고 그를 만나러 갔습니다. 그 남자는 제 작업물을 무척 마음에 들어 했고, 주 고객에게 전화를 걸어 우리는 곧 그 고객을 만나러 갔습니다.

제가 고객의 사무실에 들어갔을 때 놀랍게도 그곳은 낯설지 않은 곳이었습니다. 그 패널 벽이며, 창밖으로 보이는 큰 참나무, 방구석에 놓여있는 화분. 모든 것이 낯익었습니다. 게다가 그곳의 남자 역시 제가 봤던 사람이었습니다. 저는 그곳에 갔었고, 그 사람을 봤던 것입니다. 하지만 실제 이 육체가 갔던 것이 아니라, 상상 속에서 갔던 곳이었습니다. 저는 그 일을 맡기로 하고 집으로 돌아와 그 상상을 했던 때를 기억했습니다. 이 경험은 제게 정말 큰 교훈을 안겨주었습니다.

예전에 책상에 앉아서 그냥 생각이 이리저리 흐르는 대로 놔뒀던 때를 기억했습니다. 상상 속에서 저는 창을 통해 떡갈나무가 보이는 사무실에 있었습니다. 그 남자와 그 화초까지 모두 기억났습니다. 상상 속에서 본 것이 현실이 되었기에, 저는 이렇게 결론지었습니다.

"인간이 상상할 수 없는, 아주 정확하고 명확한 방법으로 상상력은 현실을 창조한다!"

의도적인 상상 행위로 현실을 창조할 수 있을 뿐 아니라, 우리가 그것을 인식하든 안 하든, 이 원리 속에서 모든 이들이 살고 있습니다. 사람들이 이 원리를 믿든 믿지 않든, 상상이 현실을 창조하는 법칙은 피할 수 없습니다. 그것은 단지 의도적인 상상뿐만 아니라 그 외의 모든 상상의 활동에 적용됩니다. 저의 경우만 보더라도 방 안을 서성이는 상상을 했던 것은 의도적인 것은 아니었으니까요.

그는 말했습니다.

지금 제 거실에는 식물이 하나 자라고 있어요. 상상할 수 있는 가장 무성한 식물이에요. 그런데 모든 원예 전문가들이 말하기를 이 환경에서는 그 식물이 살아남을 수 없다고 해요. 그런데도 이렇게 잘 자라는 이유가 무엇일까요? 저는 제 상상 속에서 이 식물이 무럭무럭 자라고 있는 모습을 보았기 때문입니다. 지금은 그 식물이 제 거실을 거의 차지하고 있어요. 전문가들은 모두 불가능하다고 했는데 말이죠.

어떤 것에 대한 확실한 증거가 있다면, 다른 사람들이 그것에 대해 어떻게 생각하는지는 중요하지 않습니다. 이미 증거가 나타났다면, 세상 사람들이 뭐라 말하든 무슨 상관이겠습니까? 그는 확실한 증거를 얻었습니다. 저는 이 편지에 대해 뭐라 감사를 해야 할지 모르겠습니다. 이것은 제가 여러분과 나눌 수 있는 꿈같은 이야기입니다.

저는 누군가가 과거에 무엇을 했든 상관하지 않습니다. 그가 하나님의 이 놀라운 원리를 알고 그것을 실천한다면, 그는 스스로 자유로워질 수 있습니다. 하나님은 용서하는 존재입니다. 만약 하나님이 우리의 죄를 다 기억하고 있다면, 누가 살아남을 수 있겠습니까? 인간이 과거에 무엇을 했든 상관없이 하나님은 그것을 모두 용서합니다. 왜냐하면 하나님이 사람이 되었고, 사람은 하나님이 되기 위해 존재하기 때문입니다. 하지만 꼭 기억해야 할 것이 있습니다. 우리는 항상 상상하고 있으며, 그 상상이 의도적이든 아니든, 모든 상상은 결국 현실이 됩니다.

매일 밤 잠들기 전, 침대에 누울 때면 비록 제 육신의 눈은 감지만 상상의 눈은 뜨기 시작합니다. 그리고 지금 이 세상과는 완전히 다른 세상을 봅니다. 상상의 눈을 통해 보는 것을 강렬하게 만들어 마치 유성을 타고 가듯 제가 상상하는 곳으로 들어갑니다. 그리고 그곳에 들어가면, 그 세계 또한 이 세상처럼 실재합니다.

우리 모두에게 주어진 상상력이라는 에너지는 생명 그 자체입니다. 그것은 세상 모든 것에 생명을 주어 살아나게 합니다.

이 신사분 역시 마음이 여기저기 방황하도록 내버려 두었습니다. 그러자 하나의 장면이 펼쳐졌고, 패널로 된 방에 있었으며, 그곳에서 한 사람과 하나의 화분과 창밖의 떡갈나무 한 그루를 봤습니다. 그리고 2주가 지났을 때 실제 그의 육신도 그 방에 가게 됩니다.

그는 편지에서 이렇게 적고 있습니다. "이제 저는 그 법칙이 진실이라는 것을 알기에, 당신이 가르치는 것이 진리라는 것을 압니다. 그 법칙을 어떻게 사용하는지 가르쳐주셔서 감사합니다." 저 역시 이 멋진 이야기를 나눠주신 것에 대해 깊은 감사를 전합니다.

이제 우리는 자유인인가, 노예인가라는 주제의 또 다른 측면을 보겠습니다.

성경에는 하갈이라고 불리는 여인의 이야기가 나옵니다. 우리 모두는 이 여인에게서 태어났기 때문에 우리 모두는 노예입니다. 제 어머니 이름은 빌헤미나이지만, 그녀 역시 하갈입니다. 제 아내는 캐서린 월라이지만, 그녀 역시 아이를 낳았기 때문에 하갈입니다. 아이가 이 세상에 태어나게 하는 문인, 모든 여인들의 자궁은 성경의 하갈입니다. 그런데 또 다른 자궁 하나가 있습니다. 그것은 사라라고 불리는데, 그녀는 하늘에서 왔고, 모두를 자유로 인도합니다.

창세기에서는 이렇게 말합니다.

아브라함이 깊은 잠에 들자 거대한 어둠이 그를 덮치더라.
그러자 주가 그에게 말하니,
그대의 자손들은 자신의 땅이 아닌 곳에서 체류자가 될 것이다.
그들은 그곳에서 400년간 노예로 있을 것이다.
그 후에 그들은 큰 유산을 받게 될 것이다.

그러자 상속자가 없었던 아브라함은 이 이야기를 듣고 혼란스러워합니다. "너의 아들이 너의 상속자가 될 것이다."

그러자 아브라함은 자신의 나이는 백세였고, 아내 사라의 나이는 아흔인지라, 웃으며 말합니다. "나의 아내는 여성으로서 임신하지 못합니다."

이것과 같은 이야기가 출애굽기에도 나옵니다. 하지만 출애굽기에서는 400년이 아닌 430년으로 나옵니다.

주께서는 430년 후에 이집트에서 이스라엘 자손을 이끌어내셨다.

히브리어는 가장 위대한 언어입니다. 단지 의사소통 수단으로서가 아닌, 성서의 신비를 나타내는 데에 말이죠. 히브리어에서 모든 글자는 숫자적, 상징적 의미를 가지고 있습니다. 아브라함이 백세였다는 것은 히브리어 글자 '쿼프(Qoph)'를 뜻합니다. 그 상징은 두개골의 뒷부분을 의미합니다. 그리고 숫자 400은 히브리어 알파벳의 스물두 번째, 마지막 글자인 '타브(Tav)'로, 그 상징은 '십자가'입니다.

우리는 모두 십자가를 지고 있는데, 바로 우리가 걸치고 있는 육신을 뜻할 뿐 나무로 된 십자가는 아닙니다. 그런 말도 안 되는 생각은 잊으십시오. 우주의 그리스도는 여러분의 육체에서 십자가형을 당했습니다. 그곳이 바로 하나님인 메시아가 십자가형을 당한 곳입니다. 저는 사색으로 이것을 안 것이 아니라 경험을 통해 알게 되었습니다.

여러분이 이 육체를 걸치고 있는 한, 여러분은 십자가를 걸친 것이고 그것이 바로 400입니다. 그 400년이란 기간은 시간의 단위가 아니라 십자가를 내려놓는 여러분의 마지막 순간을 의미합니다. 여러분의 여정이 마지막에 다다랐을 때 천국의 유산이란 영광을 얻게 될 것입니다. 하지만 그 영광은 여러분의 십자가인 육체를 벗어던질 때, 즉 400년의 끝에 이루어집니다.

그렇다면 출애굽기의 430년에서 30은 또 무엇인가요? 30은 노예를 사고파는 데 지불하는 값입니다. 속박된 자의 가격은 30세겔이라고 말해집니다. 출애굽기를 보면,

> 만약 황소(그리스도에 대한 상징)가
> 노예를 뿔로 받아서 그 노예를 죽인다면,
> 그 황소의 주인은 노예 주인에게 30세겔을 지불해야 할 것이다.

라는 구절이 있습니다. 노예에 대한 값이 바로 이 구절에 나와 있습니다. 이곳에 모인 분 모두는 30세겔의 가치가 있습니다.

그리스도의 메신저가 세상에 들어와, 여러분이 전통적인 신 개념을 버리고 체험적인 하나님으로 나아가도록 재촉할 때, 여러분은 황소에게 받은 것이며, 그 자유의 대가로 30세겔이 지불되는 것입니다. ('라메드'(Lamed)는 히브리어 열두 번째 문자이며, 소몰이 막대기를 상징하고 숫자 값은 30이다.)

유다는 30세겔을 피의 장소라 불리는 사원에 던졌다고 합니다. 그런데 누구의 피입니까? 바로 신의 피입니다. 한 사람이 말씀을 들은 후에 자신이 믿었던 과거의 모든 관념을 포기하고 새로운 관념, 새로운 하나님의 말씀에 대한 해석을 따르도록 재촉(goad 소를 몰다는 뜻도 가짐)되는 것에 대한 값입니다.

바울은 갈라디아서에서 "이것은 비유다"라고 말했습니다. 성서에서 바울보다 더 정통적인 히브리인은 없습니다. 그는 이렇게 말

합니다.

"나는 베냐민 지파, 아브라함의 아들이다. 로마의 시민이나, 히브리인 중의 히브리인이다."

계시를 받기 전까지 바울은 오늘 밤 지금 제가 하는 강의와 같은 내용을 말하던 사람을 박해하던 자입니다. 하지만 계시 후에 이 법칙을 가르치는 위대한 교사가 되었고 그 누구도 바울과 비견할 만한 사람은 없습니다.

갈라디아서 서신은 일종의 바울의 전기입니다. 갈라디아서에서 바울은 말합니다.

이것은 비유다.
아브라함은 두 아들이 있었으니,
하나는 노예 여인에게서 육신으로 태어난 자이며 (곧 우리 모두),
다른 하나는 자유인에게서 약속으로 낳은 자이다.

비유가 무엇인지 아십니까? 아시다시피 상징과 비유를 써서 이야기를 만들었기에 그 내용을 이해하려면 해석이 필요한 것을 말합니다. 그래서 그것을 듣는 자, 읽는 자들은 가공의 인물 안에 숨겨진 교훈을 발견해야만 합니다. 그리고 바울은 비유를 들어 이야기를 계속합니다.

하갈은 육신으로부터 아이를 낳았고,
사라는 위로부터의 온 예루살렘으로,

> 그녀는 자유인이며, 우리 모두의 어머니이더라.

저는 이 두 가지의 태어남을 모두 겪었습니다. 제 어머니의 자궁에서 나오던 때를 기억하지는 못하지만 그 태어남은 노예 상태의 태어남이었단 것은 알고 있습니다. 그것이 바로 하갈입니다. 1959년 7월 20일 아침, 제가 위로부터 온 여인에게 다시 태어날 때까지 저를 낳아준 어머니 외에 또 다른 어머니가 있는지 몰랐습니다. 그곳은 바로 제 자신의 두개골이었습니다. 저는 제 안에서 깨어나, 막 태어난 아이처럼 그곳을 빠져나왔으며, 그곳에서 성경의 모든 상징이 제 앞에 펼쳐지는 것을 보았고, 저는 그 드라마의 주인공이었습니다. 세 명의 남자와 포대기에 싸인 아이가 있었고, 이 모든 것이 성경의 내용 그대로였습니다.

이 땅의 어머니는 저를 노예 상태로 낳았지만, 저 위로부터의 어머니는 저를 자유인의 상태로 만들었습니다. 과거에도 그랬고, 현재에도 그렇습니다. 그런데 성경에서는 이것에 대해 어떻게 적고 있습니까?

> 노예와 그녀의 자손들을 모두 추방하라. 이는 그가 자유인으로 태어난 자의 것을 물려받지 못할 것이기 때문이다.

이유가 뭘까요? 위로부터의 태어남은 완전히 다른 세상에서의 태어남이기 때문입니다.

이제 우리는 진정한 아브라함으로 돌아갑니다. 바울은 말합니다. "그 약속은 아브라함과 그의 자손(복수가 아닌 단수)에게 주어진 것이다. 그 자손은 그리스도이다."
　같은 편지에서 바울은 이렇게 말합니다.

나는 그리스도가 네 안에서 형성될 때까지 너와 함께 산고를 겪노라.

　하나님 아버지는, 그 자신을 여러분 안에서, 여러분으로 만들고 있습니다. 그 모습이 완벽해질 때 여러분은 그리스도를 여러분 자신으로 탄생시키고, 지식이 아닌 경험을 갖고 이렇게 말합니다.

　나는 그이다 (I AM He)

　하나님은 내 안에서 자신을 눕히고, 잠든 채 하나의 꿈을 꿉니다. 그 꿈은 하나님이 바로 나라는 꿈입니다. 그러나 그분이 깨어났을 때 나는 그가 됩니다. 제가 이것을 어떻게 알게 되었을까요? 계시를 통해 이루어졌습니다. 영(Spirit) 안에서 다윗은 저를 아버지라 불렀고, 하나님은 다윗에게 "너는 나의 아들이라, 오늘 나는 너를 낳았다"라고 말합니다. 하나님의 독생자인 다윗이 저를 아버지라 부를 때, 저는 제가 누구인지 알았습니다. 제가 그 사실을 알 수 있는 다른 방법은 없습니다.
　그래서 저는 여러분이 저를 믿고, 여러분의 경험을 저에게 이야기해주기를 바랍니다. 이 놀라운 편지는 한 여성분께서 보내주신 것입니다. 그녀는 이렇게 적었습니다.

저녁에 돌아와 잠자리에 들 때면 항상 펜과 수첩을 머리맡에 놓곤 합니다. 오늘 아침에 아이를 학교에 보내고 침대를 정리하기 위해 돌아왔을 때 그 수첩에 글씨가 적힌 것을 발견했습니다.
언제 그런 글을 썼는지 기억이 나지 않지만 그 수첩에는 이렇게 적혀 있었습니다 "음성이 들리되, '나는 때가 무르익을 때까지 여인의 자궁 안으로 들어갔다.'"

그녀는 위로부터 온 어머니의 자궁 안으로 들어간 것입니다. 그녀가 자유를 찾게 될 순간은 멀지 않았습니다. 그녀는 아주 놀라운 경험을 하고 있지만, 그때가 언제인지는 저는 모릅니다. 그 누구도 모릅니다. 하나님 아버지의 아들조차 모르고, 오직 그녀 안의 아버지만이 그때를 알고 있을 뿐입니다. 아버지는 모든 이 안에 잠들어 있으며, 그분이 자신을 드러내는 그 순간에만 그리스도는 세상에 나타납니다.
그러면 여러분은 자유인입니까, 아니면 노예입니까? 만약 여러분이 하나님의 법칙(Law)을 안다면, 앞서 말했던 신사분처럼 바람과 같이 자유로울 수 있습니다. 상상해 보세요. 한 남자가 책상 앞에 앉아서 자신의 수입이 두 배가 되는 것을 깊게 상상하자, 갑자기 3년 동안 그냥 알고만 지냈던 한 남자가 '수입 두 배의 기적'을 이루게 해주는 도구가 되었습니다. 물론 그 남자는 더 많은 돈을 원했고, 일하는 것을 거부했습니다. 그러자 수개월 전에 약속한 한 남자가 이번엔 그 도구가 되었고, 알지도 못하는 친척으로부터 막대한 유산을 받은 남자는 그 일부를 그에게 나눠 줬습니다. 그 액수는 그의 상상 속에서 2주 동안 정체 불명의 봉투에서 꺼낸 액수와 같았습니다. 여행을 떠났고 그 여름 동안 여가를 즐겼습니다. 그리고 또 한 통의 전화를 받아 찾아간 곳에서 작업 의뢰를 받습니다. 의뢰인의 사무실을 찾아갔을 때, 그가 만난 사람은 다름 아닌 자신이 잠시 동안의 몽상에 빠졌을 때 봤던 사람이었습니다.

이건 놀라운 일입니다. 이 법칙을 아는지 여부와는 상관없이, 의도적인 상상의 활동뿐만 아니라 의도적이지 않은 상상조차도 그 모습을 현실에 나타낸다는 것을 깨닫게 해주는 경험입니다. 여러분이 이 법칙을 믿든 안 믿든, 모든 상상의 활동은 이 단단한 세상 안에서 모습을 나타내고 있습니다.

여러분이라는 배가 진정 원하는 곳을 향해 나아가도록, 이제 방향키를 잡아보는 것은 어떻습니까? 우리 모두는 말 그대로 바다 위에 있습니다. 우리는 그냥 파도가 치는 곳을 따라 흘러갈 수도 있고, 아니면 방향키를 잡고서 원하는 항구에 댈 수 있습니다. 전적으로 우리에게 달렸습니다.

저는 다시 한번 강조합니다. 상상은 현실을 창조합니다. 이 세상의 위대한 한 걸음을 만든 것은 상상이 현실인 것처럼 상상한 자들의 몫이었습니다. 그들은 상상 속의 것들이 마치 현실인 듯 느끼고 바라보았으며, 그 상상 속의 활동에 기초해 자신들의 세상을 건설했습니다. 여러분이 원하는 방향으로 상상하기 시작할 때, 자신을 얽매고 있던 속박의 끈이 풀리기 시작합니다. 여러분은 그 상상 속의 것들로 살고 상상하는 방법을 알 때까지 속박된 자, 노예입니다. 우리는 400년 동안, 즉 타브라는 십자가를 메고 있는 한, 노예 상태에 있습니다. 이 노예의 세계에 사는 동안, 하나님의 법을 배우십시오.

저는 이 십자가를 내려놓기 전에는 저에게 주어진 놀라운 유산을 완전히 이해할 수 없습니다. 저는 영원히 더럽혀지지 않을, 하나님의 유산을 상속받았습니다. 저도 바울처럼, "나는 그리스도와 함께 있기를 열망하노라. 그것이 단연코 더 좋으나, 그대를 위해서 나는 이 육신에 머물 필요가 있다"라고 말합니다. 바울은 막대한 약속 전부를 상속받았지만 인류의 진정한 목적을 모르는 사람들을 위해서 육신 속에 머물렀습니다. 교회는 그가 순교하거나 살해되었다고 하지만, 성서에는 그의 죽음이 기록되지 않았습니다.

교회는 성서의 본래 의미를 왜곡시켰습니다. 그들은 지금 예수의 성의(聖衣)를 찾았다고 발표하면서 예수를 작은 공간 속으로 묶고 있습니다. TV 프로그램에 한 고고학자가 출연하여 이 성의의 사진을 공개했습니다. 이런 것을 보면서 성경에는 왜 "하나님은 지혜로운 자들과 총명한 자들에게 이런 것들을 감추시고, 아이들에게만 나타내시기를 기뻐하셨다"라고 기록되었는지 이해할 수 있습니다.

여기서 말하는 총명한 자들이란, 이런 어리석음으로 무장한 자들입니다. 한 주교는 이것을 보고 예수가 그곳에 묻혔다고 말하며, 예수의 키가 5피트 3인치였다고 말합니다. 그리스도는 이 세상이 말하는 것처럼 단지 세상에 속한 인물이 아닙니다.

저는 온 우주에 편재하면서도 '인간 안에 묻혀 있는', 온전히 모든 것을 초월해 있는 존재인 그리스도에 관해 말하고 있습니다. 온 우주의 하나님은 단지 한 여인의 자궁에서 태어난 작은 존재가 아닙니다. 모든 것을 초월해 있는 그분을, 사람들은 한 육신 안에 자꾸 가두려 합니다.

다음은 바울이 갈라디아 사람들에게 보낸 경고입니다.

영에서 태어난 그대는 왜,
육신에서 끝을 맺는다고 생각하는 어리석음을 저지르는가?

사람들은 그 경고를 분명 성경에서 읽었으면서도 이해하지 못했습니다. 그들은 귀가 있으나, 듣지 않은 것입니다. 다윗이 나타나 여러분을 아버지라 부르기 전까지는 결코 여러분이 그분인지 알지 못할 것입니다. 오직 그때에야 비로소, 여러분은 자신이 누구인지 깨닫게 됩니다.

오늘 밤 결정하십시오.

자유인이 되겠습니까? 노예의 상태에 머물겠습니까?

여러분은 원하는 모습이 어떤 것이든지, 그렇게 될 수 있습니다. 세상 사람들이 뭐라고 말하든, 저는 신경 쓰지 않습니다. 앞서 이야기했던 그 신사분처럼 그리고 뉴욕 서점의 여성들처럼 저를 미쳤다고 생각하지는 마십시오. 저는 미치지 않았습니다.

저는 다른 이들의 눈에는 보이지 않는 세계를 보고, 그 세계에 거하는 이들과 교감을 나누고 있을 뿐입니다. 저는 블레이크와 교감을 나누고 있습니다. 200년이란 시간의 장벽이 우리 둘 사이를 분리하고 있는 것처럼 보이지만 시간의 융단 속에서 아주 가깝게 하나로 엮여 있습니다.

그리고 저는 블레이크뿐 아니라 아주 먼 역사 속에 존재했던 사람들과도 만납니다. 그들은 시간의 장벽으로 갈라져 있는 것이 아닙니다. 매일 밤마다 저는 침대에 누워 제가 낮 동안에는 보지 못했던 것들을 봅니다. 그리고 제가 느끼는 느낌의 리듬을 강렬하게 만든 후에 그 장면 안에 들어가서는 탐험을 합니다.

그곳은 이 세상과 마찬가지로 단단한 현실이고, 저는 그곳에서도 사람들을 가르칩니다. 제가 가는 곳이 어디더라도 항상 그곳에서 하나님의 말씀을 가르치고 있습니다. 그리고 그곳에서도 사람들이 저를 기다리고 있습니다. 저는 그곳에서 사람들을 가르치고, 다시 이곳으로 돌아옵니다

어디를 가든, 저는 항상 하나님의 일을 하고 있습니다. 그분이 저를 껴안으셨을 때, 저는 보내졌기 때문입니다. 그 포옹의 순간, 저는 하나님과 하나가 되었고, 바울처럼 이렇게 말할 수 있었습니다. "나는 자유롭지 않은가? 나는 사도(apostle)가 아닌가? 내가 우리 주 예수를 보지 않았던가?" 그것이 말씀을 전하는 자의 하

나의 자격입니다.

그렇다면 말씀을 전하는 자는 무엇입니까? 그는 부름을 받고, 그분의 포옹을 받고, '깨어난 그리스도의 몸' 속으로 하나가 된 후 다시 이 땅에 보내진 자를 말합니다. 이 땅이란 단지 이 지구라는 곳뿐만 아니라 성서에서 "나는 이 땅이 아닌 다른 곳에도 나의 다른 양들이 있더라"라고 말했던 것처럼 다른 세상도 포함됩니다. 올해 제가 가게 되는 뉴욕이나 샌프란시스코뿐만이 아닙니다. 그곳들 외에도 수많은 세계가 존재하며, 그곳에서 저를 기다리고 있고, 저는 그곳으로 가서 가르칩니다.

이런 이야기들이 저를 정말 미칠 대로 미친 사람처럼 보이게 할지도 모릅니다. 하지만 저는 개의치 않습니다. 이것이 미친 일이라면, 저는 기꺼이 미친 사람이 되겠습니다.

저는 이렇게 말합니다. 만약 여러분이 하나님의 말씀을 알고, 그 말씀대로 산다면, 여러분은 엄청난 보상을 받게 될 것입니다. 결코 여러분을 실망시키지 않을 것입니다.

만약, 여러분이 상상을 한 후에, 의심이 생긴다면 의심을 떨쳐버리십시오. 여러분은 그것을 이미 이루었습니다. 그리고 의도적인 상상뿐 아니라, 무의식적인 상상조차도 창조의 힘을 지니고 있음을 기억하십시오.

그래서 만약 기대하지 않았던 어떤 불편한 일이 생겼을 때조차, 그 일들은 결코 저절로 일어난 것이 아닙니다. 지금은 잊었을지라도, 그것은 언젠가 상상의 활동에 의해 빚어진 현실입니다. 그리고 상상의 활동이 그것을 지탱하는 한 계속 남아있을 것입니다. 그러나 여러분이 더 이상 상상이라는 영양분을 공급하지 않을 때, 그 불편한 현실은 먼지처럼 사라질 것입니다.

이제 침묵 속으로 들어가겠습니다.

Catch the Mood

내 안에 숨겨진
분위기를 찾아내라

Chapter 19 CATCH THE MOOD
내 안에 숨겨진 분위기를 찾아내라

가장 자연스럽게 돌아오는 의식의 상태가 바로 우리가 실제 거하는 곳인 것을 아십니까? 그것은 습관적인 상태이며 우리는 대부분 그곳으로부터 세상을 보고 있습니다.

오늘 밤 이 자리에서 전해드릴 메시지는 굉장히 실용적일 것입니다. 이 메시지가 혼란스럽게 만들 것 같지는 않고 다만 하나님이란 어떤 존재인지에 대한 믿음을 바꾸게 할 것입니다. 성경을 보면 위대한 드라마의 시작으로 쌍둥이의 탄생을 언급하면서 "너의 사지 안에…"라고 말문을 열고 있습니다. 우선 제가 지금 말씀드리는 성경 이야기는 특정 개인에 대한 것이 아니라 우리 모두에 관한 것임을 알아주십시오.

네 사지 안에 앞으로 경쟁할 두 민족이 놓여 있으니,
하나는 지배를 할 것이고, 형이 동생의 지배를 받을 것이더라.
-창세기 25:23, 모펫 번역

우리 안에는 이 쌍둥이가 있습니다. 더 어린 쪽인 둘째는 하늘나라에서 온 주입니다. 그가 바로 두 번째 인간(Second Man)이고 우리 안에 잠들어 있습니다. 여러분은 그를 깨우게 될 것이고 그가 깨어나면 주인이 되어 권력을 얻게 됩니다. 세상 많은 사람들은 이 사실을 전혀 인식하지 못해서 두 번째 인간을 잠든 채 그대로 방치합니다. 그래서 두 번째 인간은 어떤 지배력도 행사하지 못합니다. 성서에서는 또 그를 예수라 부르기도 하는데, 우리 인간의 경이로운 상상력, 즉 하나님을 말합니다.

이 거대한 세상과 그 안에 존재하는 모든 것은 단지 욕망을 달래는 데 불과합니다. 그게 바로 우리가 삶이라 말하는 것이고, 우리는 정말 삶을 통해 그 욕망을 달래는 과정에 있습니다. 주는 이 갈증을 달래기 위해 세상을 바라보는 무한한 상태를 마련해두었습니다.

"첫 번째 인간"은 그 갈증을 달랠 수 없고 단지 감각기관이 전하는 것에만 영양분을 제공할 뿐입니다. 첫 번째 인간이 지금 어디에 있든, 지금 보고 있는 것에 맞춰서 그것들에만 영양분을 주고 있습니다.

반면에 "두 번째 인간"은 이런 제한에서 자신을 분리시켜 어떤 상태로든 들어가서 그것을 섭취하고, 결국엔 '첫 번째 인간'도 그 상태를 먹게 만들 수 있습니다.

요한복음 14장에는 이런 말이 있습니다.

마음으로 근심하지 말고 두려워 말라.
너희는 하나님을 믿고, 또한 나를 믿으라.

그런데 이 말이 저 바깥세상 어딘가에서 들려오는 것으로 느껴지십니까? 이것은 여러분 내부에서 들려주는 이야기입니다. 같은 장에서 그는 자신이 하나님이라고 말하고 있습니다! 하지만 과연 어떤 사람이 자신 안에 있는 이 존재가 하나님이라고 실제로 믿겠습니까?

시편에서는 이렇게 말하고 있습니다.

고요하라. 그리고 알라. 내가 하나님임을.
-시편 46:10

이 말을 하는 이는 외부의 누군가가 아니라 바로 여러분 자신입니다.

고요하라. 그리고 알라.
내가(I Am) 하나님임을.

여러분은 이 말을 그대로 믿을 수 있겠습니까? 만약 믿는다면 여러분은 모든 일을 할 수 있습니다. 왜냐하면 "모든 것은 하나님에게 가능하다"라고 마태복음 19장 26절에서는 말하고 있기 때문입니다. 그런데 정말 그것을 진실로 받아들일 수 있겠습니까? 이제 "고요하라. 그리고 알라. 내가 ~~임을"이라는 문장의 빈 곳에 여러분이 원하는 것을 넣어보세요.

성서에서는 하나님이 잠들었다고 말합니다. 그가 잠들어 있을 때 하나의 외침이 들려옵니다.

일어나소서. 주여, 왜 잠에 드셨나이까?
우리를 영원히 버리지 마소서.

-시편 44:23

우리 안에 잠들어 있는 그를 우리는 다시 깨워야 합니다. 하지만 우리 인간은 우리의 경이로운 상상력이 하나님인 것조차 모릅니다.

요한복음에서는

내 아버지의 집에는 많은 저택이 있더라. 만약 그렇지 않았다면
내가 그대를 위해 하나의 장소를 준비하러 간다고 말했겠는가?
내가 가면 다시 와서 너희를 내게로 영접하리니,
내가 있는 곳에 너희도 있게 하려 함이다.

-요한복음 14:2,3

라고 말해지는데, 이것 역시 여러분의 내부에서 일어난 대화입니다.

나는 지금 내 자신에게 이렇게 말하고 있는 것입니다.

"내 아버지의 집에는 수많은 저택이 있더라." 이것은 곧, 내 안에는 수많은 의식 상태들이 있다는 말입니다. "만약 그렇지 않았다면 내

가 그대를 위해 하나의 장소를 준비하러 간다고 말했겠는가? 내가 가면 다시 와서 너희를 내게로 영접하리니, 내가 있는 곳에 너희도 있게 하려 함이다."

저는 지금 이곳에 서 있고 제 감각들은 이 방 안에 묶여 있습니다. 하지만 저는 이곳이 아닌 다른 곳에 있고 싶습니다. 마찬가지로 우리는 우리의 은행 잔고를 알고 있고 우리의 빚이 얼마인지도 알고 있습니다. 우리는 이렇게 우리가 인식하고 있는 것에 묶여 있습니다. "외부 인간"은 이렇게 감각과 현실이 전해주는 것을 먹고 삽니다. 하지만 우리는 이것에 분명 만족하지 않는데 다행히도 우리 안에는 또 다른 무언가가 있습니다. 그것이 바로 "두 번째 인간"이고 하늘나라로부터 태어난 사람입니다. 그가 지금 제게 말하고 있습니다. 다른 누구도 아닌, 제가 갈 수 있는 "수많은 저택"들이 있다고 말이죠. "나는 그대를 위해, 가서 준비할 수 있다"라고 말합니다. 또 이렇게 덧붙입니다. "그대를 위해 내가 준비했을 때, 나는 다시 돌아올 것이고 그대를 내게 맞이하리라. 그래서 내가 있는 곳에 그대 또한 있게 될 것이다." 그렇다면 우리는 이 일을 어떻게 할 수 있을까요?

세상을 둘러봤을 때 세상이 나를 옥죄고 있는 것을 볼 수 있습니다. 하지만 나는 나를 둘러싼 모든 것들을 깨부수고 나가길 원하고 그 한계를 초월하기를 원합니다. 그래서 한계를 깬 더 위대한 사람, 더 승리에 찬 사람이 되어 이 세상에서 더 위대한 일들을 하기 원합니다. 나는 이런 일들을 간절히 원하지만, 이성은 내게 그것들이 불가능하다고 속삭이며, 감각 또한 이성의 말을 다시 확인시켜줄 뿐입니다.

그런데 나란 존재는 단지 이성과 감각이 말하는 존재, 그뿐입니까? 내 안에는 내가 원하는 일들을 할 수 있는 참된 자아가 없을까요? 물론 있습니다. 바로 나의 상상력이 이 모든 일들을 할 수 있습니다.

내 상상력 안에서, 나는 내가 원하는 곳에 가서 내가 원하는 상태를 준비합니다. 실제로 원하는 상태 안으로 들어가서 내 존재 전체를 그 상태로 채운 후에 그 상태로부터 세상을 바라봅니다. 나는 그 상태를 단지 생각하는 것이 아니라 그 상태로부터 생각합니다. 내가 그 상태로부터 생각한다면 나는 실제로 그 상태를 준비하고 있는 것입니다.

그렇게 준비를 한 후, 나는 다시 한번, 떠나왔던 외부 인간에게 돌아가 그와 하나가 됩니다. 이제 나(내부 인간)는 그(외부 인간)를 데리고 내가 준비해놨던 그곳을 향해 사건의 다리들을 건넙니다. 나는 내가 준비해 두었던 그 상태로 그를 데리고 들어갑니다. 그는(외부 인간) 이제 말 그대로, 그 상태를 섭취하게 되는데 이것이 바로 제가 말하는 기도입니다.

저는 원하는 것이 생겼을 때 어떤 다른 존재를 향해 무릎을 꿇고, 공허한 청원을 반복하지 않습니다. 설령 그 존재가 이 땅의 사람들이 하나님이라 부르는 존재이더라도 마찬가지입니다. 만약 여러분이 진정으로 "고요하라. 그리고 알라. 내가(I AM) 하나님임을"이라는 성서의 말을 믿어서, 고요한 상태에서 "내가(I AM)" 하나님임을 아는 것을 통해 진정한 하나님을 발견했다면, 과연

내 안에 숨겨진 분위기를 찾아내라

우리는 누구에게 고개를 숙여가며 기도를 할 수 있을까요?

만약 성서에 친숙하지 않다면 다윗의 시편 46편을 읽어보십시오. 10절입니다.

고요하라. 그리고 알라. 내가 하나님임을.

그렇다면 우리는 과연 누구를 향해 기도를 해야 하나요? 기도의 대상은 바로 내적인 자아이고, 기도는 그 내적인 자아와의 교감입니다. 하지만 우리 인간들은 외부의 하나님에게 자꾸 말을 걸려 하고 외부의 하나님에게 항변하려 하고 외부의 하나님에게 간청할 뿐입니다.

이것은 예전에 윌리엄 라이언 펠프스가 주최했던 저녁 파티를 떠올리게 합니다. 그 사람이 어떤 일을 한 사람인지 모를 수도 있고 아니 엄밀히 말하자면 그 사람이 누구였는지조차 모를 것입니다. 그는 20세기 미국에 살았던 정말 위대한 교육자였습니다. 윌리엄 라이언 펠프스입니다. 펠프스와 그의 아내는 작가인 에드나 페버를 초대했습니다. 식사를 하러 자리에 앉자, 펠프스 부인은 그에게 말했습니다.

"윌리엄, 감사기도를 해주겠어요?"

펠프스는 눈을 감고 머리를 숙이더니 잠시 후에, "아멘"이라는 말만 말했습니다.

그러자 아내는 그에게 말했습니다.

"왜 제 귀에는 당신이 하는 말이 하나도 안 들리는 거죠?"

"여보, 이 기도는 당신에게 하는 말이 아니지 않소?"라고 짤막하게 대답했다고 합니다.

사람들은 자리에 앉아 이렇게 감사기도를 합니다.

"이 음식을 준비해준 하나님의 보살핌에 감사드립니다."

하지만 이런 말들은 아무런 의미가 없습니다. 여러분은 어떤 간청도 할 필요 없이, 단지 내면으로 돌아가 원하는 것을 취하면 됩니다. 기도는 단지 바깥 세상의 소망을 내면의 세상에서 취하는 것입니다. 나는 이런저런 것들을 희망하고 그것들이 바깥 세상에서 이루어지기를 원합니다. 그렇다면 이제 내부로 들어가서 내면의 세계에서 그것을 구축하십시오.

기도는 바깥 세상의 희망을 내면에서 취하는 것입니다. 이것이 바로 "하나님에 대한 믿음"이라고 제가 말하는 것이며, 그것은 곧 나 자신에 대한 믿음입니다. 왜냐하면 인간의 자아, 아니 더 정확히 말하면 인간의 참된 모습은 바로 하나님이기 때문입니다! 성서에서는 이를 "예수 그리스도"라고 말합니다.

> 너희는 예수 그리스도가 너희 안에 있음을 모르는가?
> 직접 시험해보고, 확인하라.

이것은 바울이 고린도 사람들에게 보내는 두 번째 편지에 있는 내용입니다. 고린도후서 13장 5절을 읽어보십시오.

> 너희가 믿음을 지니고 있는지 보도록, 너희 자신을 시험해보라.
> 예수 그리스도께서 너희 안에 계신 줄을 너희가 알지 못하느냐?
> -고린도후서 13:5

잘 생각해보세요. 그분이 바로 내 안에 있다고 말하는데, 과연 우리가 그를 찾기 위해 어디로 가야 합니까? 또 어떻게 그분에게 말을 걸 수가 있을까요? 그는 내 안에 있습니다. 그는 바로 내 자아 안에 있습니다. 그렇다면 단지 내면의 자아와 대화하면 됩니다.

세상에는 셀 수 없이 많은 상태들이 있습니다. 그래서 나는 이 세상에서 내가 표현하길 원하는 상태를 골라냅니다. 그리고 그것이 나에게 좋은지 아닌지를 다른 사람에게 묻지 않습니다. 그 누구와도 그것에 관해 상담하지 않습니다.

오직 내 소망이 황금률의 법칙 안에 있는지만 살핍니다. 그러면 황금률은 무엇입니까?

> 너희는 너희에게 일어나기 원하는 것을 다른 이들에게 하라.

이것이 황금률입니다. 이것만 유념하면 잘못될 것은 없습니다.
여러분이 여러분 자신에게 원하는 것을 다른 이들에게 하는 것에 무슨 문제가 있겠습니까? 여러분이 안정을 바라는 것처럼, 다른 이들이 그런 안정을 찾게 한다면 그것에 무슨 문제가 있습니까? 없습니다. 결점이 없고, 건강하고, 품위있는 삶을 사는 것에 무슨 문제가 있습니까? 세상의 이익에 공헌하는 것에 무슨 문제가 있습니까? 그런 것들에 도대체 무슨 문제가 있습니까? 행복한 결혼 생활을 하며, 여러분의 성을 따른 아이를 자랑스러워하거나, 그 손녀가 성을 물려준 아버지를 존경하는 것에 무슨 문제가 있겠습니까? 그런 것들에 무슨 문제가 있겠습니까?

쓸데없는 걱정은 잊으세요. 이 세상 전부는 여러분이 수확할 땅입니다. 여러분은 특정한 사람을 고르는 것이 아닙니다. 원하는 상태를 고르는 것입니다. 나는 기쁨에 넘치는 상태를 원합니다. 그래서 내가 만약 그 상태라면 과연 이 세상은 어떻게 보이겠습니까? 또 세상은 나를 어떻게 보겠습니까? 그러면 이제 감각의 세상을 닫고, 내부로 들어가서 그 상태를 나의 것으로 만드십시오. 그리고 여러분이 가정하고 있는 것이 사실이라면 여러분의 친구가 여러분을 어떻게 보는지 생각해보고, 그렇게 보고 있다는 것을 여러분의 내부 세상에서 상상하십시오.

오늘 밤 강의에서 왜 "분위기(mood)"라는 제목을 썼는지 이제 이해하셨을 것입니다. 우리가 해야 할 일은 분위기를 잡아내는 것입니다. 세상 모든 것들은 바로 이 "분위기"라는 것에 기초하고 있습니다.

창세기 25장을 보면, 여인이 자신의 몸 속에서 쌍둥이를 임신했는데 이들 둘은 "에서"와 "야곱"이라는 경쟁적인 민족입니다. 여러분은 이들이 수천 년 전에 실제 살았던 사람이라고 생각할지도 모르지만 사실이 아닙니다. 그들은 바로 이 땅의 모든 사람 안에서 살고 있습니다! 성서에 등장하는 어린 두 아이는 우리의 영원한 의식의 두 상태를 인격화한 것입니다.

그러므로 이들이 수천 년 전 살았던 것이 아닙니다. 그들은 지금 여러분 안에서 살아 있습니다. 여러분은 이 둘을 다 출산해야 합니다. 여러분은 첫째를 이미 낳았습니다. 첫째는 바로 여러분의 '외부 인간'입니다. 감각의 세계 속에서 살아가는 인간, 즉 성경에서 말하듯 털로 덮여 있는 자. 에서입니다. 그는 먼저 태어났으며, 온몸이 털로 덮여 있었습니다. 여러분이 남성이든 여성이든, 우리는 모두 외적으로 털로 덮여 있습니다. 그것이 바로 외부 인간입니다.

그 후에, "두 번째 아이"가 태어납니다. 그 아이는 야곱이라 불리는 매우 부드러운 피부를 지닌 아이입니다. 그는 장차 형의 지위를 빼앗을 운명이기에 우리는 그를 찬탈자란 뜻을 지닌 야곱이라고 부릅니다. 비록 둘째로 태어났지만 장차 첫째가 될 것입니다. 두 번째 인간은 하늘나라부터 온 주이고, 우리가 지닌 인류의 경이로운 상상력입니다. 여러분이 그것을 흔들어 깨운다면, 소위 기적이라 불리는 일들을 이룰 수 있습니다.

지금 바로 흔들어 깨우세요.

여러분과 저는 이 방 안에 있지만, 저는 눈 깜짝할 사이에 마음속으로 이 방을 벗어나 다른 곳으로부터 이 방을 볼 수 있습니다. 그러면 저는 이 강의실 안에서 방을 보는 것이 아니라, 바깥에서 이 방을 들여다보게 됩니다. 이것이 바로 내부 인간을 깨워서 활동시키는 것입니다. 마음속에서 이 방 바깥으로 나가십시오. 물론 육신이 직접 바깥으로 나가라는 것은 아닙니다. 마음속에서 하십시오. 그리고 그곳에서 이 방을 보십시오. 제 육신은 비록 이 방 안에 있지만, 정신으로는 아래층 호텔 방에 저를 두고 그곳에서 이 방을 보고 생각할 수 있습니다. 중요한 것은 제 호텔 방에서 생각한다는 것입니다. 마찬가지로 세상 어떤 장소라도 제가 그곳에 있다고 생각하고는 그곳에서부터 세상을 바라보고, 그곳에서부터 다른 것들을 생각할 수 있습니다. 이것이 바로 핵심입니다.

내가 원하는 것을 생각하는 것이 아닌,
내가 원하는 것으로부터 생각하기!

우리가 원하는 것이 있을 때 보통 어떻게 하는지 보겠습니다. 우리는 그냥 그 소망하는 것을 생각합니다. 그렇게 한다면 소망은 우리와 함께 있는 것이 아니라 우리 너머에 존재하는 것입니다. 지금 여러분의 집에 있다는 것을 상상하세요. 그리고 여러분의 집에서 이 빌딩, 이 클럽을 보세요. 그러면 여러분은 이 빌딩 안에서가 아니라, 집에서 빌딩을 보고 있는 것입니다.

그런데 가장 자연스럽게 돌아오는 의식의 상태가 바로 우리가 실제로 거하는 곳이라는 것을 아십니까? 그것은 습관적인 상태이며 우리는 대부분 그곳으로부터 세상을 보고 있습니다. 자연스럽게 "내가 얼마나 가난한 거지?"라고 느끼면서 거리를 걷고 있습니까? 그렇다면 여러분은 가난의 상태로부터 세상을 보고 있습니다. 혹시 지금 아무도 나를 알아주지 않고 누구도 나를 원하지 않는 상태로부터 세상을 보고 있지는 않습니까? 그렇다면 바로 그곳이 내가 살고 있는 집입니다. 내 마음이 습관적으로 자연스럽게 돌아가고 있는 장소가 바로 나의 현 위치입니다. 하지만 계속해서 그곳에 머무를 이유는 없습니다.

> 내 아버지의 집에는 수많은 저택이 있더라. 만약 그렇지 않았다면
> 너희에게 내가 가서 너희를 위해 처소를 준비한다고 말했겠는가?
> 그리고 내가 가서 그 처소를 준비하면, 다시 와서
> 너희를 데리고 그 상태로 들어간다.
> 내가 준비한 그 상태에 너희도 있게 하려 함이라.

그래서 나는 이제 하나의 상태를 선택합니다. 나는 세상에서 명성을 얻기를 바랍니다. 나는 세상을 위하여 공헌하기를 원합니다. 나는 잘 살기를 또한 원하고, 다른 사람들을 돕기를 원합니다. 나는 경제적 상황뿐만 아니라 사람들과의 사이에서도 안정을 느껴, 어떤 곳에 가서 누구를 만나더라도 당당하기를 바랍니다. 어쩌면 당신이 만나게 될 사람들은 높은 학위를 가진 사람일 수도 있고 유명 대학들을 나왔을지도 모르고, 또 큰 명성을 갖고 있을지도 모릅니다. 하지만 나는 그들 앞에 당당히 서기를 원하고, 또 나 자신을 초라하게 느끼고 싶지 않습니다. 나는 당당한 사람으로 느끼길 원합니다. 과거의 어떤 한계 때문에 부끄럼 속에서 내 머리를 숙이지 않을 것입니다. 비록 내가 사회적·경제적으로 "어려운 상황"에서 태어났더라도 그런 것 따위는 문제

가 되지 않습니다. 나는 내가 중요한 사람이고 훌륭한 사람이라고 느끼길 원하고, 올바른 사람이길 원합니다.

좋습니다.

그렇다면 그것이 현실이 되었다면 어떤 상태이겠습니까?

만약 그것이 현실이라면 그곳에서 겪게 될 하나의 상태를 구상합니다. 그리고 나는 그 상태로 들어갑니다. 처음으로, 그 상태에 들어가 그곳으로부터 세상을 봅니다. 그 상태는 굉장히 아름답습니다. 하지만 다시는 그 상태로 들어가지 않는다면, 그곳은 내 집이 아닙니다. 나는 그 상태를 나의 영원한 집으로 만들고, 자연스럽게 그 상태 안에 머물 수 있기를 원합니다. 그래서 만약 내가 그 상태에 거주하게 되면, 그때 나의 거처가 되고 "나는 가서 너희를 위한 거처를 마련할 것"이라는 성서의 내용을 이행한 것입니다. 이 말은 여러분에게 하는 것이 아니라, 제가 제 자신에게 하는 이야기입니다.

"그대, 네빌… 어려운 환경에서 태어난, 즉, 세상에 알려지지도 않고, 결함 많고, 가난하게 태어난 그대 네빌… 나는 그대, 네빌을 데리고 갈 것이다. 나는 그대, 네빌을 이제 데리고 그대가 두 번째 인간이자 하늘에서 온 주인, 그대의 경이로운 인간의 상상력인 '나'를 발견한 곳으로 갈 것이다. 그대가 나를 깨웠으니, 내가 갈 것이다."

그리고 나는 의자나 침대에 앉아 있던 '외적인 네빌'을 떠나,

그 상태 속에서 스스로를 '네빌'이라 느끼며 살아갑니다. 나는 그 원하는 상태로부터 세상을 봅니다. 그리고 그 장면이 나의 자연스러운 일부가 되었을 때, 나는 다시 의자나 침대에 남겨둔 육체적 "외부 인간"에게 돌아가 하나가 됩니다. 그 후에 나는 이성적으로 계획을 세우지 않았지만 어떤 사건의 다리들이 저절로 건설되어 그곳을 가로질러 갑니다. 그것들은 내가 계획한 것이 아니라, 단지 내 앞에서 저절로 생겨날 뿐입니다. 이 사건의 다리들을 건너서 내가 마음속에서 준비해놨던 목적지까지 다다르고, 이제 그곳에 살게 됩니다. 내가 그곳에 도달했을 때, 그곳은 낯설지 않고 이미 낯익고 자연스러운 곳입니다!

과거에는 내가 지닌 한계 때문에 그런 상황은 꿈도 꾸지 못했지만 이제는 정말 그 상태에 내가 있습니다. 나는 이제 어떤 사람을 만나든, 그 상태에서 만나며, 그것은 매우 자연스럽습니다. 성경이 여러분에게, 그리고 저에게, 아니 세상의 모든 사람에게 전하고자 하는 이야기가 바로 이것입니다. 여러분이 "하나님"을 찾기까지는, 그러니까 바로 여러분의 "자아"를 찾기 전까지는 다음과 같은 일을 할 수 없습니다.

고요하라. 그리고 알라.
내가(I Am) 하나님임을.

다른 하나님이란 존재하지 않습니다!
내가 하나님이다, 라고 말한다면 신성모독이라고 느껴집니까?

좋습니다. 그러면 성경을 가르쳤던 사람인 예수 그리스도는 어땠나요? 그 역시 "나는 신이다"라고 말했고, 그것으로 신성모독이라는 비난을 받았습니다. 사람들은 그를 돌로 치기 위해 돌을 집어 들었죠.

이 이야기가 바깥세상의 이야기처럼 들릴지 모르지만, 반복해서 강조하듯, 이는 지금 내 안에서 일어나고 있는 이야기입니다. 그들은 그를 돌로 치려 했습니다. 여기서 말하는 '돌'은 실제 돌이 아닙니다. '외부 인간'이 삶의 현실만을 취하는 것, 그것이 바로 돌이며, 그것으로 그를 치는 것입니다. 그리고 나서 그는 성경을 인용합니다. 시편 82편입니다.

> 너희의 율법에, 너희는 하나님이고, 가장 높은 자의 아들이라고, 쓰여 있지 않느냐?
> 그렇다면 내가 하나님의 아들이라고 말한다고 해서,
> 하나님의 아들과 하나님이 한 존재라면, 왜 너희는 나를 돌로 치려 하느냐?
> 성경이 너희에게 너희는 하나님의 아들이라고 가르치고 있지 않느냐?
> -요한복음 10:34-37

예수는 유대인들의 책인 성시를 인용했기 때문에 유대인들은 그에게 감히 돌을 던지지 못했습니다. 그런데 저 역시 오늘 밤, 여러분의 책이자 저의 책인 성경만을 인용하고 있을 뿐입니다. 그 책은, 여러분이 "여러분이 누구인지(Who-You-Are)"를 알게 된다면, 이 세상 모든 사람을 자유롭게 만들 수 있는 책입니다.

진정한 여러분은 바로 예수 그리스도입니다! 2천 년 전 잠시 살았다가 이 세상을 떠난 예수 그리스도가 아닙니다.

예수 그리스도는 "나는 항상 너희와 함께 있다. 이 세상이 끝날 때까지"라고 말했습니다. [마태복음 28:20]

"그"가 항상 나와 함께 있다면, 그는 어디에 있을까요? "그"는 항상 이 세상이 끝날 때까지 우리와 함께 있다고 말했습니다. 그렇다면 "그"가 있는 곳은 어디입니까? 저는 확실히 "그"가 있는 곳을 압니다.

이제 요한복음 8장의 대화를 인용하겠습니다. 여러분 안에서 일어나는 대화입니다. 다른 사람들은 그 이야기를 들을 수 없고, 오직 자신만이 들을 수 있습니다. 요한복음 8장의 구절에서 인용하고 있습니다.

너희는 아래에서부터 왔고, 나는 위로부터 왔다.

너희는 이 세상에 속하나, 나는 이 세상에 속하지 아니한다.

너희가 내가 그(I AM He)인 줄 믿지 않으면

너희 죄 가운데서 죽을 것이다

-요한복음 8:23, 24

성서에서 '위(above)'와 '내부(within)'는 같은 의미이고 '아래(below)'와 '외부(without)' 역시 같은 의미입니다. 그래서 "나는 위(above)로부터 왔다"는 말은 곧 "나는 내면에서 왔다"는 뜻입니다. 왜냐하면 그는 여러분에게 "하나님의 나라는 너희 안에 있다"고 말하기 때문입니다. [누가복음 17:21] 그래서 나는 위에서 왔습니다. 즉, 나는 안에서 왔습니다. 외부 인간인 당신(감각과 이성을 지닌 육신)은 외부로부터 왔으며, 따라서 아래에서 왔습니다. 당신은 이 세상에 속합니다. 하지만 나는 나의 감각들이 내가 어떻다고 말하는 것들에 매여 있을 필요는 없습니다. 나는 꼭 이곳에 있을 필요는 없습니다. 외부 인간인 당신(육신)은 외부에서 나를 보면서 "네빌! 자네는 연단 위에 있네"라고 말하고 있습니다. 나의 외부 세상 모두를 인식하고 있는 당신(외부 인간)은 나의 한계와 제한을 알 뿐, 나의 야망과 꿈과 소망 같은 것은 알지 못합니다. 나, 오직 나(내부 인간)만이 나의 야망과 소망들을 압니다. "내부 인간"은 그런 것들을 알고, "외부 인간"이 그것을 이룰 수 있도록 원하는 상태에 들어가서 준비하는 방법을 압니다. "외부 인간"은 할 수 없는 일입니다. "외부 인간"은 철저하게 감각과 이성에 묶여 있기 때문입니다.

제 이야기 하나를 짧게 해보겠습니다. 그 일이 일어났을 때, 그것은 참 불가능한 것처럼 보였습니다. 전쟁이 끝난 후 처음으로 아내와 딸아이를 데리고 제 고향인 서인도제도의 바베이도스로 여행을 떠났습니다. 그런데 돌아올 준비를 하지 못한 채 떠난 여행이었습니다. 돌아올 배도 예약하지 못한 채, 바베이도스에서 몇 달간 머물 생각으로 뉴욕에서 배편을 이용해 출발했습니다.

그곳에서 머물다가, 5월 첫째 주 뉴욕에 스케줄이 있었기 때문에 돌아갈 준비를 해야 했습니다. 저는 12월 말에 바베이도스에 도착해서 거의 4개월 동안 꿈 같은 시간을 보냈습니다. 그런데 예약을 하러 선박회사에 갔을 때 선박회사 직원은 리스트를 제게 보여줬는데, 그것은 바베이도스에서 승선을 기다리고 있는 아주 긴 대기자 명단이었습니다. 트리니다드, 세인트 빈센트, 그레나다 같은 서인도 제도의 다른 섬들도 긴 대기자 명단이 있기는 마찬가지였습니다.

이 섬들을 오가는 배는 딱 두 척이 있었는데, 작은 것은 60명을 태우는 조그마한 배였고, 상대적으로 큰 배는 125명을 태울 수 있었습니다. 그런데 각 섬마다 수백 명씩의 대기자들이 기다리고 있는 형편이었습니다.

선박회사에서는 "빨라야 10월에나 이 섬을 나갈 수 있을 겁니다"라고 말했습니다.

저는 "혹시 바뀔 가능성은 없을까요?"라고 물었습니다.

"네. 이 대기자 명단을 보세요. 바베이도스의 대기자 명단만 해도 이 정도입니다."

그때가 4월이었는데 그때까지는 돌아갈 계획을 전혀 세우지 않았습니다. 빅터 형은 제게 "세상에, 세계의 중심, 아니 세계 경제의 중심인 뉴욕에 살고 있는 네가, 떠날 때 돌아올 배를 예약조차 하지 않았다니? 뉴욕 사람들은 그런 준비를 기본으로 여기는 줄 알았는데"라며 나무랐습니다.

저는 바베이도스의 호텔 방에 돌아와 편안하게 앉았습니다. 그리고는 제가 작은 보트, 그러니까 저편에서 기다리고 있는 모선에 저를 데려다 줄 작은 부속선에 있다고 생각했습니다. 그 작은 배가 흔들리는 것을 느낄 수 있었습니다. 그 보트에는 제 가족들과 함께 빅터 형, 여동생 다프네, 그리고 한두 사람 더 탔습니다. 당연히 아내와 제 딸도 함께였고요. 배가 우리를 뉴욕으로 데려다 줄 모선 가까이로 다가가는 것을 느꼈습니다. 그리고 상상 속에서 빅터 형이 제 딸아이를 데리고 모선과 연결된 트랩을 오르는 것을 돕고, 저도 아내와 동생, 저 순으로 탔습니다. 트랩의 끝에 올랐을 때(그 장면은 상상 속에서 감각적으로 생생하게 느낄 수 있었고, 현실과 같은 분위기였습니다), 뒤를 돌아 서너 발자국을 걷고 난간을 잡았습니다. 바닷바람에 실려 오는 소금기를 손에서 느꼈고, 바다 냄새를 맡았으며, 바람과 물방울의 습기를 피부로 느꼈습니다. 난간을 붙잡고 그 감각을 느끼며, 향수에 젖어 바베이도스 섬을 바라보았습니다. 이 천상의 낙원 같은 섬에 가족들을 남겨두고 떠나는 심정이지만 그런 섭섭함만이 전부는 아니었습니다. 한편으로는 밀워키로 가기 위해 뉴욕으로 돌아갈 수 있다는 마음에 기뻤고 동시에 그들과 작별한다는 아련한 슬픔이 함께 느껴졌습니다.

이것이 제가 잡아낸 분위기(Catch the Mood)입니다. 저는 그 느낌을 잡은 것입니다. 여러분이 어떤 귀중한 것들과 헤어지면서 동시에 또 원하는 곳으로 가고 있는 경험을 해본 적이 없다면 그 기분이 어떤지 말해드릴 수는 없습니다. 어쨌든 저의 기분이 그랬고 제가 그것을 포착했습니다. 그렇게 상상 속에서 바베이도스 섬을 바라보다가, 장면을 멈추고 바베이도스 호텔 방에 앉아 있는 나로 돌아왔습니다.

다음 날 아침 전화벨이 울렸는데 알코아 선박회사였습니다.

"고다드 씨, 뉴욕에서 방금 승선 예약 취소 전보를 받았습니다. 그래서 5월 1일에 고다드 씨가 타실 수 있겠는데요. 아내분이랑 딸과 함께 타시겠습니까? 실은 굉장히 작은 방입니다. 침대도 두 개밖에 없는데 그래도 따님이 세 살밖에 되지 않아서 고다드씨나 아니면 부인과 한 침대를 쓰면 될 것 같은데요. 그래도 개인 욕실도 갖추고 있을 정도로 모든 것이 완벽한데, 60명만을 태울 수 있는 작은 배라는 것만 알아주십시오."

저는 "바로 가겠습니다"라고 대답했고, 그곳에 도착한 후에 더 자세한 이야기를 들을 수 있었습니다. 저는 왜 취소되었는지 물었습니다. "글쎄요." 일하는 직원이 대답했습니다. "사실 잘 모르고, 그냥 추측할 뿐이죠. 뉴욕에서 전보가 왔는데, 돌아가는 배에 예약이 취소됐다고만 하네요." 저는 다시 물었습니다.

"아, 그래요? 어쨌든 취소가 됐군요. 그런데 왜 그 배편을 다른 사람들에게 주지 않은 거죠? 제 앞에도 수백 명의 사람들이 있었는데." "음, 여기 한 여성분에게 전화를 했었는데, 그분은 몇 주에 걸쳐서 계속 뉴욕으로 돌아가야 한다고 귀찮게 하시던 분이었는데, 사실 그분한테 먼저 전화를 했더니 지금은 사정상 바로 나갈 수 없다고 하셨거든요. 그리고 선생님께 전화를 드렸던 겁니다. 세 명이라면 이 자리가 적당하다고 생각해서요. 그래서 다른 수백 명의 먼저 대기하시던 분들에게는 알리지 않았습니다."

저는 더 이상 묻지는 않고, 그 배를 타고 제 시간에 뉴욕에 도착해 밀워키로 갈 수 있었습니다.

제가 처음 이 이야기를 했을 때 대부분의 반응은, "그게 공정한 일인가요?"라는 반응이었습니다. 다시 말해서, "그렇게 수백 명이 기다리고 있는데 당신이 그 배를 먼저 타게 된 일이 공정한 일이었나요?"라는 반응입니다. 저는 알코아 선박회사에 달려가 생떼를 쓴 것이 아니라, 단지 "하나님의 법칙"을 적용했을 뿐입니다. 저는 대기자가 백만 명이어도 신경 쓰지 않고 법칙을 사용했을 것이고, 그 수가 아무리 많더라도 제가 원하는 날짜에 배를 탔을 것입니다. 그 숫자는 제가 신경 쓸 바는 아니죠.

네가 원하는 것이 있으면, 이미 받았다고 믿어라.
그러면 그렇게 될 것이다.

마가복음 11장 24절에 쓰인 이 하나님의 법칙을 현실에서 적용한 것뿐입니다. 그것을 받은 줄로 믿었고, 그 믿음대로 행동했습니다. 믿음대로 행동했다는 것은, 그것이 이미 현실이었다면 내가 무엇을 했을까를 생각하는 것입니다. 전 분명 트랩을 올라갔겠죠.

물론 지금은 아니지만 1945년 그 당시만 해도 깊은 바다와 직접 맞닿은 항구가 없었을 때입니다. 그래서 배를 타기 위해서는 작은 배를 타고 나가는데, 제가 상상한 것이 바로 그것입니다. 그랬더니 정말 상상한 것처럼 작은 배를 먼저 탔고, 그 후에 큰 배에 도착했습니다. 그런데 더 흥미로웠던 것은, 제 형 빅터가 제

딸을 안고 맨 먼저 내렸고, 그다음이 아내, 그리고 동생 차례였다는 점입니다. 이것이 바로 제가 상상했던 순서였습니다. 그 순서가 꼭 그래야 한다고 생각했던 적은 없었는데 상상한 순서 그대로 현실이 되었습니다.

저는 이렇게 말하겠습니다. 저는 "그"를 찾았습니다. 그가 누구겠습니까? 상상이 현실이 되는 것을 겪게 된다면 우리는 과연 누구를 찾아낸 걸까요? 예수 그리스도를 발견하게 됩니다. 여러분은 발견하셨습니까? 그는 어떤 모습입니까? 그는 바로 저와 똑같은 모습입니다! 여러분도 예수 그리스도를 발견하셨습니까? 오, 그렇다고 저를 쳐다보지는 마세요. 여러분이 그를 발견한다면 그건 제 모습이 아닌 여러분의 모습일 것입니다. 바로 여러분이 예수 그리스도입니다. 다른 주 예수 그리스도란 없습니다.

예수 그리스도는 여러분을 예수 그리스도로 만들기 위해 여러분이 되었습니다. 그리고 여러분이 그를 보게 된다면 그는 바로 여러분의 모습을 하고 있습니다.

그러니 이 세상 어딘가를 보면서 "그분이 저기 있다. 아니 여기 있다"라고 말하지 마십시오. 그건 진실이 아닙니다. 만약 어떤 사람이 여러분에게 와서 "네빌이 주 예수 그리스도야"라고 말한다면 그 말을 받아들이시면 안 됩니다. 절대요! 네빌은 여러분의 예수 그리스도가 아닙니다. 저는 제 안에서 예수 그리스도를 저의 경이로운 상상력으로서 발견했습니다. 그리고 제가 발견한 것을 지금 여러분들과 나누고 있습니다. 언젠가 여러분도 여러분의 경이로운 상상력으로서 예수 그리스도를 발견하게 될 날이 올 것입니다. 그러면 여러분은 1인칭 단수, 현재형의 경험(I AM을 의미함)으로 성서에서 예수 그리스도에 대해 말했던 모든 것을 겪게 될 것입니다. 그때 예수 그리스도가 누군지 알게 될 거고 아버지가 누군지 알게 될 거고 하나님이 누군지 알게 될 것입니다!

그날이 오기 전까지는 그를 시험하고 확인해 보십시오. 그러면 어떤 실수도 하지 않는 "그"를 발견하게 될 것입니다. "그"가 바로 여러분의 경이로운 상상력입니다.

다시 앞서 말씀드렸던 야곱의 이야기로 돌아가겠습니다. 아버지에게는 두 명의 아들이 있습니다. 아버지는 이삭이고 눈이 멀었습니다. 두 아들 중 첫째는 에서인데 그는 털로 덮여 있다고 합니다. 그건 여인의 뱃속에서 태어난 세상의 모든 아이들을 상징하고, 바로 "외부 인간"입니다. 왜냐하면 털이라는 것은 인간에게 가장 외부에 있는 객관적인 것이기 때문입니다. 인간은 가장 외부에 털이 있고, 그 다음엔 피부, 또 그 다음엔 지방, 그 다음엔 뼈가 있습니다. 그래서 털은 가장 인간의 바깥쪽을 구성하고 있습니다. 이것이 바로 에서가 털로 덮여있다는 상징을 사용한 이유입니다. 반면에 둘째는 털이 없고 야곱이라 불리는데 그 뜻은 "찬탈자", 즉 "자리를 빼앗는 자"입니다.

이제 아버지는 음식을 달라고 말합니다. 세상 전체, 인생 전체는 단지 갈망(hunger 배고픔)을 달래는 것이라고 제가 일전에 말씀드린 적이 있습니다. 마찬가지로 이 이야기에서 아버지가 음식을 달라고 말하는 것 역시 같은 이유입니다. 그래서 아버지는 첫째 아들 에서에게 배가 고프니 자신의 입맛에 맞게 조리된 사슴고기를 구해오라고 명령합니다. 사냥꾼인 에서는 사슴고기를 구하러 나가게 됩니다.

그런데 야곱이 아버지가 하는 이야기를 우연히 듣습니다. 야곱은 '찬탈자'를 뜻하며, 지금 아버지의 명령은 야곱이 아닌 에서에게 내려졌다는 것을 유념하십시오. 그래서 야곱은 염소를 잡아 그 가죽을 벗깁니다. 그리고 아버지에게 자신을 에서라고 믿게끔 하기 위해 그 가죽을 뒤집어쓴 채 염소고기를 조리해서 아버지에게 갖다 줍니다. "아버지!" 그러자 이삭은 말했습니다. "그래, 내 아들아. 난 눈이 보이지 않으니 내가 널 만질 수 있게 가까이 다가오너라."

염소 가죽을 뒤집어 쓴 야곱이 다가가자 이삭이 손을 뻗어 야곱을 만집니다. 이삭은 말합니다. "네 목소리는 야곱처럼 들리지만 만져보니 내 아들 에서가 맞구나."

그렇게 에서로 착각하고는 야곱에게 은총을 내려줍니다. 은총을 받은 야곱은 홀연히 종적을 감춥니다.

그리고 아들 에서가 사슴고기를 가지고 돌아옵니다. 그러자 이삭은 묻습니다. "너는 누구냐?" 에서는 대답합니다. "저는 아들 에서입니다." "그렇다면 방금 네가 다녀간 줄 알았는데, 그건 네 동생이었구나. 그런데 그 동생에게 은총을 주었고, 그것을 거둬들여 다시 뺏을 수는 없구나. 나는 이미 축복을 내렸기에, 그 은총은 야곱의 것이다."

여러분이 눈을 감으면, 이삭처럼 아무것도 볼 수 없게 됩니다. 그래서 여러분은 장님인 이삭입니다. 눈을 감으십시오. 그러면 지금 보이는 방은 더 이상 보이지 않고 이제 당신에게 두 명의 아들이 정신적으로 있는 것입니다. 외부에 있는 방은 여러분의 에서이며, 의식 속에서 그것을 완전히 차단해 사냥터로 보냅니다. 이제 야곱이 먼저 아버지에게 오고, 그 후에 에서가 옵니다. 야곱은 아버지에게 현실과 같은 느낌을 줍니다. 아버지는 우리의 경이로운 "I AM"입니다. 그렇습니다. 그 "I AM"이 바로 하나님입니다! 하나님의 이름은 영원히 "I AM"입니다. 그러니 "I AM"은 자기가 원하는 것이 실제처럼 느껴질 때까지 기다립니다. 그리고 그것을 느꼈을 때, 그는 축복을 내립니다.

앞을 볼 수 없었던 이삭은 이렇게 말합니다. "너의 목소리는 마치 야곱처럼 들리는구나. 내가 널 느낄 수 있도록 나에게 가까이 와보라. 아들아." 마치 제가 배 난간을 느끼고, 바람에 실린 소금 냄새를 맡으며, 마음속에서 바베이도스 섬을 볼 수 있었던 것처럼, 또 발 밑에서 구르는 배를 느낄 수 있었던 것처럼, 이삭도 야곱을 느낍니다. 이 모든 것들은 현실과 같은 분위기로 위장하고 있습니다. 그래서 이젠 이 모든 것들이 에서(객관적 세상)입니다. 다시 말해 그 원하는 것들은 이제 현실과 같아서 그것을 현실이라 생각합니다. 그래서 나는 그것들에 은총을 주고 있습니다.

그리고 저는 눈을 뜹니다. 저는 그제서야 제가 호텔 방에 앉아 있었다는 것을 알아챕니다. 이것은 상상을 위해 잠시 닫아버렸던 현실, 즉 사냥터로 내보낸 에서가 다시 갑자기 나타난 것을 의미합니다. 그 현실이 다시 돌아온 것입니다. 그래서 전 말합니다.

"무슨 일이 일어난 거지?" 저는 마음속에서 어떤 하나의 상태에 들어가 그것에 현실이란 옷을 입혔던 것입니다. 그 상태 전부를 객관적인 세상의 분위기로 만들어서 현실이라는 은총, 그 상태가 현실로 태어날 것이라는 은총을 주었습니다. 그것은 24시간 안에 현실에서 실현되었습니다.

그러고 나서 3주 후에 저는 배를 타고 뉴욕에 도착했습니다. 저는 이런 상상 행위를 여러 번 반복해 보았지만 결코 실패하지 않았습니다. 그래서 이 진리를 믿고 직접 시험해볼 사람들 역시 결코 실패하지 않을 거라고 말할 수 있습니다. 이것이 바로 성서가 전해주는 진리입니다.

이제 여러분은 정말 여러분의 상상을 현실과 같은 분위기로 만들 수 있겠습니까? 무엇보다 여러분은 세상 사람들이 외부의 어떤 존재로 찬양하고 있는 "하나님"을, 실제로 여러분 내부에 존재하는 경이로운 상상력으로 생각할 수 있습니까? 만약 당신이 그것을 믿고, 그런 말을 하는 저를 신성모독이라고 생각하지 않는다면 저는 당신이 부디 그렇게 믿기를 바랍니다. 하지만 솔직히 말해, 여러분이 지금 이 말을 믿든 믿지 않든 상관하지 않습니다. 분명 여러분이 이 말을 믿을 날이 올 것이기 때문이며, 여러분이 경험할 날이 올 것이기 때문입니다. 제가 여러분을 도울 수 있는 건, 그 날짜를 앞당기는 것뿐입니다. 이것이 제가 이곳에 있는 이유입니다. 그러나 제가 여러분을 억지로 믿게 할 수는 없습니다. 저는 여러분이 그것을 믿느냐 안 믿느냐에 무관심하지는 않지만, 단지 여러분이 그것을 믿기를 간절히 바랄 뿐입니다.

그 믿음을 통해, 여러분은 지금 갖고 있는 그 무엇이든지 그것을 초월할 수 있습니다. 이 세상에 가진 것이 무엇이든지 간에, 분명 그 누구도 정말로 만족하는 사람은 없습니다! 오늘 좋은 식사를 했더라도, 내일이면 다시 배가 고플 것입니다. 그래서 이 배고픔, 욕망이란 것은 영원히 인간과 함께 있습니다. 오직 이 갈망을 잠재울 수 있는 것은 "하나님"에 대한 갈망을 채울 때 밖에 없습니다. 그러나 하나님에 대한 갈망은 아직 여러분 눈앞에 크게 다가오지 않았을 것입니다.

아모스 8장 11절에서 이렇게 말합니다.

주 하나님이 말하노니, 보라, 그날이 오리라.
내가 이 땅에 기근을 보내리니, 빵의 기근도 아니요, 물로 인한 갈증도 아니다. 오직 주의 말씀들을 듣지 못하는 기근이더라.

그 갈망은 마지막에 다가옵니다. 우리 일반인들은 아직 하나님의 말씀에 대한 갈증을 지니고 있지 않습니다. 지금 사람들은 더 이상의 하나님의 말씀은 필요 없다는 듯 이렇게 말합니다. "난 크리스천이야! 난 교회에 나가서 헌금을 내고 있다고!" 그러면서 크리스천으로 할 도리를 다 했다고 믿습니다. 이런 믿음은 그 사람을 더 이상 나가지 못한 채 제자리에 머물게 합니다.

그렇다고 해도 하나님은 오직 하나님을 경험하는 것만으로 완전히 만족될 수 있는 갈증을 인간에게 던져주었기 때문에 저렇게 말하는 사람들에게도 여전히 목마름이 남아있습니다. 하나님이 그런 갈망을 우리에게 주기 전까지 우리는 다른 갈증들, 예를 들어 경제적 안정에 대한 갈증이나 좋은 직업을 구하고자 하는 갈증, 더 높은 직위로 올라가고자 하는 갈증, 명성을 얻고자 하는 갈증과 같은 것들을 채울 수 있습니다. 이 원리를 제대로 활용한다면, 모든 갈증을 채울 수 있습니다.

하지만 언젠가 성경에서 말한 "이 땅에 내릴 기근"이 우리에게 찾아오는 날이 분명 있을 것입니다. 여러분은 바로 거기에서 말하는 "땅"이기 때문입니다. 그 기근은 이 지구와 연관된 재앙이나 세상 어딘가에서 생기는, 우리가 어찌할 수 없는 기근이 아닙니다. 사람들이 일반적으로 말하는 기근과는 다른 기근이 있습니다. 하나님은 그것이 빵에 대한 기근이나 물에 대한 기근이 아니라 하나님의 말씀을 듣고자 하는 갈망의 기근입니다.

그래서 저는 지금, 제가 직접 체험한 하나님의 말씀을 전하고 있습니다. 그러니 오늘 밤 그것을 시험해보세요. 세상을 향하던 눈을 감으세요. 그건 바로 에서를 사냥터로 보내는 것입니다. 그리고 나서 자신을 속이십시오. 에서가 없는 사이에 하늘나라의 주의 아들인 "둘째 아들" 야곱을 데려와서 현실의 분위기란 옷을 입히고 그것이 얼마나 현실과 같은지 느끼십시오. 감각적인 생생함을 줘서 현실처럼 느껴졌을 때 눈을 뜨세요! 그러면 에서가 다시 사냥터에서 돌아올 것입니다. 그러면 에서에게 여러분이 지금 한 일을 말하십시오. "둘째 아들"이 여러분을 속이고 에서를 두 번이나 속였기 때문에 에서는 울부짖을 것입니다.

여러분이 이 법칙을 사용해서 자신을 속일 수 있다면 그것은 작동합니다. 하지만 명심해야 할 것이 있습니다. 이 법칙의 사용을 "황금률"에 따라 적용해야 합니다. 그래야만 아무도 해를 입지 않습니다. 북쪽으로 가는 여행 티켓을 구하려던 사람이 누구인지, 저는 상관하지 않습니다. 또 무엇이 그 여행 티켓을 포기하게 했는지 상관하지 않습니다. 그리고 제 앞에 있던 대기자가 왜 뉴욕행 여행 티켓을 취소했는지도 상관하지 않습니다. 어떤 불평을 하거나 어떤 말도 하지 않은 채 저는 제가 해야 할 일을 했습니다. 저는 빨라야 10월까지는 꼼짝할 수 없는 상황이라는 걸 깨달았습니다. 하지만 저는 돌아가야 했기에 그 일을 했습니다!

이 법칙은 절대 실패하지 않는다고 여러분에게 말합니다. 우리가 바로 이 법칙을 작동시키는 힘(operant power)입니다. 그러니 무릎을 꿇고 외부의 신에게 간청하지 마십시오. 위대한 윌리엄 라이언 펠프스가 했던 것처럼, 저도 "나는 당신에게 말하는 것이 아니다"라고 말하며 제 자아에 의식을 맞췄습니다. 제가 일어난 일에 대해 감사를 드릴 때, 저는 외부의 누군가에게 감사하지 않습니다. 저는 제 안의 존재, 제 안에 깃든 이 기적적인 힘에 감사하는 것입니다. 그래서 인간을 하나님으로 만들기 위해 인간이 되었던 이 기적적인 힘을, 여러분은 계속해서 찬양하는 마음으로 걸어 나가십시오! 그 힘이 바로 여러분 안에만 있는 주 예수 그리스도입니다.

오늘날 명성이 높은 복음 설교자가 "그분이 임박했습니다. 그분이 오고 계십니다. 나는 그분을 맞을 준비가 되어 있습니다"라고 말하는 것처럼 이 세상 사람들이 그분을 외부에서 찾아온다고 생각하며 찾고 있다면 영원히 오지 않을 것입니다. 왜냐하면 그분이 오실 때는 외부에서 찾아오는 것이 아니라 여러분의 내부에서 깨어나, 여러분이 바로 "그분"이 되기 때문입니다! 그 설교자는 수백만의 사람들에게 영향력을 미치고 있지만 유치원 수준에 있는 것입니다. 여러분은 무엇을 기대합니까? 그 사람은 우유 이상의 것을 줄 수 없습니다. 때가 되면 여러분은 젖을 떼고 음식을 먹어야만 합니다. 그리고 그리스도 믿음의 위대한 신비에 대한 진정한 의미를 깨달아야만 합니다.

세상은 이 위대한 그리스도의 이야기를 작은 이야기로만 받아들였습니다. 물론 좋습니다. 하지만 계속해서 그냥 어떤 작은 이야기로만 받아들이지는 마십시오. 그 이야기에 담긴 진정한 의미를 이해하시고 그것이 여러분 안에서 펼쳐지기를 희망하십시오.

성경의 이야기가 여러분에게 펼쳐지기 전에, 오늘 밤 들은 야곱의 이야기를 현실에서 적용하기를 바랍니다. 다음 주말에 제가 이 도시를 떠나기 전에 여러분이 제게 소망이 이루어졌다고 이야기해주셨으면 좋겠습니다.

이제 침묵 속으로 들어가겠습니다.

I Remember When

그때가 기억나네

Chapter 20 I REMEMBER WHEN

그때가 기억나네

제가 오늘 밤 말씀드린 것을 가슴 깊이 간직하시어, 이 시저의 세상에서 마음을 다해 시험해보십시오. 여러분 창조의 권능에는 어떤 한계도 없습니다. 기존의 믿음이 아닌 새로운 믿음을 세우시고 그 위에 확고히 서세요. 그리고 "그때가 생각나네"라고 현재의 세상을 과거의 상태로 만드십시오.

그리고 지금 바깥세상에서 보이는 것, 그 자리에
여러분 마음의 눈으로 여러분이 원하는 것을 보세요.

하나님의 창조의 힘에 관련해서 위대한 계시가 내려질 때가 있습니다. 그런 때면 저는 혼자만 간직할 수는 없고 제 말에 귀를 기울이는 사람들과 항상 나누어야만 하는 의무가 있습니다. 수년 전에 제가 받았던 계시를 말씀드리겠습니다.

저는 뉴욕의 한 웅장한 저택의 내부에 영의 상태로 있었습니다. 그곳은 20세기 초, 금융 거물들이 살던 바로 그런 집이었습니다. 저는 완전히 정신이 깬 채로 모든 것을 인식할 수 있는 상태였는데 세 세대의 사람들이 있었습니다. 아버지는 자기 자녀들에게 이렇게 말했습니다.

"네 할아버지는 이곳이 아무것도 지어지지 않았던 빈 공터였을 때 그곳에 서서는 '난 이 땅이 빈 공터였을 때가 가끔 생각난다.'라고 말하면서 자신의 꿈을 이미 현실인 것처럼 말하셨는데 그걸 듣는 사람들은 마치 그 건물이 지금 지어진 것처럼 보일 정도로 아주 생생하게 묘사하시곤 했지. 우리가 지금 누리고 있는 부를 일구신 분이 바로 너희 할아버지셨어."

저는 깨어서 그 경험을 적은 후에 이내 다시 잠에 들고, 또 꿈을 꾸었습니다. 그런데 이번에는 제가 바로 그 할아버지였습니다. 그리고 사람들에게 말했습니다.

"이곳이 빈 공터였던 때가 기억납니다."

그리고 저는 그곳에 세워질 빌딩을 생생히 그려봤습니다. 그러자 돌들이 제가 마음에서 보고 있는 것에 맞춰 형태를 갖추기 시작했습니다.

이 원리는 건설적인 목적에도 쓰일 수 있지만 또 파괴적인 방법으로도 사용될 수 있습니다. 여러분은 위용을 자랑하는 큰 빌딩 앞에 서서, 한때 찬란한 빌딩이 섰었지만 지금은 폐허가 된 잔해들만 있는 것을 상상하면서 "이곳에 아주 멋진 빌딩이 있었던 때가 생각나네. 그런데 지금 이 꼴을 봐"라고도 말할 수 있습니다. 아니면 이와는 반대로 "이 땅이 한때 빈 공터였을 때가 기억나"라고 말하면서 아주 멋진 건물을 상상할 수도 있겠죠. 전자는 파괴적인 방식으로 이 원리를 이용한 것이고, 후자는 건설적인 방법으로 사용한 것입니다. 또 친구를 생각하면서 "지금은 저렇게 부자가 되었지만 한때는 내 친구가 빈털터리였을 때도 있었는데 그때가 기억나네"라고 말할 수도 있고, 아니면 반대로 "한때는 참 가진 게 많은 친구였는데 지금은 이리 가난하게 되었네"라고도 말할 수 있습니다. 또 "그녀가 예전에 참 건강했던 때가 기억나네"라고 말할 수 있는데, 지금은 그녀가 아프다는 뜻을 내포하고 있습니다. "그들이 무명이던 때가 기억나네"라고도 말할 수 있는데 이것은 지금은 유명해졌다는 뜻을 내포하고 있습니다.

이제 여러분은 제가 꿈속에서 받은 계시가 어떤 힘을 나타내고 있는지 아실 것입니다. 그런데 상상력을 어떻게 이용하느냐는 전적으로 우리 자신에게 달렸습니다. 또한 이 힘을 활용할 것인지 여부도 우리에게 달렸습니다. 여러분이 그 결정을 하십시오. 그리고 또 세상에 일어나는 결과에 대해서 여러분이 책임지십시오.

민수기 12장을 보면, "너희 중에 예언자가 있다면 나, 여호와가 그의 환상 속에 나를 드러낼 것이요, 꿈속에서 그에게 말하리라"라는 구절이 있습니다. 그런데 성서에 나온 예언자는 미래를 점치는 사람이 아니라, 하나님 말씀을 듣고 그것을 이행하는 사람을 말합니다. 여러분이 만약 제게 제가 예언자냐고 물으신다면 저는 주저하지 않고 그렇다고 대답하겠습니다. 저는 수정 구슬이나 찻잔에 떨어진 잎들이나 아니면 카드나 천문을 보면서 미래를 점치는 예언자는 아닙니다. 하지만 성서를 성취했습니다. 저는 성서의 주인공인 "아버지"가 바로 저임을 압니다. 저는 성서를 이루고, 창조의 힘에 관련해서 제가 받은 계시들과 경험들을 나누고자 이 세상에 오게 된 것입니다.

그래서 하나님은 제 꿈을 통해 창조의 힘을 "그때가 기억나네(Remember when)"라는 간단한 공식으로 제게 보여주었습니다. 지금 나의 현재 모습이 아무것도 가진 게 없다면 지금 당장 내가 부유하다는 느낌과 함께 이렇게 말하세요.

"내가 아무것도 가진 게 없었던 때가 생각나네."

이 말은 나는 이제 더 이상 가난과는 상관없다는 뜻이 아닌가요? 또 같은 식으로 "나도 무명이었던 때가 생각나네" 혹은 "책 한 권도 안 팔리던 때가 생각나네"라고 말해보세요. "~할 때가 생각나네"라는 문장의 빈칸에 여러분의 소망과 성취를 사건으로 적어보십시오. "나는 그때가 기억나네." 이 말은 우리의 한때의 기억을 말해주고 있습니다.

첫 번째 환상에서 저는 아들의 기억에 대해 들었습니다. 그런데 두 번째 환상에서는 그것을 경험했습니다. 빈 공터에 서서 지금은 마치 그렇지 않은 듯 공터였던 때를 생각했습니다. 이렇게 하자 건물들이 모습을 갖추기 시작했습니다. 그런데 저는 꿈을 두 번에 걸쳐서 꾸게 되었는데, 창세기 41장에서는 "꿈을 겹쳐서 꾼 것은, 주에 의해 정해진 일이니 그 일이 이루어진다는 것을 나타낸다"라고 말하고 있습니다. 기억은 우리의 경이로운 상상력이며, 만물의 근원이며, 성경에서 예수 그리스도라 말하는 하나님의 유일한 창조의 힘이기 때문입니다.

사람들이 예수 그리스도가 세상에 다시 올 거라고 말한다면 혹시 믿고 계신가요? 절대 그 말에 동의하지 마세요. 왜냐하면 예수 그리스도는 여러분을 한 번도 떠난 적이 없기 때문입니다. 만약 예수 그리스도가 다시 올 거라고 생각한다면 성경을 보십시오. 예수 그리스도의 말씀을 잊으셨나요?

보라,
심지어 세상이 끝날 때조차도 나는 언제나 그대와 함께 있노라.

성경을 믿는다면 어떻게 그분이 언젠가 떠났던 것처럼 생각하면서 다시 돌아오기를 기대할 수 있겠습니까? 성경을 보면 그리스도가 하늘나라의 왕국(내부)으로 갔다고 합니다. 그리고 그가 돌아올 때도 역시 같은 방법으로 돌아온다고 합니다. 만약 그리스도(하나님의 창조의 권능)가 여러분 안에 있다면 그리스도가 외부에서 찾아올 수는 없습니다. 우리의 상상력과 우리를 떼어놓고 생각할 수 있나요? 그렇지 않습니다. 마찬가지로 예수 그리스도 역시 우리 눈에는 보이지 않지만 상상력처럼 우리를 한 번도 떠났던 적이 없습니다.

물론 그리스도는 오실 것입니다. 하지만 세상 사람들이 말하듯, 외부 세상 어딘가에서 찾아오지는 않습니다. 요한복음 8장의 내용입니다. 유의해서 잘 들어보시기 바랍니다.

너희가 내 말에 거하면 참으로 내 제자가 되고 진리를 알게 되리니,
진리가 너희를 자유롭게 하리라.

이 말을 들은 사람들은 의문을 제기합니다. "우리는 아브라함의 자손이라, 그 누구에게도 속박된 적이 없습니다." 이에 그리스도는 이렇게 대답합니다.

죄를 지은 자는 죄의 노예더라.

우리는 아마도 우리가 어떤 잘못된 행동을 한다면 죄를 짓는 것이라고 배웠을 것입니다. 하지만 진정한 죄란, 우리가 움직이는 것(move: 정신적으로 한 상태에서 다른 상태로 옮겨가는 것)을 실패해서 우리가 목표하는 것을 이루지 못하는 것을 말합니다. 만약 오늘 밤, 여러분이 더 이상 표현하고 싶지 않은 상태 속에 계속해서 머물러 있다면 반드시 원하는 상태로 움직이는 방법을 배워야만 합니다. 만약 정신적으로 움직이지 않는다면 여러분은 계속해서 원하지도 않는 상태 속에 머물게 될 것이고, 이로 인해 삶의 목표에서 빗나가는 것(missing your mark in life: 죄의 본래 뜻), 즉 죄를 짓게 됩니다.

지금 여러분은 어떤 소원을 갖고 있나요? 그것이 무엇이더라도 그 소망이 성취된 느낌을 고집하십시오. 그렇게 한다면 느낌은 믿음이 될 것입니다.

사람들은 자신들이 아브라함의 자손들이기 때문에 한 번도 속박을 알지 못했다고 말했습니다. 하지만 이에 예수 그리스도는 말합니다. "만약 아들이 너희를 자유롭게 한다면 그때 너희는 진정으로 자유로우리라." 이것은 진실입니다. 왜냐하면 여러분이 하나님의 아들인 다윗을 여러분의 아들로 인식했을 때에만 진정으로 자유로워지기 때문입니다.

태초에 하나님의 영(그리스도라 불리는 하나님의 창조의 권능)은 심연의 위에 움직였습니다. 그런데 움직임이라는 것은 다른 사물과의 관계에서 상대적인 위치의 변화가 있지 않다면 감지되지 않습니다. 하나의 대상이 움직였음을 알기 위해서는 고정된 기준점이 필요합니다. 그렇기에 우리가 정신적으로 움직이는 것에도 고정된 기준점이 필요합니다. 나약하고 병든 자(과거 모습)를 우리의 고정 기준점으로 삼아서 우리의 마음 안에서 강하고 건강한 자를 보면서 이렇게 말해야 합니다.

"나는 그 사람이 나약하고 병들었던 때가 기억나네. 근데 지금 그의 모습을 봐봐!" 이렇게 한다면 여러분은 그 나약했던 모습을 기준점으로 해서 정신적으로 움직일 수 있습니다.

지금 거울을 보세요. 그리고 지금 현재의 모습이 아니라 건강함과 행복의 기운을 가득 발산하고 있는 모습을 보면서 이렇게 속삭이세요.

"한때 내 모습은 지금과는 많이 달랐지."

그곳에 새롭게 비춰진 모습을 계속 보신다면 그 상태에 생명을 주어 부활하게 만들 것입니다. 우리의 마음에 새겨진 상, 즉 우리 자신에 대한 관념이나 다른 이들에 대한 관념은 하나님이자 그리스도인 우리의 경이로운 상상력 안에 있습니다. 하나님 아버지와 우리의 창조의 권능인 그리스도는 같은 존재이기에 결코 우리를 떠난 적이 없습니다!

그리스도는 우리를 결코 떠난 적이 없기에, 오늘 밤 우리가 잠에 들어 아름다운 꿈을 꾸든 혐오스러운 꿈을 꾸든 그리스도는 그것들을 인식합니다. 그리고 우리가 아침이 되어 잠에서 깨어나면 그리스도(우리의 상상력) 역시 우리와 함께 일어납니다. 만약 그렇지 않다면 우리는 꿈을 기억할 수도 없을 것입니다. 상상력은 세상의 창조적인 권능이기에 인간의 상상력은 세상 모든 것들이 마땅히 경외해야 하는 하나님입니다. 여러분은 이 경이로운 상상력을 조절하는 방법을 배워야만 합니다. 그러면 여러분은 이 세상 전체가 여러분의 자아가 바깥으로 표현된 것이라는 사실을 깨닫게 될 것입니다.

지난밤, 저는 이 땅에 살고 있는 친구들을 방문했습니다. 뿐만 아니라, 제 형처럼 이 땅에서 사람들이 '죽음'이라 부르는 작은 문을 통과해 건너간 이들도 찾아갔습니다. 제게는 지난밤 방문했던 그 세상 역시 지금 이 세상과 똑같은 실체입니다. 제 친구들은 이 땅을 떠났지만 그들이 이곳에 있는 동안 겪었던 경험들과 같은, 미움, 애정, 사랑, 혐오 등을 똑같이 겪고 있습니다. 그들은 단지 젊어졌을 뿐, 이 땅에 살던 그대로의 모습이었고, 똑같은 문제를 여전히 안고 있었습니다. 저는 제가 이미 죽었다는 것(다시 태어남)을 완전히 인식하기에 이 땅에서 보이는 것을 닫고 즉각적으로 그 세계로 돌아갈 수 있습니다. 그곳은 이 땅에 묶여 있는 사람들이 보기에는 현실이 아닌 듯 보이지만, 그곳에 사는 이들에게는 분명한 실체입니다. 저는 지난밤 그곳에서 보냈습니다.

자, 요한복음 14장을 보겠습니다. 성서의 주인공이 성서를 성취하기 시작한 자들에게 이렇게 말합니다.

너희는 내가, '나는 지금 떠난다. 그리고 다시 너희에게 돌아오리라!' 라고 말한 것을 들었느니라. 너희가 나를 사랑한다면 나보다 위대한 아버지에게 나는 가는 것이기에, 너희는 이 이야기를 듣고 기뻐했을 것이니, 이는 아버지가 나보다 크심이라.

여러분에게는 이 말씀이 모순처럼 들릴지도 모르지만, 결코 그렇지 않습니다. 오늘 밤 청중 중에는 제가 이 말을 했던 세 사람이 있었고, 그 이야기를 듣고 기뻐했습니다. 그들은 성경을 성취한 분들입니다.

이제 저는 여기 계신 모두에게 말합니다. 제가 떠나지 않으면 여러분에게 올 수 없습니다. 만약 여러분이 저를 사랑한다면, 여러분은 영혼 깊은 곳에서 기쁨을 느낄 것입니다. 왜냐하면 비록 제가 여러분 눈에는 보이지 않겠지만 저는 결코 여러분을 떠나지 않을 것임을 여러분은 알 것이기 때문입니다. 시계(視界)에서 사라지면서 그리스도는 여러분이 되었기에, 다시 돌아오는 것이 아닙니다. 결코 여러분을 떠나지 않았기 때문입니다. 제가 여러분에게 말했듯이 "I AM"은 아버지입니다. 아버지는 내 안에 살고 있고, 나는 여러분 안에 살고 있고, 여러분은 내 안에 살고 있습니다. 그래서 여러분이 나를 찾을 때 여러분은 여러분 자신을 아버지로서 찾게 됩니다. 이것이 우리 존재의 하나 됨이고 이것 외의 길은 없습니다.

제가 오늘 밤 말씀드린 것을 가슴 깊이 간직하시어, 이 시저의 세상에서 마음을 다해 시험해 보십시오. 여러분 창조의 권능에는 어떤 한계도 없습니다. 기존의 믿음이 아닌 새로운 믿음을 세우시고 그 위에 확고히 서세요. 그리고 "그때가 기억나네"라고 현재의 세상을 과거의 상태로 만드십시오. 그리고 지금 바깥 세상에서 보이는 것, 그 자리에 여러분 마음의 눈으로 여러분이 원하는 것을 보세요.

여러분이 주위를 사랑스러운 것으로 채우든, 혐오스러운 것으로 채우든, 둘 다 같은 권능과 같은 방법을 통해 이루어집니다. 그렇다면 저는 여러분이 여러분 마음을 사랑스러운 것으로 채웠으면 합니다. 우리의 상상력은 타인의 사업을 무너뜨리게끔 사용할 수도 있는데, 우리는 고의는 아니더라도 이런 일을 많이 하고 있습니다. 결과는 같습니다.

수년 전에 바베이도스에서 저는 형에게 사업이 어떠냐고 물었습니다. 형은 어떤 악의도 없이, "아주 잘 되고 있어. 이 공장의 3분의 2 지분을 갖고 있는 사람은 아주 좋은 관리자야. 그런데 내가 생각하기에는 그의 근무시간이 길어서 굉장히 지칠 수 있을 것 같네"라고 말했습니다. 그런데 시간이 흘러서 그 남자는 형에게 지금 자신의 근무시간이 매우 길고 책임감도 너무 막중해서 자신의 지분을 인수해 달라고 요청했습니다. 이 일을 만든 것은 바로 형입니다. 그 남자는 나가고 싶어 했기에 형은 그가 제시한 가격으로 지분을 인수했습니다. 빅터 형은 이전에도 이런 일들을 여러 번 했었습니다. 하지만 어떤 계시를 받아서 이 진리를 알았던 것이 아니라 아버지가 형에게 가르쳐준 것이었습니다.

어느 날 아버지는 50에이커의 개발되지 않은 땅을 보면서 형에게 이렇게 말했습니다. "빅터, 이곳은 집과 호텔을 싯기에 아주 적당한 땅이구나." 그 땅은 세 자매들의 소유였는데 그때까지만 해도 팔 의향이 없었습니다. 그러던 중 갑자기 그 땅을 팔 상황이 닥쳤는데 그 땅을 계속해서 원했던 사람은 아쉽게도 브라질에 있어서 그 사람이 아닌 아버지가 사게 되었습니다.

아버지가 표현한 생각은 어쩌면 아무런 힘도 없는 듯 보일지 모릅니다. 그런데 사실 그렇지 않습니다. 생각은 단지 한 순간의 강렬함만 있어도 생명을 얻습니다. 약한 불 위에 올려놓은 물주전자는 끓지 못하지만 그 불꽃이 강렬하게 되는 순간, 그 물은 확실히 끓게 됩니다. 제가 앞서 말씀드렸던 할아버지가 되었던 꿈에서, 저는 듣던 사람들이 완전히 현실과 같이 느낄 정도로 아주 생생하게 느낄 정도로 명확하게 묘사를 했습니다. 제가 말하고자 하는 핵심은, 여러분이 더 이상 지금의 모습으로 살고 싶지 않다면 그 상태에서 이동해야 합니다. "내가 싫어하던 상태에 있었던 때가 생각나네"라고 기억할 수 있다면 그 일을 한 것입니다. 그것은 현재 상태 대신에 새로운 상태를 현재의 객관적 현실로 인식하는 것입니다. 그리고 여러분의 새로운 인식에 믿음을 계속 유지한다면 그 믿음은 결정화될 것입니다. 그렇게 결정화되는 동안, 소망으로 이끄는 수많은 사건의 다리들을 건너게 될 것입니다. 어떻게 그 일들이 일어나게 될지는 저 역시 모릅니다.

제가 아는 것은, 그 결과는 반드시 펼쳐진다는 사실뿐입니다.

바로 지금 시작하십시오. 여러분의 친구가 건강한 것을 인식하면서 그가 건강하지 못했던 때를 과거의 기억으로 여기세요. 여러분의 딸이 미혼인 상태로 혼기를 놓치고 있다면 이미 결혼한 것을 상상하면서 지금의 현실을 과거로 기억하세요. "그때가 생각나네"라는 기법을 사용해, 여러분의 인생을 새롭게 창조하길 바랍니다.

이런 말을 들어본 적이 있지 않으신가요?

"지가 뭐라도 된 줄 아나 보지? 난 걔가 땡전 한 푼 없을 때, 별 볼일 없던 때를 기억한다고!"

이 말속에서 질투의 감정을 볼 수 있습니다. 그런데 이런 질투는 그 말에 힘을 더해줍니다. 그래서 오히려 그 질투의 대상에게 더 많은 것을 갖게 해줍니다. 그 사람은 아마 자신의 성공이 누구 덕분인지 모르겠지만, 그 생생한 기억의 방법이 성공을 가져다준 것입니다.

제가 수년 전에 경험했던 비전은 두 번에 겹쳐서 보였습니다. 그래서 성경의 구절처럼 그것은 사실임을 말해주는 것이었고, 모든 사람들이 직접 활용할 수 있는 원리를 보여줬습니다. 여러분이 직접 사용해 봤으면 합니다. 여러분의 현재 모습과 원하는 것을 비교해 봐서 만약 이 둘이 다르다면 여러분은 정신적으로 그 원하는 상태를 향해 움직여야만 합니다. 움직임의 비밀을 배우십시오.

수년 전 제 친구의 비전 속에서 저에게 이렇게 물었다고 합니

다: "제가 여기에 얼마나 오래 있었죠?" 제가 "2년"이라고 대답했을 때, 그는 "제가 배운 게 무엇인가요?"라고 물었고, 이에 제가 이렇게 대답했다고 합니다: "네, 당신은 이동의 방법을 배웠습니다."

여러분이 정신적인 현 위치에서 원하는 위치로 움직이기 위해서는 그 기준점을 가져야만 하는데 기억이 바로 그 역할을 해줄 것입니다. 어쩌면 여러분의 친구는 여러분을 가난하고 유명하지 않은 사람으로 기억할지도 모릅니다. 친구들이 여러분을 더 이상 그렇게 인식하지 못할 정도로 여러분이 바뀌었다는 것을 사실로 받아들임으로써 여러분은 과거의 기억에서 움직일 수 있습니다. 그러한 기준점을 통해 친구들의 얼굴에 나타난 변화된 표정을 감지할 수 있습니다. 여러분을 좋아하는 친구라면 그 기쁨을 같이 느낄 것이고 그렇지 않은 친구라면 질투 어린 마음을 나타낼 것입니다. 만약 여러분의 변화에 대해 친구의 질투를 보게 되더라도 그걸 변화시키려 하지 마세요. 다른 이의 질투는 여러분을 앞으로 나아가게 하는 저항력이 되어줄 것입니다. 그 어떤 것도 저항력이 없다면 움직일 수가 없고 심지어 제가 이 연단을 떠나는 것도 저항력이 반드시 필요합니다.

마찬가지로 차가 움직이는 데에도 저항이 없이는 안 됩니다. 그렇기에 만약 어떤 누군가가 질투의 역할을 수행하고 있다면 그냥 놔두시고 단지 담대하게 여러분이 진정 원하는 모습이라는 것만을 사실로 받아들이세요. 여러분이 같은 방법으로 친구들을 이용해 보십시오. 그러나 그들을 바라볼 때는 지금과는 다른 각도에서 보아야 합니다. 그들이 새로운 모습의 나를 보고는 내 과거의 모습을 기억하면서 대화 나누는 것을 듣고 그들의 얼굴을 보세요!

이것은 하나님이 환상이라는 매개체를 이용해 자신을 드러냈을 때 보여준 것입니다. 우리가 만약 하나님의 언어가 꿈과 환상이란 것을 안다면 이 세상에서 꿈이나 환상보다 더 중요한 것이 과연 무엇이 있겠습니까? 불멸하는 창조의 원리를 알려주는 영혼 깊은 곳으로부터 주어지는 계시보다 더 중요한 것이 있을까요? TV 프로그램이나 영화, 혹은 라디오나 신문기사가 계시보다 중요할까요? 그것과 견줄 만한 것은 어디에도 없습니다. 오늘 밤 하나님의 왕국을 구하길 바랍니다. 이 모든 것은 여러분에게 더해질 것입니다!

하나님은 단 한 순간도 여러분을 떠난 적이 없습니다. 그러니 예수가 이 땅에 다시 올 것이라는 말에 동조하지 마세요. 그리스도는 여러분 안에 있는, 여러분의 경이로운 상상력 속에 십자가에 못 박혀 있습니다. 하나님이 하나의 몸, 하나의 영, 하나의 주, 모든 이의 하나님이자 아버지이신 그분 안으로 우리를 다시 모으면, 우리는 모두 내면에서 결국 깨어나게 될 것입니다.

그러나 지금 여러분은 육체적인 문제, 감정적인 문제들을 겪고 있습니다. 제가 오늘 밤 힌 친구에게 말했던 것처럼 그 누구도, 이 세상에서 가장 위대한 선물을 가져오는 일이 쉬울 것이라고 약속하지 못합니다. 그러니 그것이 쉬울 것이라고 기대하지는 마십시오. 매우 큰 어려움도 계속 있을 것입니다. 하지만 요한복음

16장을 기억하면서 절대 낙담하지 않기를 바랍니다.

> 산고에 있는 여인은 고통스러워하나,
> 아이가 태어났을 때 새 생명이 태어났다는 기쁨으로 인해
> 모든 고통들을 잊게 된다.

여러분은 반드시 그 기쁨을 알게 될 것입니다. 여러분 안에서 태어날 아이는 하나님의 창조의 권능인, 예수 그리스도이기 때문입니다.

제가 이 "법칙"으로 약속드리는 것은, 모든 물질적인 문제로부터 벗어나는 완벽한 구원이 아닙니다. 하지만 이것은 인생의 강풍을 완화해 줄 것입니다. 다양한 일들은 계속 일어나고 있으며, 여러분은 다양한 종류의 도전들에 직면하게 될 것입니다. 하지만 여러분은 "너희가 구하는 것이 무엇이라도 이미 그것을 가졌다고 믿으면 그렇게 되리라"는 법칙을 갖고 있습니다. 이것이 하나의 법칙이고, 결코 여러분을 실망시키지 않을 것입니다. 믿음의 힘에는 결코 한계가 없습니다. 이렇게 계시된 하나님의 법칙을 언제, 어떻게 사용하느냐는 전적으로 여러분에게 달렸습니다. 하지만 제가 확실히 말할 수 있는 것은 여러분은 블레이크가 그의 시 「마음의 여행자」에서 말했던 것처럼, 기쁨의 태어남, 하나님의 태어남이라는 이 세상에서 가장 위대한 선물을 마음에 품게 될 것이고 결국 삶으로 가져오게 될 것이라는 점입니다.

> 나는 인간들이 살고 있는 땅을 두루 돌아다녔네.
> 그 땅은 남자들과 여자들이 살고 있는 곳.
> 그곳에서 끔찍한 것들을 보고 들었지.
> 차가운 땅의 방랑자도 좀처럼 알지 못했던 것들을.
> 그곳에 끔찍한 비명 속에서 생긴 아이가
> 기쁨 속에서 태어나고 있었네.
> 마치 사무치는 눈물 속에서 뿌렸던 것의 결실을
> 기쁨 속에서 받는 것처럼.

블레이크는 정신적인 여행을 하며 보았던 것을 시로 표현했습니다. 이 시는 마지막에 이렇게 아름다운 문장으로 마무리됩니다.

> 모든 것은 내가 말한 대로 이루어졌네.

여기에서 그가 말하고자 했던 것은 모든 이들이 예언된 것처럼 성서를 경험하게 될 거라는 이야기입니다. 그것은 바로 부활이고, 내부로부터의 태어남이고, 아들 다윗을 찾는 것이며, 하늘나라로의 승천, 그리고 비둘기의 내려옴을 말합니다. 이것이 바로 여러분의 운명이며, 여러분의 기억이 회복되었을 때 경험하게 될 여러분의 것입니다.

하지만 제가 오늘 밤 말씀드렸던 것을 잊지 마세요. 그 진리는 제 영혼 깊은 곳인 하나님 아버지로부터 저에게 주어진 것입니다. 우리 내면에서 우리에게 말을 걸어오는 이는 바로 하나님입니다. 그리고 그가 모습을 나타낼 때 우리는 그와 똑같은 모습을 하고 있을 것이기에 그를 알아보고, 그가 우리 안에서 깨어날 때 모든 만물이 내부로부터 세상에 주어진다는 사실을 깨닫게 됩니다. 이로써 불가능을 보던 시야는 사라집니다.

다음의 말을 주의 깊게 들어본다면 아버지가 우리를 떠나지 않았다는 사실을 알게 될 것입니다.

나는 아버지로부터 왔더라.

그렇다면 아버지는 어디에 있습니까? 하늘나라입니다. 그러면 하늘나라는 어디에 있습니까? 바로 내면에 있습니다! 그래서 나는 내 안으로부터 나왔습니다. "내부로부터"라는 말과 "위로부터"라는 말은 같습니다. 마찬가지로 "외부로부터"라는 말과 "아래로부터"라는 말도 성서에서는 같은 의미로 쓰였습니다.

나는 내부로부터 왔지만 그것을 잊은 채, 외부 세상이 나에게 힘을 행사한다고 생각하고, 타인이 나에게 영향력을 행사한다고 착각합니다. 이제 나는 나에게 힘을 행사하는 이 세상을 떠나 아버지께 가고자 합니다. 어떻게 이 일을 할 수 있습니까? 바로 내부로 돌아가면 됩니다. 내부에는 오직 하나의 길이 있습니다. 그렇다면 내가 가야 할 곳은 어디겠습니까?

여러분이 삶의 모든 원천인 근원으로 돌아갈 때, 여러분과 제가 하나임을 알게 될 것입니다. 오직 하나의 아버지와 하나의 아들이 있기에 그것을 알게 될 것입니다. 그리고 그 아들이 여러분을 아버지라고 부를 때 기억은 되돌아옵니다. 또한 지금 제가 말씀드리는 것처럼, 우리는 하나이기에 나는 아버지 안에 있고, 아버지는 내 안에 있으며, 나는 여러분 안에 있고, 여러분은 내 안에 있다는 것이 진실임을 알게 될 것입니다.

침묵 속으로 들어가겠습니다.

Test Yourselves

직접 실험하라

Chapter 21 TEST YOURSELVES
직접 실험하라

여러분의 믿음은 여러분이 실험해볼 때,
즉 하나님의 법칙을 직접 사용해볼 때 더 견고해질 수 있습니다.
어떤 종교적 교리를 믿는다는 것은 그 종교적 가르침으로 사는 것보다 쉬운 일입니다. 여러분의 믿음을 더 자라나게 하기 위해서는 반드시 그 가르침으로 살아야만 합니다!

믿음은 실험을 거쳐서 경험이 되기 전까지는 완전한 것이 아닙니다. 하지만 하나님의 약속은 실험을 거칠 수는 없습니다. 약속은 축복으로 주어지는 것이기에 노력으로 얻을 수는 없습니다. 반면, 여러분의 믿음은 실험을 통해, 즉 하나님의 법칙을 직접 사용해 볼 때 더욱 군건해질 수 있습니다. 그리스도 신앙을 받아들이기는 쉽지만, 그 가르침으로 사는 것은 쉽지 않습니다. 여러분의 믿음을 더 키우기 위해서는 반드시 그 가르침으로 살아야만 합니다!

고린도후서에서 바울은 이렇게 말합니다.

너희가 믿음을 지니고 있는지 자신을 시험해 보라.
자신을 입증하라! 너희들이 그 시험을 치르지 않는다면
예수 그리스도가 너희 안에 있다는 것을 알지 못한다.
나는 우리가 결코 실패하지 않았음을 알기 바라노라.

이것은 우리 모두를 향한 말입니다.
가장 오래된 복음서인 마가복음에서는 이렇게 말합니다.

때가 다 찼고, 하늘나라의 왕국은 바로 앞에 있으니,
회개하고 복음을 믿으라.

"회개(repent)"라는 말뜻은 "여러분이 싫어하거나 변하기를 원하는 것에 대한 근본적인 마음 태도의 변화"입니다.

마음에 근본적인 변화가 찾아오면 자연스럽게 그에 맞춰 외부 세상도 변화됩니다. 이 사실을 알기에 이제 여러분이 믿음을 계속 지닐 수 있는지 자신을 시험할 동기가 생겼습니다.

여러분은 신문 헤드라인이나, 방금 받은 전화, 아침 우편물, TV 뉴스에 나온 부정적이고 끔찍한 소식을 사실로 받아들이고 있지 않습니까? 친구가 전화를 걸어와 세상에서 가장 우울한 이야기들을 늘어놓으며, 상황이 얼마나 나쁜지, 더 나빠질 것인지에 대해 이야기합니다.

여러분이 그 이야기에 귀 기울일 때, 세상의 재앙들은 여러분에 의해서 현실 속으로 들어가 하나의 사실이 됩니다. 이제, "상상이 현실을 창조한다"는 이 법칙을 이해한다면 마치 컴퓨터처럼 여러분의 세상에 나타나기 원하는 것만을 선택해야 합니다. 그래서 그 대화가 끝나자마자 친구의 목소리가 아직도 귀에 생생하고 또렷하게 들릴 때, 그 말을 변화시켜 변화된 대화 내용과 목소리 톤을 듣고, 거기서 퍼지는 즐거움을 느끼십시오.

이제 오늘 밤, 이 자리에 참석한 한 여성분의 세 가지 이야기를 해보겠습니다. 그녀는 이렇게 말했습니다.

저는 실패하지 않는 '전화 기법'을 찾아냈어요. 그건 결코 실패하지 않죠. 하루는 친구에게 전화가 걸려왔어요. 친구는 법원 서기가 되고자 시험을 치르고 싶어 했죠. 그러면서 제게 그 시험을 결코 통과할 수 없는 아홉 가지 이유를 댔을 때, 저는 제가 들었던 그 말들을 모두 바꿨어요. 상상 속에서 친구가 의기양양하게 시험을 통과했다고 말하는 것으로요.

그리고 친구는 시험을 치르게 되었는데, 6주 내내 부정적인 상태에 있었지만 저는 그녀가 시험을 통과했다는 것을 계속 믿었어요. 그러던 어느 날 친구에게서 전화가 왔습니다. "너 내가 시험을 치르겠다던 말 기억나?" "응, 너 시험 통과했구나." 그러자 친구가 말했습니다. "어. 그런데 너 놀랍지 않아?" 저는 친구에게 상상이 현실을 창조한다는 것을 이해시키려고 했지만, 친구는 인간의 오감으로 볼 수도 없는 상상의 활동이 어떻게 현실의 결과를 이루고 만들어낼 수 있는지 이해하지 못했죠. 하지만 저는 압니다. 그것은 항상 그래왔다는 것을요!

편지에서는 계속됩니다.

제 전화 기법은 절대 실패하지 않아요. 제가 그것을 사용해서 얻어낸 수많은 결과들을 말해주고 싶네요. 해볼게요. 재정적인 이유로 직업을 바꾸고 싶어 하는 50대의 친구가 있어요. 그녀는 예전에 일했던 전력 공장으로 돌아가고 싶었지만, 나이 때문에 받아들여지지 않을 거라고 믿었어요. 모든 부정적인 생각들은 무시한 채, 저는 단순히 친구가 흥분된 목소리로 '일자리를 얻었어'라고 말하는 장면만 들었어요! 일주일 뒤, 친구에게서 전화가 다시 걸려왔어요. "그 직장에서 높은 연봉 인상과 함께 자리를 줬을 뿐 아니라 10년 동안 일했던 경력도 인정받아서 내 퇴직금도 그만큼 더 불어나게 됐어!

그녀가 들려준 세 번째 이야기는 이랬습니다.

제 친구는 원하는 몸무게보다 12킬로나 더 나가 있었고, 의사도 이 무게만큼 빼야만 한다고 말했답니다. 자신도 64킬로가 되기를 원했기에 그동안 많은 노력을 해봤지만 결국 1킬로도 빠지지 않았다고 상심해 이야기했어요. 저는 그녀가 과거에 어떤 노력을 했는지에 대해서는 무시하고 원하는 몸무게에 도달했다는 이야기만을 들었어요. 이제 64킬로가 되었다고요. 저는 그 이야기를 나눈 후 두 달 동안 그 도시를 떠나 있었어요.

직접 실험하라

그리고 돌아왔을 때 그녀의 전화가 왔습니다.

"몸무게 빠졌다는 이야기를 네게 전하려 해도 연락이 되지 않더라. 그래서 내가 64킬로가 되었다고 이젠 말을 못하게 됐잖아. 이젠 63킬로가 되었다고!"

어떻게 몸무게가 빠졌는지는 친구도 모릅니다. 오직 그녀가 알고 있는 것은 '상상이 현실을 창조한다'는 믿음을 지니고 있는지를 끊임없이 시험해 봤다는 것뿐입니다. 그녀는 하나님의 약속을 굳건히 믿고 있으며, 결국에는 그리스도가 그녀 안에서 깨어나 자신이 될 것임을 알고 있습니다. 하지만 그렇게 그리스도가 그녀 안에서 깨어나는 사이에, 그녀는 그 약속이 성취된다는 믿음을 유지한 채, 하나님의 법칙을 행사할 것입니다. 그녀는 이제 자신이 원하는 것은 무엇이든, 단지 이미 그것을 받았다고 믿는다면 그렇게 될 것이라는 것을 알게 되었습니다. 그래서 대부분 사람들은 입으로는 "나는 그리스도인이다"라고 말하지만, 말씀대로 살지 못하는 반면, 그녀는 이 원리로 살며 그것을 삶의 일부로 만들고 있습니다.

이런 말을 들어봤을 것입니다.

왜 나를 '주여, 주여'라고 부르면서 내가 말하는 것을 행하지 않는가?

무엇을 말하는 걸까요? 모든 것은 하나님에게 가능하기에, 당신이 믿는 것은 그것이 무엇이든 이루어진다는 것입니다. 만약 사랑스럽지 않은 일들이 여러분의 세상 안에서 일어나지 않았으면 한다면 일상생활에서 어떤 생각들을 하고 지내는지 반드시 감시해야만 합니다.

하나의 욕망을 이루기 위해 생각을 교정하는 것을 해가 저물 때까지 기다릴 필요는 없습니다. 그 여성분이 했던 것처럼 듣고 있는 대화를 왜 바로 교정하지 않습니까? 그녀는 귀에 들리는 이야기가 진정 원하는 내용이 아니면 귀를 기울이지 않고, 수화기를 통해 듣고자 하는 말만을 들었습니다. 자신이 듣기 원하는 것을 듣고, 그것이 현실로 나타날 것이라고 그녀는 믿었습니다.

성서에서는 맹인이 스스로를 리더라고 자처하면서 무리를 이끄는 것에 대해 이야기합니다. 맹인이 맹인을 이끌면, 모두 구덩이에 빠집니다. 사람들을 구덩이로 이끄는 맹인이란 누구입니까? 인간의 법을 하나님의 법칙처럼 가르치는 사람들입니다. 그들은 이것은 먹으면 안 된다, 저것은 입으면 안 된다고 말하면서 인간의 법칙을 가르칩니다. 하나님의 법칙 안에서는 모든 것들이 완벽하기 때문에 자신을 리더라고 자부하는 사람들이 가르치는 인간의 법칙은 하나님의 법칙이 될 수는 없습니다. 그것들은 인간의 법칙입니다. 어떤 음식도 여러분의 죄를 사하거나 하나님과 얼굴을 대면하게 하지 못한다는 것, 그리고 그런 음식은 먹어도 그만, 먹지 않아도 그만이라는 것을 이미 알고 계시지 않습니까?

어떤 것 본연의 속성상, 깨끗하지 않은 것이란 없고,
오직 그것을 불결하다 여기는 자에게만 깨끗하지 못하다는 것을

> 예수 그리스도의 법칙에 의해서 알게 되었고, 설득되었다.
> -로마서 14장 14절

불결함이란 한 사람의 생각 속에 있을 뿐, 생각 그 본연의 속성상 주어지는 것은 아닙니다.

누군가 자기연민에 흠뻑 빠져서 나올 생각을 안 한다면, 그냥 그렇게 두십시오. 성서에서 말하는 여러분의 의무는, 타인이 이 법칙을 시도하게 만들라는 것이 아닌, 여러분이 이 법칙을 직접 실험해 보라는 것이었습니다. 이 세상은 여러분의 내면이 바깥으로 투사된 것에 불과하며, 세상의 모든 것은 여러분이 상상한 것을 태어나게 하고 있습니다. 세상이 어떻게 보이는지는 여러분이 스스로를 어떻게 인식하느냐에 달려 있습니다. 개인적인 삶이 어떻든, 이 광활한 세상은 전부 여러분 자신의 바깥 모습이며, 그 안의 모든 사람들은 여러분의 상상 속 행동을 실현시키기 위해 존재하는 배우들입니다. 그것이 한 사람이든 수십만 명이든 모두가 자기 역할을 하게 되며, 여러분이 그들의 허락을 받을 필요는 없습니다. 왜냐하면 이 세계는 여러분의 경이로운 상상력에 의해 생명력을 얻기 때문입니다.

그래서 성경은 여러분에게 가장 먼저 해야 할 일로, 믿음을 유지하고 있는지 자신을 시험해 보라고 말했습니다. 여러분이 납득된다면 자신을 시험해 보세요. 그리고 그는 다음과 같이 말했습니다.

예수 그리스도가 너희 안에 있다는 것을 너희가 알지 못하는가?

대개의 사람들은 안다고 대답할 것입니다. 그런데 제가 또 묻겠습니다. 여러분 안의 예수 그리스도가 어떤 다른 사람입니까? 마치 그를 주나 그리스도라는 어떤 다른 사람으로서 생각하고 있나요? 여러분이 하나님의 사원이고 하나님의 영이 여러분 안에 있다는 사실을 알고 있으신가요? 이 마지막 질문에 알고 있다고 확신을 갖고 긍정할 수 있다면, 그런데도 여전히 그분을 다른 사람으로 대하면서 법칙을 시험하겠습니까?

하나님은 출애굽기 6장에서 다음처럼 말씀하시면서, 자신을 처음으로 드러내셨을 때 전능한 하나님God Almighty(엘 사다이 El Shaddai)로 밝혔습니다.

> 나는 아브라함과 이삭과 야곱에게 나를
> 전능한 하나님(God Almighty)라는 이름으로 알렸을 뿐,
> 나의 이름을 주(Lord)라고 알리지 않았더라.

"주(Lord)"라는 말의 뜻은 "I AM"을 말합니다. 하나님의 이름은 이제 여러분에게 "I AM"으로 밝혀졌습니다. 자, 이제 스스로에게 이 질문을 넌져보세요.

"내가 하나님의 사원이고 하나님의 영이 내 안에 거한다는 것을 나는 알고 있는 걸까? 나의 인식이 하나님의 사원인 내 안에 거하는 하나님의 영이라는 사실을 나는 알고 있는 걸까?"

직접 실험하라

여러분이 여러분의 아이엠니스(IAmness)가 예수 그리스도라는 사실을 안다면 예수 그리스도를 타인으로 보지 않을 것입니다. 그렇게 자기 자신으로 볼 수 있겠습니까? 오만한 듯 들리겠지만 이것이야말로 바울이 사람들에게 전해주고 싶었던 메시지입니다.

앞서 이야기했던 그 여성분이 누군가에게 무릎을 꿇고 친구의 살이 빠지기를 기도했나요? 그렇지 않았습니다! 오직 자신 내부의 경이로운 상상력 안에서 그 일을 했습니다. 성서에서는

모든 것은 그분에 의해 지어졌고,
그분이 없었다면 지어진 것 중 어떤 것도 지어지지 않았을 것이다.

라고 말합니다. 12킬로가 빠졌습니까? 그렇습니다! 생각해보세요. 만물이 그분에 의해서 지어졌다면 과연 그 체중을 빠지게 한 것은 누구겠습니까? 그분으로 말미암지 않고는 지어진 것이 하나도 없다면 그 체중을 빠지게 한 것은 누구겠습니까? 그분이 바로 주 예수 그리스도, 즉 인간의 상상력입니다!

로버트 브라우닝은 "환상(Reverie)"이라는 자신의 시 말미에 이렇게 적고 있습니다.

처음에 권능이 존재했음을, 나는 안다.
삶(생명)은 투쟁임이 확실한 듯했으나,
가까이서 삶을 보게 되었을 때
그것은 순전히 사랑뿐이었다.

삶(생명)은 하나님의 힘이 펼쳐진 것입니다. 그 삶을 가까이서 보면 사랑이 아주 분명하게 보입니다!

수년 전, 저는 영 안에서 신들이 재판을 여는 신성한 모임으로 인도된 적이 있습니다. 그곳에서 저는 엘 샤다이(El Shaddai), 즉 무한한 권능으로 자신을 인격화시킨 하나님을 만났습니다! 그는 여러분보다 더 큰 사람도 아니었지만, 원한다면 우주를 파괴할 수 있는 힘을 지녔습니다. 천사가 제 이름을 기록한 후, 그는 저를 사랑의 존재(the presence of Love)에게로 인도했습니다. 하나님의 권능은 나눌 수 없기에, 무한한 권능의 존재와 사랑의 존재는 같지만 겉모습만 다를 뿐입니다!

그는 인간의 형체를 입고 있었고, '고대의 나날(the Ancient of Days)'이었습니다. 그는 사랑으로만 충만하신 분이었으며 저를 감싸더니 그의 몸과 나를 하나로 만들었고, 저는 지금 이 순간까지도 그 존재를 느끼고 있습니다. 제 친구들은 저를 네빌로 알고, 제 딸은 아빠라고 알고, 제 아내는 남편으로 알지만 저는 더 이상 이 피와 살덩이로 만들어진 육신을 느낄 수 없습니다. 단지 사랑의 몸으로만 느낄 뿐입니다.

그러나 먼저 찾아왔던 것은 권능(Power, 여기서는 엘 샤다이를 의미함)이었다는 것을 압니다. 하지만 자세히 들여다봤을 때 그곳에는 오직 사랑뿐이었습니다. 이 둘은 절대 분리될 수 없습니다. 사랑은 영이고, 그리스도는 하나님의 권능이자 하나님의 지혜입니다. 하지만 하나님은 사랑 그 자체입니다! 그분은 만물의 아버지이고 언젠가, 사람들 모두 그분이 주는 사랑의 선물을 받게 될 것입니다!

하지만 약속의 날이 오기 전까지 여러분의 권능을 사용하십시오. 믿음은 시험을 거쳐 경험으로 나타내기 전까지는 완성된 것이라 할 수 없기에, 하나님의 법칙을 사용하고 현실에 나타냄으로써 약속에 대한 믿음을 간직하십시오. 그 여성분은 자신이 어떤 일을 경험했는지 압니다. 또 그 법칙이 작동한다는 것을 압니다. 그녀는 앞으로 어떤 특별한 음식이 자신을 더 영적인 존재로 만들 거라는 이야기에 귀 기울이지 않을 것이고, 어떤 특별한 방식이 우주 의식을 깨닫게 해줄 것이라는 말에도 무관심할 것입니다. 하지만 실제로 그 힘을 사용하고, 자신을 시험함으로써 하나님의 법칙은 그녀의 경험이 되어가고 있습니다. 훗날 진정한 선물, 즉 진짜 하나님의 선물이 그녀에게 주어질 것입니다.

오늘 밤 당장, 여기 모인 모든 분들에게 그 선물이 주어질 수도 있고, 아니면 어떤 분에게만 주어질 수 있습니다. 제가 이 세상을 떠나기 전에 사람들 모두 그 경험을 했으면 합니다. 하지만 하나님 아버지가 정한 그 시간은 저도 알지 못합니다. 제가 아는 것은, 우리 모두가 하나하나씩, 쓰러져 있던 사원을 다시 세울 거라는 사실뿐입니다. 여러분과 제가 이 땅에서 한 모든 일들은 모래성처럼 사라져 버릴 것입니다. 그러나 하나님의 말씀은 영원합니다. 결코 어디론가 사라져 버리지 않습니다. 그것은 바위(반석) 위에 새겨졌습니다. 바위, 그것은 그리스도이고 모든 것 안에 존재하는 복음입니다.

바울은 "바위"라는 말을 사용하는데, 그것은 그가 본 비전 때문입니다. 저도 기억납니다. 1930년대, 아무 생각 없이 고요한 명상 속에 앉아 눈을 감고 있었을 때, 저는 단단한 바위인 석영을 보았습니다. 그것은 하나님이 스스로에게 지운 수축의 한계에 대한 상징, 즉 죽음의 상징이었습니다. 제가 그것을 보고 있자 산산조각 났습니다. 그 후, 작은 파편들이 한데 모였습니다. 마치 보이지 않는 손이 그것들을 모아 연꽃 자세로 앉아있는, 살아있는 석상을 만드는 듯했습니다. 이 놀라운 것을 살펴봤을 때, 저는 그것이 제 자신임을 알아챘습니다. 제가 저 자신을 보고 있자, 그것은 점차 빛이 나고 광휘에 휩싸이더니, 결국 그 한계점에 다다랐을 때 폭발했고 그때 저는 의자에서 깨어났습니다.

바울이 바위라는 상징을 썼는데, 그것은 진실한 표현입니다. 그리스도라는 바위 위에 새겨진 것은 하나님의 말씀입니다. 이 불멸의 말씀이 인간의 마음에 새겨질 때, 그것은 서서히 펼쳐지고, 마침내 인간이 여정의 끝에 다다르면, 그 말씀은 그것이 계시한 존재를 통해 성취될 것입니다. 그렇기에 바울의 상징은 진실입니다. 그리스도라는 바위가 산산이 부서진 것을 보았습니다. 그 작은 파편들 모두는 제가 인생이라 불리는 드라마에서 연기했던 부분들이었습니다.

선인, 악인, 부자, 가난한 자, 걸인, 도둑, 저는 이 모두를 연기했습니다. 그리고 그 여정이 끝났을 때 그 조각들이 모여 하나의 존재를 형성했습니다. 저는 그것이 태양처럼 빛나서 그 강렬함의 한계점에 도달했을 때 스스로 폭발하는 것을 보았습니다. 성서 전체는 처음부터 끝까지 모두 이 바위 위에 새겨져 있고, 인간의 마음 안에 놓여있습니다.

오늘 밤, 고린도후서 13장에 기록된 이 단순한 원리를 실천해 보십시오.

너희 자신을 시험하여 믿음이 있는지 확인하라.

여러분이 스스로 믿음이 있다고 확신하면, 그다음엔 시험하십시오. 아침에 받은 편지의 내용이 안 좋은 소식이었더라도, "왜 그런 편지를 썼냐고" 누군가에게 하소연하기보다는, 단지 그 내용을 교정(revise)하십시오. 그 편지를 완전히 새롭게 만드십시오. 또 전화를 받았을 때도 다시 한번 자신을 시험해 오직 원하는 것만 들으십시오. 그 여성분이 했던 것처럼 하세요. 그녀의 전화 기법은 결코 실패하지 않았습니다.

더글라스 포셋(Douglas Fawcett)은 이렇게 말했습니다.

상상의 비밀은 신비가들이 찾아 헤매는, 풀어야 할 문제 중 가장 중요한 것이다. 최상의 힘, 최상의 지혜, 최상의 행복은 이 아득한 과거의 비밀을 풀어냈을 때 존재한다.

저는 이 신비의 해결책을 여러분에게 나눠드립니다. 그것은 바로 교정의 기술인데, 앞서 말한 여성분은 이것을 전화 기법이라고 불렀던 것입니다. 이것은 성경에도 나온 방법인데, 교정

(revision)이 아닌 회개(repent)라는 표현을 씁니다. 그것은 마음 태도의 근본적인 변화(a radical change of attitude)를 뜻합니다.

저는 그것을 "교정"이라는 현대적인 단어로 대체했는데, "회개"라는 단어에는 너무 많은 오해와 종교적 껍질이 덧씌워져 있기 때문입니다. 회개라는 단어는 납작 엎드려 기어가면서 누군가에게 죄를 고백하는 행위를 연상시키기 때문입니다. 하지만 교정(혹은 회개)을 한다는 것은 누군가에게 죄를 고백할 필요 없이, 자신의 내면에서 태도의 변화를 일으키는 것입니다. 여러분은 누구에게도 죄를 지을 수 없습니다. 시편에서 "오직 그대에 대하여 나는 죄를 지었나이다"라고 말하듯, 진정한 자아는 하나님이기 때문에, 죄는 오직 자기 자신에게 짓는 것입니다. 저처럼 어리석은 사람에게 혹은 어떤 다른 누군가에게 가서 "아버지, 저는 회개하기를 원합니다"라고 말해야 합니까? 결코 그러지 마세요!

세상의 모든 성직자들은 인간이 만들어낸 교훈을 전하며 그것을 하나님의 교리라고 일컫습니다. 그들은 눈먼 자들을 이끄는 눈먼 지도자입니다. 바리새인들과 율법학자들이 예수를 찾아와, "당신의 제자들은 음식을 먹으면서 손을 씻지 않는다. 그렇게 선조들의 전통인 교리를 어겼다"라고 말했습니다. 이에 예수께서 이렇게 대답하셨습니다.

어찌 너희들은 인간의 교리로 하나님의 말씀을 어기는가? 인간을 더럽히는 것은 그의 입에 들어간 것이 아니라 입 밖으로 나간 것들이다.

마음에서 나온 것들이 인간을 더럽히는 것이지, 뱃속으로 들어간 음식들이 그런 것은 아닙니다. 인간이 만들어낸 교리들을 하나님으로부터 나온 것이라 부른다면 하나님의 말씀을 어기는 것입니다. 이것은 온 세상의 진리입니다. 어떤 사람들은 "네가 그런 믿음을 가지고 있다면 절대 구원을 얻지 못할 거다"라고 말하기도 합니다. 하지만 구원은 바로 우리 모두의 것입니다. 우리가 지금 지혜롭게 살고 있든 어리석게 살고 있든, 구원은 반드시 일어날 것입니다. 어떻게 살아왔든, 우리 모두는 하나님의 선물을 받게 될 것이며, 단 한 사람도 잃어버리지 않을 것입니다.

그러나 약속이 주어지기 전, 여러분이 이 세상에 있는 동안 하나님의 법칙을 사용해 지혜롭게 사는 것은 어떻습니까? 빚에 쫓겨 도망 다니기보다 이 법칙을 사용해 돈을 갚는 편이 더 쉽지 않습니까? 그래서 은행 잔고에 그 채무를 갚을만한 충분한 돈이 들어있는 것을 상상합니다. 부족함을 느끼고 사느니, 풍요로움을 느끼며 사는 것이 더 쉽습니다. 저의 진정한 자아인 하나님의 눈을 통해 볼 때, 이렇게 법칙을 이용해서 사는 사람이 이 법칙을 모르고 사는 사람이나, 혹은 알면서 실생활에서 사용하지 않는 사람보다 더 낫다는 이야기를 하는 것은 아닙니다. 우리 모두는 하나님 아버지라는 존재가 될 것이기 때문에 결국에는 이들 모두 다르지 않습니다. 우리는 모두 하나로 연결된 한 존재이고, 한 형제이고 우리 모두 하나님 아버지입니다.

우리 모두는 우리가 만물의 근원임을 알게 될 날이 올 것입니다. 하지만 그 동안에 우리 모두는 이 경이로운 법칙을 갖고 뚜렷한 목표들을 위해서 그것을 지혜롭게 사용할 수 있습니다. 어느 날 한 남자가 술집에 들어와 술을 안 판다고 하자 이렇게 말했습니다. "당신은 나를 부랑자쯤으로 여기는데, 내가 매우 중요한 사람이란 것을 알아줬으면 합니다. 나는 부유하게 되는 것이 무엇인지, 가난하게 되는 것이 무엇인지 알아요. 그리고 난 그 둘 중에 차라리 부자가 되는 것을 택할 겁니다."

저는 여러분이 무엇을 소망해야 한다고 말하지 않습니다. 다만 방세를 낼 방법이 없어서 좌절한다는 것이 무엇인지 저는 알고 있습니다.

그러나 그 좌절의 시간 동안에도 저는 이 세상을 소유하고 있었던 것입니다. 다만 몰랐을 뿐입니다. 세상 모든 것은 나의 것이었지만 그 누구도 나에게 그것을 말해주지 않았습니다. 마찬가지로 여러분도 원한다면 세상을 소유할 수 있지만, 만약 그것을 모르고 있다면 여러분은 단돈 1달러가 없어서 배고픔을 겪을 수도 있습니다. 여러분이 요구하지도 않는데 그 누군가가 여러분을 위해 예금을 예치해놓지 않습니다. 또한 길거리에서 여러분의 투자금을 찾아 알려주지도 않습니다. 당신이 요구할 때까지 그 누구도 당신을 위해 그 돈들을 당신에게 내놓지 않습니다. 여러분은 자신의 것임을 알아서 주장해야만 합니다. 그 누구도 여러분의 욕망을 대신 실현해 주지 않습니다. 모든 것은 여러분의 것이며, 원한다면 취하면 됩니다. 그 여성분이 전화 기법을 사용했던 것처럼, 여러분도 원한다면 하나님의 법칙을 사용해서 자신의 것으로 취하십시오.

자신을 시험해 보십시오. 상상이 현실을 창조한다는 것을 믿으십니까? 그렇다면 직접 시험해 보십시오. 예수 그리스도가 여러분 안에 있다는 것을 깨닫지 못했습니까? "나는 그이고 나 외에는 아무것도 없다!"라는 주장을 할 용기가 없습니까?

요한복음 8장에서 이렇게 말합니다.

내가 그(I AM He)라는 것을 믿지 못한다면
너희 죄 가운데서 죽으리라.

이것은 어떤 사람이 여러분에게, 예수 그리스도가 하나님이라는 것을 믿어야만 한다고 말하는 것이 아닙니다. 결코 그렇지 않습니다! 이 이야기는 여러분이 여러분 자신에게 과거에도, 지금 현재도, 그리고 미래에도 영원히 던지고 있는 말입니다.

오감에 갇혀 있는 한, 내 안에 있는 그리스도인 '나'는, 내가 소망하는 상태가 이미 되었다는 것을 믿지 않는다면, 인생에서 내 목표를 이루지 못할 것이라고 말하고 있습니다.

자신에게 말하십시오. "지금 내가, 세상이 '주'로써 숭배하는 그이고, 모든 것이 나에게 가능하다면 나는 반드시 나를 시험해 봐야만 한다. 그리고 내 자신에 대한 믿음만큼, 그것은 나에게 이루어질 것이다."

증거들은 항상 그 행동을 따라 생기기 때문에, 그 행동을 취하느냐의 문제는 오직 우리 자신에게 달려 있습니다. 세상 모든 것들이 어떻게 되기를 바라든지, 마치 세상이 여러분이 원하는 것처럼 움직이고 있는 듯 행동하십시오. 그것이 현실이라고 자신을 설득하여서 그 결과들이 저절로 따라오도록 하십시오. 이것이 바로 이 세상에서 여러분이 살아가야 하는 방식입니다. 여러분의 도화지에는 세세하게 그려진 그림은 없고, 대략적인 밑그림만 있을 뿐입니다. 이 대략적인 밑그림에 당신의 인생을 채워 넣으십시오.

침묵 속으로 들어가겠습니다.

A Movement of Mind

마음 안에서의 움직임

Chapter 22 A MOVEMENT OF MIND
마음 안에서의 움직임

이 깨어 있는 상태가 꿈과 다른가요?
혹시 제 존재의 깊은 곳에는 이 세상을 꿈처럼 대하는
꿈꾸는 자가 있는 것이 아닐까요?
마치 밤에 꿈의 더 깊은 심연에 갔었던 제가 다시 깼을 때
제 침대를 떠나지 않았다는 것을 발견했던 것처럼
우리도 삶이란 잠에서 깨게 되었을 때
지금까지 잠에 들었다는 것을 알게 되는 것은 아닐까요?

욥기 33장을 보면 하나님은 인간에게 두 가지 방식으로 말을 걸어옵니다. 하지만 우리는 그것들을 대부분 알아채지 못합니다.

꿈속에서, 밤의 환영 속에서 깊은 잠이 찾아와서,
침대에서 꾸벅꾸벅 잠이 들 때,
그분은 인간의 귀를 열어서 그분의 지시를 봉인하신다.

정신과 의사들은 하나님과 꿈꾸는 자를 분리해서 보기 때문에, 꿈은 인간에게서 나오는 것이지 하나님에게서 나오는 것이

아니라고 말할 것입니다. 하지만 저는 하나님의 불멸의 이름이 I AM이라고 말합니다. 제가 여러분에게 "꿈을 꾸는 자는 누굽니까?"라고 질문하면 여러분은 "I AM"이라고 말하지 않겠습니까? 그리고 그것이 하나님의 영원하고 불멸한 이름이라고 우리에게 말해지지 않았습니까?

여러분은 하나님과 꿈꾸는 자를 분리해서 생각할 수 없습니다. 모든 꿈의 원천은 하나님입니다. 어떤 꿈들은 매우 간단해서 해석이 필요 없는 반면, 또 어떤 꿈들은 상징적으로 표현돼서 요셉의 이야기에서 말해진 것처럼 해석해주는 사람이 필요할 때가 있습니다. 요셉의 진정한 정체는, 꿈을 꾸고 근심하는 자들의 얼굴을 바라볼 때 드러납니다. (역주: 창세기에서 파라오의 집사와 빵 굽는 자가 꿈을 꿨는데, 해몽이 가지각색이어서 혼란에 빠진 것을 말한다) 요셉은 말합니다. "그 해석은 하나님에게 속하지 않겠습니까? 제게 당신의 꿈을 말해주세요."

그리고 요셉은 집사와 빵 굽는 자, 그리고 파라오의 꿈까지 해석을 해주는데 그들은 모두 요셉이 말했던 것과 똑같은 일을 겪게 됩니다. 그런데 잘 생각해보세요. 만약 오직 하나님만이 꿈을 해석할 수 있다면, 왜 요셉에게 말하는 것일까요? 그는 하나님이 하나의 인격으로 나타난 존재이기 때문입니다. 그의 이름은 요셉에서 여호수아라는 이름으로 바뀌었는데, 그 뜻은 "여호와는 구원이다"라는 뜻입니다.

1954년에 제가 겪었던 일을 말씀드리겠습니다. 저는 꿈속에서 이런 말을 들으며 깼습니다.

> 당신은 침대에 누워 잠을 잘 때 움직이지 않는 것처럼 깨어있을 때에도 움직이지 않는다. 모든 것은 마음의 움직임이다. 그 강렬함은 당신이 만들어낸 소용돌이의 강도에 따라 결정되며, 그것은 중앙에 완벽한 고요함을 지닌 회오리바람과 같다. 당신이 잠 속에서 움직인다고 착각하는 것처럼, 깨어있을 때도 움직인다고 믿을 뿐이다.

저는 이성적인 존재였기에, 제 이성은 이 말을 그대로 받아들일 수 없었고, 그대로 받아 적은 뒤 더 큰 계시가 나타날 때까지 성경 안에 보관해 두었습니다.

정신과 의사에게 이 이야기를 해주면 이 메시지는 나 자신에게서 나온 것이라고 말할 것입니다. 물론 저로부터 나왔다는 것을 부정하지는 않지만, 이성으로는 닿지 않는 제 존재의 깊은 곳, 곧 하나님으로부터 흘러나온 것임을 확신합니다. 오늘날 세 명의 우주비행사는 거의 40만 마일이나 되는 거리를 갔다가 다시 돌아왔습니다. 또 여러분과 저 역시 이곳까지 오기 위해 차를 타고 이동해 왔습니다. 저 역시 배와 비행기를 타고 세계 각지를 돌아다녔던 것도 부인할 수 없는 사실입니다. 그리고 저는 블레이크처럼 꿈속에서 "인간의 땅을 두루 여행했습니다. 남자들의 땅 그리고 여자들의 땅 모두였습니다. 차가운 이 땅의 유랑자들은 결코 알 수 없는 아주 무시무시한 것들에 대해 듣고 보았습니다."

우리 모두는 꿈속에서 여행을 했지만, 저는 제가 들은 것을 기록하여 압니다. 저는 꿈속에서 여행을 했지만, 실제로는 제 방을 벗어난 적이 없다는 것도 압니다. 막상 눈을 떠보면 저는 어제 잠들었던 침대에 그대로 있었기 때문에 제 육체는 어떤 움직임도 없었다는 것을 알고 있습니다. 그래서 전 여러분에게 묻고 싶습니다.

이 깨어 있는 상태가 꿈과 다른가요?
혹시 제 존재의 깊은 곳에는 이 세상을 꿈처럼 대하는 꿈꾸는 자가 있는 것이 아닐까요? 마치 밤에 꿈의 더 깊은 심연에 갔었던 제가, 다시 깼을 때 제 침대를 떠나지 않았다는 것을 발견했던 것처럼
그도 잠에서 깨어났을 때, 지금까지 잠들어 있었다는 것을 깨닫게 되는 것은 아닐까요?

바울은 우리에게 예수 그리스도의 죽음으로부터의 부활을 통해 우리가 새롭게 태어난다고 말합니다. 저는 그 밤(역주: 1959년 네빌 고다드에게 주어진 "약속"의 비전이 주어지던 때)을 기억합니다. 저는 그날 밤 하나의 진동을 느끼면서 깊은, 아주 깊은 잠에서 깨어났습니다. 그 진동은 제 머릿속에서 일어났지만, 마치 외부에서 느껴지는 듯했습니다. 그것 때문에 깨어났는데, 제가 깨어난 곳은 두개골이라는 무덤이었습니다. 그리고 주변을 봤을 때 성경의 상징들을 그대로 발견했습니다.

포대기에 싸여 있는 갓난아이와 세 명의 증인이 있었습니다. 저는 영의 상태였기에 그들의 눈에는 보이지 않았지만, 그들은 저

를 아이의 아버지라고 불렀습니다.

이것은 그대에게 표식이 되리니,
그대는 여물통에 눕혀 포대기에 싸인 아이를 보게 되리라.
-누가복음 2장 12절

이 성경 구절이 제게 이루어진 것입니다.

그날 밤, 저는 삶이라는 꿈에서 깨어나는 상징을 제 존재의 더 깊은 차원에서 발견했습니다. 마치 매일 밤 꿈에서 깨어나는 것처럼 말입니다. 그런데 제가 1954년에 듣고 성경에 넣어두었던 비전은 정말 문자 그대로의 사실일까요? 이성은 의문을 제기하고, 이성은 의심을 하고, 이성은 그것을 거부합니다. 그런데 만약 제가 보았던 비전이 진리라면 이런 의심을 하는 이성은 예수 그리스도를 거부하고 있는 것입니다. 예수 그리스도는 "나는 진리이다"라고 말하면서 자신을 진리로 정의했습니다. 만일 그 계시가 진리인데 이성이 그것을 받아들이지 않았다면 이성이야말로 의심하는 자인, 사탄이 아니겠습니까?

제가 지금 하고 있는 말은 이성적으로는 증명될 수 없고 다만 경험해야만 합니다.

당신은 침대에 누워 잠을 잘 때 움직이지 않는 것처럼 깨어있을 때에도 움직이지 않는다. 모든 것은 마음의 움직임이다. 그 강렬함은 당신이 만들어낸 소용돌이의 강도에 따라 결정되며, 그것은 중앙에 완벽한 고요함을 지닌 회오리바람과 같다. 당신이 잠 속에서 움직인다고 착각하는 것처럼, 깨어있을 때도 움직인다고 믿을 뿐이다.

이것은 제가 1954년 12월 28일에 적은 메모입니다. 이번에 성경을 살펴보다가 이 메모를 발견하기 전까지는 잊고 있었습니다.

성경에서는 두 가지 시대를 말하는데 하나는 어둠과 파멸의 시기이고 다른 하나는 빛과 영원한 생명의 시기입니다. 전자는 인간 안의 꿈꾸는 자가 깊은 잠에 들어 자신이 하나님임을 잊은 채 겪는 움직임과 투쟁, 강풍과 폭풍의 시기입니다. 시편 44편에서 사람들은 하나님에게 이렇게 말합니다.

주여, 깨어나소서. 왜 잠들어 있나이까! 일어나소서!
우리를 영원히 버리지 마소서!

하나님이 인간의 꿈을 차지하는 동안 여행하고, 움직이고, 고통을 느끼며 이 꿈을 삽니다. 하지만 그가 인간의 꿈에서 깨어났을 때 자신이 인간의 두개골이란 무덤에 있었다는 것을 발견합니다. 하나님은 의도적으로 자신을 눕혀 잠에 빠지게 하고 자신을 그곳에 묻어두었습니다. 그것은 인간을 하나님이 되게 하기 위함이며, 그로 인해 하나님은 인간의 십자가에 자신을 못 박고 이 삶이라는 꿈을 꾸게 했던 것입니다.

이제 몇 가지를 명확하게 해보겠습니다. 요한복음에는 이런 구절이 있습니다.

그분의 목소리는 네가 듣지 않았고, 그분의 모습은 네가 보지 않았더라. 너희 안에 그분의 말씀이 거하지 아니하니, 그것은 네가 그분이 보내신 이를 믿지 않기 때문이다.

여러분 중 다수가 제가 보내졌다는 사실을 완전히 받아들였습니다. 저는 제가 깨어난 주의 현신 앞에 섰을 때 그분이 저를 감싸 그분과 제가 하나 되었다는 사실을 말했고, 여러분은 제가 한 말을 믿었습니다. 사랑의 현신과 하나가 되었을 때 전능한 하나님은 제 경험을 말하게 하기 위해서 저를 다시 이 땅에 보냈습니다.

제 말을 받아들인 많은 분이 저와 성적인 경험을 하는 환상을 보았고, 그것을 이 물질적 수준에서 성적인 것으로 해석했을지도 모릅니다. 하지만 그 환상은 이 그림자 세상에서 말하는 것처럼 어떤 성적인 것을 나타내는 것이 아닙니다. 그런 성적인 환상과 꿈을 꾸게 된 이유는, 여러분이 제 말을 받아들였을 때 하나 됨을 경험했다는 것을 나타냅니다. 물론 저는 전혀 그것을 인식하지 못합니다.

제가 여러분에게 전해드리는 예수 그리스도의 진정한 이야기는 여러분 안에 지금 살아있습니다. 그것은 적절한 시기에 분출될 것이고 그때 여러분은 성서의 이야기를 제가 이야기한 것처럼 경험하게 될 것입니다.

만약 남성분 중에 제가 전하는 진리를 완전히 받아들인 분이 있다면 환상 속에서 성행위가 아닌 포옹을 경험했을 것입니다. 제가 전해드리는 진리를 받아들인 남성분들은 무한한 사랑의 존재인 깨어난 주의 몸을 입은 저와 마주하게 될 것입니다. 그리고 세상에서 가장 위대한 것이 무엇이냐는 질문을 받게 될 것이고, 신의 영감을 받은 듯, 바울의 말을 인용할 것입니다.

믿음, 소망, 사랑입니다.
하지만 이 셋 중 가장 위대한 것은 사랑입니다.

그러면 저는 여러분을 껴안을 것이고 여러분은 깨어난 주의 몸과 하나가 될 것입니다. 이렇게 주와 하나된 자는 주와 하나의 영이 됩니다.

이 모든 것은 상징입니다. 하나님이 보낸 자를 믿는 이는 그의 음성을 듣고, 그의 형상을 보며, 그의 말씀이 그 안에 거하게 된다는 것을 나타내는 상징입니다. 이것은 과거와의 단절입니다. 마가복음에서 깨어난 주가 "회개하라, 그리고 복음을 믿으라"라고 했던 첫마디처럼 말입니다. 복음이란 인간이 길을 잃지 않는다는 좋은 소식입니다. 그리고 성서는 이 땅의 역사를 기록한 책이 아닌 신의 역사를 기록한 책입니다. 그 신의 역사는 바로 우리가 아버지로부터 나와 세상에 들어가기 전부터 계획되고 도모되었던 우리 안에서 펼쳐질 역사입니다. 이보다 더 좋은 소식이어디 있고 이보다 더한 복음이 어디 있겠습니까?

우리 안에서 깨어나게 되는 이는 바로 하나님입니다. 하나님, 즉 모든 것을 다 포함하고 있는 근원 인간은 시편 82편에서 말하는 것처럼 다양한 모습으로 나뉘어졌습니다.

> 내가 너희에게 말하니, 너희들 모두는 신들이라, 가장 높은 자의 아들들이라. 그럼에도 너희들은 사람들처럼 죽을 것이고, 한 사람처럼 추락하리라.

하나님 아버지의 본래의 모습을 되찾기 위해서는 하나님으로부터 분리된 그의 아들 모두를 필요로 합니다. 그래서 하나님은 인간으로 추락한 우리를 하나의 몸 안으로 한 명씩 모으기 시작합니다. 그리고 하나님은 인간 안에서 하나님 자신을 뽑아냅니다. 우리 한 명 한 명은 그만큼 필수불가결하고 유일한 존재이기에 절대 누구도 버려지지 않습니다. 그들 중 그 어떤 이도 다른 이로 대체되거나 사라져 버릴 순 없습니다. 하나님은 모든 이 안에 묻혀 있으며, 자기 자신을 구원하고 있기 때문입니다.

오늘, 저는 달까지 왕복하고 돌아온 우주비행사들의 착륙을 아주 흥미롭게 봤습니다. 그리고 1954년에 제가 적어두었던 글귀를 다시 읽었습니다.

> 당신은 침대에 누워 잠을 잘 때 움직이지 않는 것처럼 깨어있을 때에도 움직이지 않는다.

우주비행사가 그 먼 거리를 왕복하고 다시 지구로 돌아온 것을 보았기에, 제 이성은 이 문장을 그대로 받아들일 수 없습니다. 50만 마일이나 이동했다는 기록을 가지고 있는데, 정말 움직이지 않은 걸까요? 그런데 우리는 꿈속에서 이곳저곳을 여행했다고 생각하지만 아침에 눈을 떠보면 어젯밤 누웠던 그 침대 위가 아닙니까? 그런데 혹시 지금 제가 깨어있는 지금도 이것을 똑같이 적용해볼 수 있지 않을까요?

지금 물론 우리는 깨어있다고 생각하지만
어쩌면 더 깊은 내면의 꿈꾸는 자의 꿈은 아닐까요?

그리고 그 꿈꾸는 자가 삶이란 꿈에서 깨어난다면 마치 매일 아침 눈을 떴을 때, "아, 이것은 꿈이었구나!"라고 생각하는 것처럼 이 삶을 꿈으로 보지 않겠습니까?

제가 내부에서 깨어났을 때 얼마나 많은 시간 동안 나는 투쟁과 사랑과 미움과 욕망과 고통이란 꿈을 마치 현실인 것처럼 생각하면서 그 꿈 안에 갇혀 살았는지를 깨닫게 되었습니다. 얼마나 오랜 기간 동안 두개골 안에 그대로 갇혀있으면서 나는 이 땅을 걷고, 죽고, 다시 살고 죽는, 한 인간이라는 꿈을 꾸면서 살았다는 것을 알게 되었습니다. 태초부터 골고다라는 무덤에 묻힌 채 계속해서 인간이라는 꿈을 꾸며 살았던 것입니다. 그것은 바로 저의 갈보리입니다.

저는 이곳에서 움직이는 것 같습니다. 아침에 일어나 면도와

샤워를 하고, 아침을 먹고, 또 세금을 내기 위해 돈을 벌려 하고, 그리고 온갖 일들을 다 제가 하고 있다고 생각합니다. 그런데 이 모든 것은 꿈입니다. 하나의 목적을 지닌 꿈입니다. 하나님은 자신을 인간이라 불리는 제한과 불투명의 한계 속에 구속시켰고, 이 세상이라는 꿈을 꾸기 시작했습니다. 하나님이 이 인간이라는 꿈을 꾸고 있는 지금 이 순간, 여러분은 고귀한 꿈을 꿀 수도 있고 비천한 꿈을 꿀 수도 있습니다. 이왕이면 고귀한 꿈을 꾸기를 바랍니다. 왜냐하면 여러분이 "꿈꾸는 자"란 사실을 깨닫게 된다면 어떤 꿈이든 실현시킬 수 있기 때문입니다.

꿈은 매우 유동적인 상태입니다. 여러분이 어떤 꿈을 꾸고 싶은지를 안다면, 가까운 친구들을 여러분 마음의 눈앞에 불러내세요. 그리고 여러분이 그들에게 보이고 싶은 모습으로, 그들이 여러분을 보게끔 하십시오. 이것이 지금 하나의 현실이라고 스스로를 설득했다면 상상의 잉태를 한 것입니다. 이제 상상의 임신 기간 동안 편안히 이완하십시오. 잉태의 시기와 태어남의 시기 사이에는 시간의 간격이 있습니다. 여러분이 상상 속에서 상대방이 나를 대하는 새로운 표정을 보고 소망이 성취된 것을 나타내는 소리를 들었다면 이제 그 침묵의 시간을 깨고, 그 잉태된 것이 이 꿈의 세상에 나타나는 동안 기다리세요. 이제 여러분은 이 시저의 세계에서 그것이 실현되는 것을 기다리면 됩니다.

예수 그리스도의 이야기가 제 안에서 펼쳐졌다고 말씀드렸습니다. 그러나 오늘 밤 제가 전한 이야기는 성경에 기록되지 않았습니다. 그런데 요한복음 21장을 보면 이런 내용이 나옵니다.

여기에는 기록되지 않은 예수의 일들이 많았더라. 만약 그 모두를 적었다면 세상으로도 그 책들을 다 담을 수는 없었을 것이기 때문이더라.

저에게 계시된 말들은 기록될 필요가 없었습니다. 이는 요한복음의 마지막 구절과 정확히 맞아떨어집니다. 요한복음은 20장에서 끝나며, 21장은 에필로그에 해당합니다. 이러한 일들은 모두 실제로 일어났으며, 더 많은 일들이 있었지만, 여러분이 믿을 수 있도록 기록된 것은 일부에 불과합니다.

여러분의 환상을 저와 공유해 주셔서 감사합니다. 그것은 여러분이 성경의 이야기를 제가 말한 그대로 완벽하게 받아들였다는 것을 나타내고 있습니다. 제가 여러분에게 말씀드렸던 것은 진정한 예수 그리스도에 대한 이야기입니다. 수세기 동안 관습에 매달렸던 사람들은 더욱 옛것에 집착했고, 오직 자신들의 이론에 몰두한 사람들은 예언의 말씀에 더하거나 빼지 말라는 경고에도 불구하고, 전통과 관습을 지키기 위해 자신들의 이론을 덧붙여 왔습니다. 처음의 성서가 쓰였을 때는 저처럼 단지 하나의 비전을 봤던 자가 그것을 기록했습니다. 저처럼 처음에는 이해하지 못한 채, 더 위대한 계시가 주어질 거란 것을 알면서 적어 나갔던 것입니다.

저 역시 1954년에는 그 말을 이해할 수 없었지만, 1959년 깊은 잠에서 깨어나 침대가 아닌 두개골 안에서 홀로 깨어났다는 것을 발견했을 때, 그 메모의 내용이 사실임을 알게 되었습니다. 저는 두개골에서 나와 포대기에 싸인 아이와 이 사건의 세 명의 증인을 보게 되었습니다. 그 세 명의 증인은 아이를 보면서 제 영적인 태어남의 표식을 증언했습니다. 하지만 저는 영으로 태어났기 때문에 그들은 저를 볼 수 없었습니다. 그들은 아직 영으로 태어나지 않은 육신의 상태였던 반면, 저는 영의 상태였습니다. 제가 실제 어린 아이를 낳지는 않았고, 그 아이는 단지 하나님이 태어났다는 하나의 표식이었습니다. 하나님은 자신을 인류 안에 묻었고, 이제 스스로를 끌어내고 계십니다. 왜냐하면 이 우주에 오직 한 분의 하나님이 자신을 회복(구원)하는 중이기 때문입니다.

성경은 교회에서 말하는 것처럼 도덕적인 내용을 다루거나 세상을 바꾸려는 시도를 하지 않습니다. 왜냐하면 세상은 학교이기 때문입니다. 여러분은 이 교실을 안락한 집으로 바꾸지 못합니다. 이곳은 교육을 위한 어둠의 학교이며, 여러분은 그곳에서 빛을 향해 나아갑니다. 그래서 성서는 세상을 바꾸려는 시도를 하지 않고, 오히려 "시저의 것은 시저에게 주어라"라고 사람들에게 말합니다.

이 세상을 사람들이 행복하게 살 수 있는, 먹고 마실 것이 충분한, 아름답고 달콤한 공간으로 만들려는 시도는 좋습니다. 하지만 그것은 성경이 내포하고 있는 그리스도의 신비와는 아무런 관련이 없습니다. 만약 이 세상에 투쟁이 없다면, 우리는 삶이라는 꿈에서 깨어나고자 하는 의지조차 가지지 못할 것입니다. 오히려 잠자는 자는 더 깊은 잠 속으로 빠지게 됩니다. 그래서 사람들이 어떻게 하면 아름답고 좋은 세상이 될 것인지 말한다면 그냥 그들의 길을 가게 하십시오. 우리 인간이 동물의 육신을 두르고 있는 한, 그런 투쟁들은 결코 멈추지 않을 것이기에 그런 시도들은 무의미합니다.

다니엘서 4장에서 말한 것처럼, 하나님은 자신에게서 사랑의 마음과 정신을 빼내고 그곳에 동물의 몸과 심장과 마음을 두었습니다. 이 세상은 동물의 세상입니다. 그런데 이 투쟁의 세상에 사는 동안 예수 그리스도는 깨어나 이 세상이 단지 하나의 꿈이었다는 것을 깨닫게 됩니다. 예수 그리스도가 여러분 안에 없었다면, 여러분은 숨 한 번 내쉴 수도 없었을 것입니다. 왜냐하면 여러분의 그 숨이 바로 하나님의 생명이기 때문입니다.

언젠가 여러분도 깨어나 지금의 제 말이 진실임을 깨달을 날이 올 것입니다. 그때 여러분이 인간이라는 꿈속에서 겪었던 모든 경험의 총합을 상징하는 다윗이 여러분 앞에 나타나 여러분을 아버지라고 부를 것입니다. 그러면 여러분은 시편 89편의 내용을 성취하게 됩니다.

> 내가 다윗을 찾았도다. 그가 내게 부르짖기를,
> '주는 나의 아버지시며, 나의 하나님, 나의 구원의 반석이시니이다.'

인간의 모든 역할을 연기했던 인류는 이제 하나의 젊은이로 융합되어 나타나, 여러분이 신임을 밝혀줍니다.

여러분은 모든 뜻을 행했던 예세(I AM)의 아들 다윗을 발견했기에, 아버지로서 여러분은 아들이 여러분의 뜻을 항상 행해왔음을 알게 됩니다. 아버지인 여러분은 그 일들을 꿈꿨고, 아들인 여러분은 그 역할 모두를 연기했습니다. 그 연극이 끝나면, 여러분은 깨어나 골고다를 떠나 위로부터 태어나게 됩니다. 베드로는 우리에게 말합니다. "우리는 죽은 자로부터 예수 그리스도의 부활을 통해 새롭게 태어난다." 세상은 그리스도를 외부에서 오는 누군가로서 숭배하지만 여러분은 그가 내부에서 깨어나는 것을 보게 될 것입니다. 다른 사람이 깨어나는 것이 아니라 바로 삶이란 꿈을 꾸는 자, 즉 여러분 자신으로서 깨어납니다.

위대한 시인 셸리는 이 진리를 보고 이렇게 노래했습니다.

그는 삶이란 꿈에서 깨어났네.
하지만 꿈에 사로잡힌 우리는 격정적 환상 속에서
유령들과 소득 없는 투쟁을 하고 있지.

이 세상은 정말 우리가 스스로 만들어낸 유령들과 소득 없는 투쟁을 벌이고 있는 곳입니다. 세상이란 것이 바로 나의 자아가 외부로 나타난 거라면 우리가 하고 있는 투쟁은 셸리의 말처럼 환영의 유령들과의 싸움일 것입니다. 하지만 이 세상의 것 같지 않은 바람이 불어와 우리가 두개골에서 깨어날 때 그곳을 빠져나가고자 하는 욕망에 사로잡힙니다.

본능적으로 두개골 밑 부분을 밀게 되고 무언가가 움직이게 됩니다. 그러면 마치 한 어머니의 뱃속에서 나오는 아이처럼 우리는 그곳을 빠져나오게 됩니다. 그러나 이것은 아래로부터의 태어남이 아니라 위로부터의 태어남입니다. 이는 자아의 두개골로부터의 탄생을 의미합니다. 헬라어 "아노텐(anothin)"이란 단어는 "위로부터"라는 뜻입니다. 빌라도가 "너를 십자가에 못 박을 힘도, 풀어줄 힘도 나에게 있다는 것을 알지 못하는가?"라고 말했을 때, 깨어난 주는 대답했습니다.

그것이 위로부터 주어지지 않는다면
너는 나에게 행사할 어떤 힘도 가지지 아니한다.

여기에서도 "아노텐(anothin)"이란 단어가 쓰입니다. 죽이거나 살리는 힘은 내부로부터 옵니다.

모든 것은 내부에서 생겨나고 있습니다. 지금 여러분은 깊은 잠에 빠져, 삶이라는 꿈을 꾸고 있는 주 예수 그리스도입니다. 오직 하나의 존재만이 있기 때문에, 모든 사람은 예수로서 깨어나게 되고, 다른 모든 것들은 예수만을 남긴 채 사라질 것입니다. 하지만 그 누구도 이 신성한 바람(Holy Wind)이 불어오기 전까지는 예수를 주라고 말할 수 없습니다. 그 바람이 우리를 사로잡는 날, 우리는 우리 안에서 깨어납니다. 오직 그때에만 우리는 우리가 주 예수 그리스도임을 깨닫습니다.

침묵 속으로 들어가겠습니다.

The Cup of Experience

경험의 잔

Chapter 23 THE CUP OF EXPERIENCE
경험의 잔

다시 앞으로 돌아가 보면, 주의 손에는 잔이 들려 있고 그 안에는 잘 섞인 포도주가 거품을 내고 있습니다. 아버지께서 우리에게 주신 잔을 마시지 않으시겠습니까? 저는 정말로 그 잔의 포도주를 한 방울도 남기지 않고 먹었습니다. 저는 백인도, 흑인도, 황인도, 분홍색 피부를 지닌 사람도, 회색빛을 띤 사람도, 존경받는 자도, 멸시받는 자도 모두 연기해 보았습니다. 세상 사람들 모두 세상에 표현되고 있는 모든 배역들을 연기하게 될 것입니다.

인간의 상상력 안에 세상 모든 것이 존재합니다. 이 말은 정말 사실입니다. 경험의 잔을 맛보지 않은 사람은 이 뜻을 이해하지 못하고, 상상력이 무엇인지조차 알지 못할 것입니다.

시편에서는 잘 섞인 포도주가 넘치는 잔이 주의 손에 들려 있다고 합니다. 그러자 요한은 묻습니다. "아버지께서 내게 주신 구원의 잔을 마시면서 아버지의 이름을 부르리라!" 이 부분을 읽었을 때 무슨 말을 하고 있는지 잘 와 닿지 않을 것입니다. 이제 제가 30년 전에 겪었던 비전을 하나 이야기해 보겠습니다.

어느 밤, 저는 아름다운 해바라기들이 만발한 아주 넓은 들판,

아니 무한히 펼쳐진 들판에 서 있었습니다. 각각의 해바라기마다 인간의 얼굴을 띠고 있었는데 모두 완벽한 모습이었습니다. 그런데 그 해바라기 중 하나가 웃음을 띠니 전체가 따라서 웃음을 지었습니다. 또 하나가 줄기를 구부리니 모두가 따라서 구부렸습니다. 마치 모든 것이 하나로 이어진 듯, 하나가 어떤 행동을 하면 전체가 그 행동을 따라했습니다. 이 환상적인 아름다움의 향연을 감상하던 중, 저는 (저 역시 이 해바라기 중 하나였습니다) 인간의 모습을 한 꽃 무리와는 달리 자유롭게 제 의지를 표현할 수 있다는 것을 알았습니다.

그리고 제 의식이 침대에 누워있는 제 육체로 돌아온 순간, 하나의 깨달음이 찾아왔습니다. 그건 지금은 분리되어 존재하지만 전체의 일부였다는 자각이 알 수 없는 방식으로 찾아왔습니다. 그때 저는 로마서 8장의 구절을 이해하게 되었습니다.

> 우리는 허무함 아래에 놓이게 되니, 그것은 우리의 의지가 아닌, 우리가 이 썩어질 속박으로부터 벗어나, 하나님의 자녀가 지닌 영광스러운 자유를 얻기를 바라는 마음에서 행해지는 그분의 의지이시더라.
>
> -로마서 8:21

지금 여러분과 저는, 조화를 이루며 아름다움의 향연이 펼쳐지던 그 들판에서 분리되어 이 땅에 머물고 있습니다. 이제 우리는 전체와 분리되어 하나의 독립된 육신을 지닌 채 살고 있으며, 각각의 개성을 부여받았습니다. 이 육화(肉化)는 아버지로부터의 분리, 죽음, 그리고 지옥으로 떨어짐을 뜻합니다. 어쩌면 제 말에 동의하지 않을 수도 있지만, 이 세상은 지옥이 맞습니다.

태초부터 하나였던 아버지와 나는 이제 분리되었고, 인간의 마음에는 다시는 아버지를 보지 못할지도 모른다는 두려움이 있습니다. 하지만 내 안의 아버지를 자각하는 순간, 더 이상 두려움은 남아 있을 수 없습니다. 나는 결국 아버지를 찾게 될 거고 이때 나는 내가 바로 그 아버지임을 깨닫게 됩니다.

나와 아버지가 분리된 것은 누군가의 악의적인 행동 때문도, 우연히 생긴 사건 때문도 아니라 하나의 신성한 목적 때문이었습니다. 만약 내가 살과 피의 외투를 입고 완전히 독립된 개성을 부여받지 못했다면 나는 계속해서 해바라기 들판의 일부로만 남아있을 뿐 결코 아버지를 찾지 못했을 것입니다. 그 해바라기들은 정말 아름다웠습니다. 하나하나 인간의 얼굴을 하고 있으며, 서로 완벽한 조화를 이루어 말로 다 설명할 수 없을 정도였습니다. 하지만 이제 나는 그것에 분리되어 완전히 독립된 개성을 부여받았습니다. 나에게 주어진 의무는 이제 이 개성을 점점 더 위대한 방향으로 발전시켜 나가는 것입니다. 나를 그 완벽한 통일체에서 분리하여 하나의 육신 아래에 두신 것은 악의가 아니라 신의 계획이었고, 그 목적은 내 안에 영원한 속죄라 불리는 예수 그리스도의 정신을 구축하기 위함이었습니다.

하나님이 사랑이라는 제 말을 믿으세요. 저는 정말 직접 그 존재 안에서 축복을 받았습니다. 오직 사랑뿐이었습니다. 그런데 사랑이 상상력과 분리되어 있다면 영원한 죽음이란 것을 아십니까? 그 이유를 말해보겠습니다.

실직 상태인데다가 가진 돈도 없는데, 게다가 큰 빚까지 있는 친구가 있다고 가정해보세요. 그런데 그 친구에 대한 나의 사랑은 부인할 수 없습니다. 그래서 나는 그 사람을 자주 생각하게 되는데, 그때마다 그 친구가 참 많이 가난하고 실직 상태인데다가 빚만 가득하다는 것을 생각합니다.

그렇다면 지금 내가 어떤 일을 하고 있는지 알고 있습니까? 사랑이란 이름으로 그를 계속해서 그 부정적 상태에 가두고 있는 것입니다. 나는 그를 그 상태에서 해방시켜줘야 하는데 그건 내 상상력을 사용하는 방법을 알 때에야 가능합니다. 그렇기에 경험의 잔을 마시지 않은 자는 그 누구도 상상력을 알지 못합니다. 우리는 상상의 세계 안에서 어머니, 아버지, 남편, 아내, 그리고 친구들을 사랑합니다. 하지만 우리는 우리가 사랑하는 이들의 현재 모습을 그들이 되어야만 하는 모습으로 바꾸는 방법을 몰라 현재의 감옥에 계속 가둬두고 있습니다. 오직 우리가 경험의 잔을 마실 때, 다시 말해 위대한 상상력의 비밀을 행사할 때에야 그 변화를 일으킬 수 있습니다. 그래서 저는 이런 이유로 상상력과 분리된 사랑이 영원한 죽음이라고 말했던 것입니다.

상상력은 하나님의 위대한 선물입니다. 하나님은 사랑이며 무한한 힘과 지혜입니다. 하나님의 창조의 힘은 상상력입니다. 하나님은 우리에게 하나님의 창조의 힘을 주셨고, 고린도후서에서 하나님의 힘과 지혜로 정의된 그의 아들 그리스도를 함께 주셨습니다. 이 위대한 선물 때문에 사랑하는 사람이 실직 상태에 돈도 없고, 궁색하고, 헐벗고 있는 모습일 때에도 여러분은 그의 모습을 보수가 좋은 직장에, 아름다운 옷에, 행복한 미소에 빚도 없는 상태로 상상할 수 있습니다. 이렇게 친구에 대한 아름다운 관념을 마음에서 계속 품는다면 세상은 저절로 재건되어 상상 속 친구의 모습을 현실로 만들 것입니다. 이 일이 가능한 것은 하나님께서 우리에게 위대한 선물을 주셨기 때문입니다.

돌아온 탕아의 이야기를 기억하시나요? 첫째는 아버지를 떠나지 않았지만, 둘째는 자신의 몫을 요구해 세상으로 나가 전부 탕진했습니다. 그리고 그는 죽음의 세상을 경험했을 때 아버지를 기억하게 되고, 다시 아버지께 돌아옵니다. 아버지는 돌아온 둘째에게 의복과 반지를 주었고 돌아온 것을 기념하기 위해 살찐 송아지를 준비했습니다.

첫째가 불평하자 아버지가 말합니다. "아들아, 너는 항상 나와 함께 있다. 너는 결코 나와 한 번도 떨어지지 않고 여기에서 항상 나와 머물렀으니, 나의 것은 모두 너의 것이다."

그는 한 번도 분리된 적이 없었기에 상상의 힘을 알지 못했습니다. 모든 것이 그의 것이었지만 자신의 것으로 만드는 법을 알지 못했습니다. 오늘 여러분은 여러분의 은행 계좌에 수십 억의 잔고를 가질 수도 있지만 그것이 그곳에 있다는 것을 모른다면 굶어 죽을 수도 있습니다. 아버지가 가진 모든 것은 여러분의 것입니다. 그러나 여러분이 상상력을 사용해 그것을 자신의 것으로 만들지 않는다면, 그 막대한 재산이 있다는 사실조차 모를 것입니다.

여러분과 저는 아버지로부터 떠났습니다. 그리고 허망함의 세상에 굴복했는데, 그건 바로 하나님의 뜻이었습니다. 이 멸망의 세상으로부터 자유롭게 되고 올바른 방향으로 상상력을 사용해, 하나님의 아들이 당연히 누려야 할 영광된 자유를 얻기를 바라는 마음으로 이 세상에 우리를 남겨 놓았습니다.

탕아의 우화에 이어 불공정한 집사의 이야기가 누가복음 15장과 16장에 나옵니다. 이 이야기의 저자는 비유를 통해 그 안에 담긴 의미를 독자가 알기 바라는 마음에서 이야기를 만들었습니다. 이 이야기에서 불공정한 집사는 그 행동으로 인하여 주인에게 칭찬을 받았습니다. ('집사'의 본래의 의미는 '돼지를 키우는 사람'이고, 돼지는 세상의 구세주에 대한 보편적인 상징이다)

돼지를 먹는다는 것은 예수 그리스도의 말을 받아들인다는 것을 상징합니다. 그래서 저는 이렇게 말해보겠습니다. 집사, 곧 돼지를 지키는 자가 여러분에게 자신의 이야기를 들려줄 때, 여러분은 그것을 받아들이겠습니까? 그가 겪었던 것을 여러분은 믿겠습니까? 오늘날 많은 사람들이 구원의 이야기를 받아들이지 않고 있습니다. 이것은 돼지를 먹지 않는 거라고 표현할 수 있습니다. 성경에서는 "내 살을 먹고 내 피를 마시지 않는다면 너희 안에 생명이 없다"라고 했습니다.

불공정한 집사의 이야기를 보면, 집사는 기록을 직절하지 않게 했고, 이것 때문에 주인에게 질책을 받습니다. 그러자 집사는 주인의 채무자들을 한 명씩 불러서는 말합니다. "우리 주인에게 얼마나 빚이 있소?" "기름 일백 말입니다." 집사가 다시 말합니다. "증서를 갖고, 빨리 앉아서 오십이라 쓰시오." 또 다른 이에게 묻습니다. "얼마나 빚이 있소?" "밀 일백 말입니다." 그러자 다시 말합니다. "증서를 가지고 빨리 팔십이라 적으시오." 불공정한 집사는 이렇게 채무자 명단에 적힌 모든 사람들의 기록을 위조합니다. 주인은 자신의 종이 하는 일을 듣고는, 그의 행동을 칭찬했습니다. 어떤 고용인이 정직하지 못한 직원을 칭찬할 수 있겠습니까? 그렇기에 우리는 이 이야기를 있는 그대로 봐서는 안 되고, 그것 안의 숨은 뜻을 찾아야만 합니다.

여러분 안에도 기록 보관소가 있습니다. 과연 그것이 어디일까요? 바로 여러분의 기억입니다. 여러분 안에는 기록하는 존재가 있기 때문에 여러분은 여러분이 오늘 보았던 것, 들었던 것, 편지가 왔던 것, 느꼈던 것을 알고 있습니다. 어느 날 친구의 전화가 와서, 자신의 잘 풀리지 않는 결혼문제에 대해 늘어놓을 때가 있을 것입니다.

그러면 여러분에게는 그 기록을 위조해야만 할 의무가 있습니다. 친구의 의기소침한 이야기를 그냥 그대로 내버려두고 살아야만 하나요? 절대 그렇지 않습니다. 만약 불공정한 집사라면 그렇게 하지 않습니다! 여러분이 바로 그 불공정한 집사가 되어야만 하기에 여러분 역시 그렇게 내버려두면 안 됩니다. 지금까지 여러분은 자신의 기록들을 어떻게 관리했습니까? 하루가 끝날 즈음 오늘을 결산하면서 그 기록들을 새롭게 만들었습니까? 아니면 낙담한 친구에 대한 기록은 그냥 그대로 두고, 하루 일과를 마치고 그냥 잠에 들었습니까? 속히 앉아서 그 대화를 바꾸도록 하세요. 그것을 100퍼센트 바꾸지 못한다면, 50퍼센트라도, 아니면 20퍼센트라도 바꾸십시오. 우리는 그 친구와 분리되어 있을지라도 우리 모두는 인간의 상상력 안에서는 하나이기 때문에, 여러분이 나눴던 그 대화에 대한 기억을 바꿔야만 합니다!

저는 그때 제가 보았던 비전이 지금도 아주 뚜렷하게 보입니다. 물론 30여년이 지났지만 제 어머니가 기르는 꽃을 보는 것보다 더 생생하게 기억합니다. 제 어머니는 꽃들을 매우 좋아하시기 때문에 매일같이 파라솔을 가지고 정원을 거닙니다. 하지만 제가 지금도 기억하고 있는 해바라기에 대한 비전은 어머니의 아름다운 정원에 대한 기억보다 더 생생합니다. 해바라기들은 모두 제각기 얼굴을 지니고 있었고, 그 얼굴마다 고유한 개성이 있었습니다. 합창단처럼 하나가 움직이면 모두가 같은 방향으로 움직였습니다. 그곳에는 보이지도 들리지도 않는 하나의 질서가 있었고 해바라기들 중 어떤 것도 그 질서를 위반하지 않았습니다. 그래서 하나가 웃으면 전체가 웃었습니다. 하지만 저는 그곳에 모인 해바라기들보다 제가 더 자유롭다는 것을 깨달았고 그래서 그들처럼 전체에서 분리되지 않은 하나로 계속 남아있지 않고 분리가 일어나야만 한다는 것을 알게 되었습니다. 아버지로부터 분리는 죽음을 의미하는데, 우리는 그런 무익한 것에 놓일 필요가 있습니다. 왜냐하면 과거의 모습은 죽고, 우리 안에서 예수 그리스도의 정신, 즉 끊임없는 속죄의 정신을 만들어야 하기 때문입니다. 그래서 우리는 이 지옥 세상으로 반드시 내려가야만 합니다.

우리는 "당신이 나를 먼저 때렸잖아?", "저 사람이 나를 밀었다!"라고 말하면서 끊임없이 자기 정당화의 목소리만 높이고 있습니다. 하지만 세상 만물은 인간의 상상력 안에만 존재하기 때문에 하늘나라에는 오직 용서만이 존재합니다. 그렇기에 여러분의 하늘나라, 즉 여러분의 상상력 안에서 먼저 일어나지 않았는데 외부에서 일어나는 사건은 없습니다. 이것이 바로 우리가 우리의 상상력을 통제해야 하는 이유, 즉 원인을 변화시켜야 하는 이유, 그것을 통해 용서를 해야만 하는 이유입니다. 만약 여러분이 정당화하거나 비난하려 한다면, 여러분은 지옥의 상태에 있는 것입니다. 왜냐하면 모든 일은 여러분 안에서 일어나고 있기 때문입니다!

현재 아버지와 분리된 것처럼 느껴질지 모릅니다. 하지만 그분은 시간의 태초부터 여러분 안에 존재하기 때문에 절대 그런 거짓된 환상에 현혹되어 낙담하지 마십시오. 다윗이 여러분 앞에 나타나 여러분을 아버지라 부르는 순간, 여러분은 오랫동안 찾아 헤맸던 아버지를 찾게 됩니다. 그 다윗은 단순한 역사적 인물이 아니라, 세상이 생기기 전부터 사람의 마음 안에 심어진 영원한 다윗입니다.

비록 이 일이 불가능한 것처럼 보일지라도 여러분과 저는 무한한 아름다움의 들판으로부터 분리되었습니다. 그 일을 만든 것은 사랑입니다. 우리 모두는 허무한 세상에 속박됐습니다. 그러나 그것은 우리 개개인의 의지가 아닌, 자기 자신을 우리에게 주려는 하나님 아버지의 의지입니다. 그러나 아버지의 목적을 달성하기 위해 우리는 개별적인 육신 속으로 들어가 완전한 절연을 경험해야 했고, 하나의 분리된 개성으로 존재해야 했습니다. 가족을 가지고, 친구를 가지면서, 그리고 인간들의 세상 안에 살면서 여러분은 완벽히 절연된 상태가 된 것입니다.

여러분의 개성이 있기 위해서는 이런 분리된 육화(肉化)가 불가결합니다. 그리고 그곳에서 여러분이 깨어나기 시작할 때 여러분을 그 허무한 곳에 종속되게 만들었던 그분이 바로 여러분이라는 사실을 깨닫게 됩니다. 왜냐하면 여러분이 깨어나게 될 때 세상이 하나님 아버지라고 부르는 존재가 바로 여러분임을 자각하기 때문입니다. 이것은 제가 비전을 통해 이해하게 된 위대한 이야기이며, 성서와 일치합니다.

저는 오늘 밤 여러분이 여러분의 경이로운 상상력을 사용해 보았으면 합니다. 지금 친구의 모습을 보고 있나요? 그 모습은 여러분의 자아가 외부로 투영된 것뿐입니다. 그러니 친구를 찬란한 빛 안에 놓으십시오. "그런 꼴을 당해도 싸지"라고 말하면서 친구를 판단하지 마십시오. 그도 여러분 안에 존재하기 때문입니다. 바깥 어디에 그 근원을 두고 있는 것이 아닙니다. 오직 내 안에 존재합니다.

만약에 "주여, 저에게 죄를 짓는 형제를 얼마나 많이 용서해야만 하나이까?"라고 말하면서 형제를 용서해주기를 천 번을 했다가, 다시 또 형제가 죄를 짓는다면 그때도 주의 답변은 "일흔 번씩 일곱 번"이 될 것입니다. 감히 말씀드리겠습니다. 여러분은 시편 51편 4절에 적힌 것과 다른 뜻으로 "죄"라는 단어를 사용할 수 없습니다.

주여, 당신에게, 오직 당신에게만 내가 죄를 지었으며 당신의 눈앞에서 악을 행하였나이다. 그러므로 당신의 의로움이 옳습니다.

제가 죄를 지은 이 존재는 누구입니까? 그의 이름은 바로 I AM입니다! 어떻게 나는 그대(I AM), 오직 그대에게만 죄를 지었습니까? 내 세상에서 결핍을 겪고 있는 사람을 있는 그대로 봄으로써 죄를 지었습니다. 하지만 그것은 다른 누군가에게 죄를 짓는 것이 아닌, 나에게 죄를 짓는 것입니다. 왜냐하면 내가 그것을 보고 있는 자이기 때문입니다. 그래서 나는 반드시 내 마음 속에 나타난 타인의 모습을 내가 보기 원하는 존재로 바꾸어야만 합니다. 그리고 그렇게 마음속에서 만든 타인의 모습이 현실 세상에서 나타날 때까지 믿음을 계속 고수해야만 합니다. 이것이 바로 우리에게 주어진 과업입니다. 왜 그것이 우리가 해야만 하는 일일까요? 나는 이 무익한 것에 종속된 채 나의 세상 안에서 살고 있습니다. 그런데 변화시키고자 한다면 나 스스로 그것을 변화시키고 그 변화된 상태 안에서 살아야 하기 때문입니다. 따라서 이것이 바로 우리에게 주어진 과업입니다.

저는 이것을 경험을 통해 압니다. 내가 완전함의 상태로 들어

올려졌던 그날 밤, 저는 인간의 불완전함이라는 끝없는 바다를 마주했습니다. 그리고 제가 그 곁을 미끄러지듯 지나갈 때, 그 바다에 있던 모든 이들이 제가 들어 올려진 그 상태에 조화를 이루며 완전해졌습니다.

세상의 모습이 어떻게 비춰지길 원하십니까? 여러분은 그 상태까지 자신을 고양시켜야만 합니다. 여러분이 보고 있는 현실이란 것은 여러분의 자아가 세상이라는 장막 위에 투영된 것이기 때문입니다.

이 광대한 세상 전부는 하나님이 투영된 것이고, 하나님의 이름은 바로 I AM입니다! 제가 본 비전을 믿으십시오. 오히려 제가 그 비전들이 보여준 메시지를 받아들이지 않아서 져버리는 경우는 있었어도 그것들이 제게 거짓을 고했던 적은 단 한 번도 없습니다. 저는 그 고양된 순간 속에서, 제가 마주하고 있는 모든 것들이 제 자신임을 깨닫게 되었습니다. 그래서 비록 타인처럼 보이는 (하지만 실은 나의 일부인) 사람들을 제 마음 속에 불러내 그가 되어야만 하는 모습으로 상상합니다. 그리고 그 믿음을 끝까지 고수하여, 그 상상이 그들의 현실이 되게 합니다.

다시 앞으로 돌아가 보면, 주의 손에는 잔이 들려 있고 그 안에는 잘 섞인 포도주가 거품을 내고 있습니다. 아버지께서 우리에게 주신 잔을 마시지 않으시겠습니까? 저는 정말로 그 잔의 포도주를 한 방울도 남기지 않고 마셨습니다. 저는 백인도, 흑인도, 황인도, 분홍색 피부를 지닌 사람도, 회색빛을 띤 사람도, 존경받는 자도, 멸시받는 자도 모두 연기해 보았습니다. 세상 사람들 모두 세상에 표현되고 있는 모든 배역들을 연기하게 될 것입니다.

그러나 이곳에 모인 여러분에게 확신시키고자 하는 것은, 나의 아버지가 그를 부르지 않았다면, 그 누구도 내게 다가올 수 없다는 사실입니다. 그래서 이 모든 여정은 아버지의 계획입니다. 여러분은 여정의 마지막에 도달했기 때문에 이곳에 있고, 저는 여러분들이 주 하나님, 여호와로서 여러분의 역할을 맡기를 바랍니다.

이제 여러분 세상 안의 모든 존재에게 사랑의 형체를 씌우기 시작하십시오. 하지만 사랑이 상상력과 따로 떨어져 있다면 그것은 영원한 죽음입니다. 만약 여러분이 지금 상대방을 일정한 모습으로 보고 있는 것이 하나의 상태를 창조한다는 사실을 모른다면 여러분은 누군가를 진심으로 사랑하면서도 좋지 못한 상태 속에 그 사람을 가두는 중일 수도 있습니다. 하지만 다행인 것은 상상력을 사용해서 그를 그 상황에서 건져낼 수도 있다는 것입니다.

우리는 신성한 목적 아래, 이 경험의 세상 안에 있습니다. 바로 그 목적은 상상력을 알기 위해서입니다. 죽음의 세상이지만, 여러분은 친구가 훌륭하고, 많은 사람들에게 사랑받고 있다고 상상함으로써 세상의 최후의 적인 죽음을 극복할 수 있습니다.

친구가 그런 모습인 것을 보세요. 가난의 상태에서 친구를 구하세요. 그런데 정작 여러분이 하고 있는 일은 타인을 구하는 것이 아니라 자기 자신을 구하는 것입니다! 그 일이 언제, 어떻게 일어날지는 신경 쓰지 마십시오. 다만 반드시 일어날 것이란 점만 아시면 됩니다. 세상은 여러분의 것이고 세상 모두는 내부의 상상력 안에 존재하기 때문입니다.

돌아온 탕아 이야기에서, 첫째 아들은 아버지와 떨어진 적이 없기에 상상력의 힘을 알지 못했습니다. 그는 한 번도 아버지와 분리되지 않았기에 아버지가 가진 모든 것이 자신의 것이었다는 사실을 알지 못했습니다. 하지만 하나님에게서 떨어져 나간 여러분은 죽은 자였고, 이제 살아났습니다. 길을 잃었던 자였지만, 이제 길을 찾았습니다.

마치 씨앗처럼 여러분은 아버지로부터 떨어져서 다시 새로운 생명을 얻기 위해 대지 안으로 뿌려져야만 합니다. 씨앗이 땅에 뿌려지지 않는다면, 단지 하나의 씨앗으로 남게 될 뿐입니다. 하지만 땅에 뿌려지고 그 씨앗으로서 죽음을 맞이한다면 더 많은 것들을 가져오게 됩니다. 여러분의 상상력이 가진 창조의 힘은 씨앗입니다. 그 씨앗은 육신(아담이라 불리는 붉은 흙)이란 곳에 뿌려집니다. 진리의 말씀을 듣고 그 진리를 삶에서 실천한다면 여러분의 씨앗은 생명을 얻어 깨어나기 시작하며, 여러분은 진정 자신이 누구인지 깨닫게 됩니다.

여러분은 무한한 사랑입니다. 그러나 상상의 힘이 없다면, 사랑 자체는 영원한 죽음에 불과합니다. 이제 여러분의 세상을 여러분의 사랑의 행위에 맞춰서 변화시키십시오. 하지만 상상력이 없다면 그 일을 할 수 없습니다. 자아에서부터 시작하십시오! 여러분의 세상을 변화시키고 하나님의 권능이 여러분 안에 있다는 것을 직접 증명하십시오. 그때 아버지께서 여러분에게 주셨던 잔을 마신다는 것이 무엇인지 알게 될 것입니다.

여러분을 분리시키고 추락시키게 했던 것은 하나님의 무한한 사랑입니다. 왜냐하면 이 분리는 하나의 추락이지만 동시에 새로운 창조의 시작이기 때문입니다. 한 사람에게서 씨앗이 뿌려지고 그 뿌려진 씨앗으로부터 새로운 창조가 시작되는 것처럼 하나님에게서 여러분이 분리되고 새로운 창조가 시작됩니다.

오늘 밤 자기 자신에게 이런 질문을 던져보세요. "나는 누구인가? 나는 어디에 있나?" 만약 그 답변이 마음에 들지 않는다면 이제 원하는 모습을 떠올리고 그것이 바로 나라고 주장하면서, 내가 이미 그 상태 속에 살고 있다는 것을 사실로 받아들이세요! 물론 감각과 이성은 그것이 거짓이라고 주장할 것입니다. 하지만 여러분이 이 가정을 계속 고수한다면, 감각과 이성을 굴복시키고 여러분의 소망은 현실 속에서 단단히 굳어질 것입니다.

이제 하나님께서 선물로 주신 창조의 힘을 받아야 할 때입니다.
그래서 세상의 주인이 될 때입니다!

하나님으로부터 우리를 육체로 분리시킨 것은 하나님의 사랑이었습니다. 하나님은 사랑입니다. 하나님이 그 일을 했을 때 우리 안에 예수 그리스도라 불리는 창조의 힘을 선물로 묻어놨습니다. 그래서 우리에게는 하나님처럼 창조를 할 수 있는 힘이 있고, 우리가 창조의 힘을 행사하게 되면 창조물은 생명을 얻습니다. 이 사실을 이해했다면, 무익한 외부 투쟁을 멈추고 고요히 내면으로 들어가 세상을 변화시킬 힘이 내 안에 있음을 자각하십시오.

　우리는 완벽함이라는 광활한 세상을 떠나 분리된 육신을 부여받았으며, 이로써 절연되고 분리된 감각을 느끼게 되었습니다. 이것은 모두 우리가 개성을 부여받기 위함이었습니다. 이 육화는 아버지와의 분리, 죽음, 지옥으로의 하강을 의미합니다. 그렇게 분리를 느꼈을 때부터 우리는 세상에서 일어나는 일들의 근원을 찾기 위해 노력하지만 (시간의 태초부터 우리 안에 머물고 있는) 그를 다시는 못 찾게 될 거라는 두려움으로 비탄에 빠지곤 합니다. 그러던 어느 날 우리는 다윗을 발견하게 됩니다. 그는 바로 우리가 진정 누구인지를 밝혀줄 유일한 자입니다. 그가 나타나 우리를 아버지라 부를 때, 시작부터 끝까지 하나님이 했던 것을 인간의 마음 안에 놓아, 우리가 찾을 수 없게 했었던 분의 눈을 마주하게 될 것입니다.

　우리는 하나님의 아들이 되고, 부활의 아들로서 찬란한 자유를 얻기 위해서 하나님과 분리되어 무상함 안에 놓인 것입니다. 그래서 우리는 반드시 하나님의 아들로서 그 모든 것을 누리게 될 것입니다. 하지만 우리가 위로부터의 태어남인 부활을 경험하고, 우리 앞에 서서 우리를 아버지라고 부르는 위대한 다윗을 만날 때까지 그 유산을 얻지 못할 것입니다.

　이제 침묵 속으로 들어가겠습니다.

네빌 고다드 도서들

전제의 법칙

[Power of Awareness]라는 원제로, 네빌 고다드의 대표 서적으로 평가 받고 있다. 오직 '상상이 현실을 창조한다'는 '법칙'에 대한 내용만 다루고 있어서 상상력과 의식통제에 대한 많은 영감을 준다. 책을 읽고 난 후에는 '마음의 훈련을 게을리하지 말아야겠다'는 각오를 한번 더 하게 될지도 모른다.

네빌 고다드 5일간의 강의

네빌 고다드가 1948년에 5일간에 걸쳐 한 강의와 청중들과의 질문과 대답을 묶은 책이다. 시크릿으로 대중화된 '현현의 법칙'을 보다 깊게 다루고 있다. 이론에 대한 자세한 설명과 현실에 적용할 수 있는 자세한 방법을 설명한다.

믿음으로 걸어라 (양장본)

저자가 생전 중요하게 여겼던 성경의 구절들을 하나씩 풀이하여 엮었다. 마치 시처럼 한 문장 한 문장이 영혼에 닿는 듯, 읽는 이로 하여금 깊은 울림을 준다.

네빌 고다드의 부활(양장, 무선)

네빌 고다드의 핵심적인 저서 7권을 하나로 모아, 상상의 법칙을 탐구한다. 7권은 다음과 같다. "법칙과 약속" "기도, 믿음의 기술" "느낌이 비밀이다" "대자유" "이 세상 밖으로" "부활" "씨 뿌릴 때, 수확할 때."

결과에서 살기

상상이 현실을 창조한다는 '법칙'과 우리 안의 완전한 자아가 깨어난다는 '약속.' 이 두 가지는 네빌 고다드가 가르친 핵심 개념이며, 이를 조화롭게 탐구할 때 현실적 삶과 영적 삶 모두에서 깊은 변화를 경험할 수 있다. 이러한 목적 아래 조화롭게 약속과 법칙에 대한 강의를 적절히 분배하여 편찬한 책이다.

리액트 (양장본)

이 책은 네빌 고다드가 반응에 중점을 두고 강의한 것을 마가렛 부름 여사가 묶은 것이다. 반응은 우리의 삶을 옭아매기도 하고, 반대로 우리의 삶에 자유를 줄 수도 있다. 이 책을 통해 우리는 반응을 관찰해서 바꾸는 법을 배울 수 있다.

임모틀맨 1, 2 [네빌 고다드 지음]

임모틀맨은 네빌 고다드가 세상을 떠나기 직전의 강의들을 마가렛 부름 여사가 묶은 책이다. 책에서는 우리가 삶이란 꿈을 원하는 모습으로 꾸는 방법인 '법칙'과 삶이란 꿈을 꾸고 있는 우리 내부의 거대한 자아가 깨어나는 '약속'에 대해 설명한다.

상상의 힘 [네빌 고다드 지음]

네빌 고다드의 소책자, Awakened Imagnitation과 Search와 그의 음성 강의 THE UNALLOYED, THE POWER, FEEL AFTER HIM 세 개를 한권으로 묶었다. 과연 상상은 힘을 갖고 있을까? 론다 번, 조 바이틀리 등이 가장 존경하는 인물로 꼽았던 20세기 최고의 형이상학자인 네빌 고다드의 강연을 통해 다시 한번 그 질문에 대한 해답을 찾아본다.

세상은 당신의 명령을 기다리고 있습니다

네빌 고다드가 첫 책으로 냈던, [세상은 당신의 명령을 기다리고 있습니다] (원제: At Your Command) 와 8개의 일빈 강의를 묶어서 책으로 출간했다. 마음의 법칙 전반을 다루고 있다.

나에게 주어진 유일한 과업은

나의 관념을 위대함으로 채우는 것뿐이다

-네빌 고다드 (1905-1972)

도서목록　　　　　　교정용 가위 카페

상상이 현실을 창조한다
네빌 고다드 라디오 강의 (양장)

2025년 5월 26일 양장본 초판 1쇄 발행

지은이	네빌 고다드
번　역	이상민
윤　문	김의숙, 김정훈
펴낸곳	서른세개의 계단
디자인	이세극 (금손생) inzaghiraul@nate.com
ISBN	978-89-97228-44-7(03110)

잘못된 책은 바꿔 드립니다.
pathtolight@naver.com